普通高等财经院校会计系列教材

初级财务会计学

Primary Financial Accounting

郭秀珍　许义生　主编

暨南大學出版社
JINAN UNIVERSITY PRESS
中国·广州

图书在版编目（CIP）数据

初级财务会计学/郭秀珍，许义生主编．—广州：暨南大学出版社，2012.3（2016.1 重印）
（普通高等财经院校会计系列教材）
ISBN 978－7－5668－0096－1

Ⅰ.①初…　Ⅱ.①郭…②许…　Ⅲ.①财务会计—高等学校—教材　Ⅳ.①F234.4

中国版本图书馆 CIP 数据核字(2012)第 019146 号

出版发行：暨南大学出版社

地　址：中国广州暨南大学
电　话：总编室（8620）85221601
营销部（8620）85225284　85228291　85228292（邮购）
传　真：（8620）85221583（办公室）　85223774（营销部）
邮　编：510630
网　址：http：//www. jnupress. com　http：//press. jnu. edu. cn

排　版：广州市天河星辰文化发展部照排中心
印　刷：佛山市浩文彩色印刷有限公司

开　本：787mm×1092mm　1/16
印　张：15
字　数：380 千
版　次：2012 年 3 月第 1 版
印　次：2016 年 1 月第 4 次
印　数：8001—9500 册

定　价：32.00 元

前　言

2001年我们在组织编写会计系列教材时，就将《会计学原理》教材易名为《初级财务会计学》。为什么将《会计学原理》易名为《初级财务会计学》？我们知道，现代企业会计已形成财务会计与管理会计两个并存的类型，现在流行的《会计学原理》实质上是建立在手工会计基础上的财务会计的“原理”，而不是同时也适用于管理会计的一般会计学“原理”。这种名不副实的状况，是由会计实践的发展所造成的。当会计分为财务会计与管理会计，而管理会计的“原理”尚未为人们认识、提炼形成时，“会计学原理”也就自然退位于“财务会计原理”。当教材的名称与其内容不符时，有必要更改教材的名称。当把《会计学原理》教材易名为《初级财务会计学》，同时也就架构起了由初级财务会计学、中级财务会计学与高级财务会计学三个层次组成的完整的财务会计课程体系。

本教材是一部融入作者科研、教研成果的创造性教材。本教材具有以下特点：

（1）本教材将社会财富界定为会计对象一般，社会财富作为财富主体所拥有、控制的财富，其社会属性和存在形式会随着社会生产关系的性质变化而变化。同时把会计界定为社会财富管理系统中的信息系统，从而使人们对会计本质的认识更加深刻，对会计的演变过程的认识更加科学。

（2）本教材以控制论的负反馈机制为理论依据，阐释会计在财富管理系统中的功能，从而使人们对会计职能的认识更加科学与明晰。

（3）本教材以人的一般认识规律为指导，坚持从整体到局部，再到整体的逻辑构建内容体系。具体来说，先介绍财务会计系统的一般运行方式，再详细阐述财务会计的各项要素，最后再回到财务会计系统的多样、具体的运行方式。教材内容的这种处理更符合人们的认识规律，更为科学、更为合理。

（4）本教材坚持理论联系实际、学以致用的原理，剔除了《会计学原理》教材中一般保留的由会计电算化所导致的已不再适用于大型企业的手工会计的处理程序与方法，或对此进行了简化处理。

（5）本教材仅限于阐明财务会计原理的内容，改变某些教材将简化的管理会计、审计、财务分析等内容统统纳入的贪大求全的不切实际的做法。既保持教材名称与教材内容的一致，解决了教学内容的简单重复问题，又可提高教学效率。

本教材由郭秀珍、许义生任主编，于敏任副主编。各章编写分工为：第一章由许义生编写；第二、七章由郭秀珍编写；第三、五章由于敏编写；第四章由杨睿编写；第六、十一章由李淑珍编写；第八章由钟红英编写；第九、十章由欧阳春花编写。

由于作者水平所限，书中难免有不妥或错误之处，恳请广大读者斧正。

编　者

2012年1月

目　录

第一章　会计系统概述

【学习目标】

知识目标：理解会计的本质；会计的历史演变过程；会计的对象、职能和类型；会计的法规体系。

【技能目标】

能力目标：通过本章的学习，不仅使学生正确理解会计的本质，还应注重提高学生的辩证思维能力，把握事物的现象与本质的能力。

【知识点】

会计的对象及其演变；会计的基本职能；会计的类型及特点；会计法规体系结构及功能。

【篇头案例】

杨刚大学毕业后，拟与两位同学合伙创办一家房地产中介机构。为了保护单位财产的安全，掌握财务经营等情况，你认为他们应该怎样做？

第一节　财富管理与会计行为

一、社会财富

人类的会计活动，可谓历史悠久，源远流长。人类为什么要从事这一活动呢？纵观会计的发展历程，可以认为，会计是适应经济主体管理其拥有或控制的财富而产生和发展起来的一种经济管理活动。

人类与动物不同的是，动物依赖于自然界而生存，人类则依靠自己的智慧与双手创造各种物品，满足自己生存和发展的需要。人类创造并拥有的物品的品种越丰富，数量越多，品质越高满足的程度越高，人类就越富有。从这种意义上讲，人类所创造的物品，即劳动产品，是抛开特定的社会形态、特定的国别、特定的社会个体的社会规定性，从人类社会的延续与社会整体的角度所认识的财富，即财富一般。

但是，人类的生产活动从来都是由众多人结合起来的社会活动，而不是单个人的、与世隔绝的孤立的行为。人类只有结合起来，才会形成与自然界抗争的能力，创造自身所需要的各种物品；人类只有结合起来，彼此分工协作，社会生产力才能提高，社会才能进步和发展。也就是说，人与自然的关系，是建立在人与人关系的基础上的。人们在生产过程中形成的这种社会关系，叫做生产关系，正是生产关系规定着财富及其运动（生产、分配、消费过程）的社会形式。生产关系的性质不同，财富及其运动的社会形式也必然有所不同。

在自给自足的自然经济社会，财富的占用表现为对具体的使用价值的占用。尽管奴隶社会和封建社会均属于自然经济社会，但由于奴隶社会与封建社会的生产关系的不同，财富的生产、交换、分配、消费的社会形式也有所不同。仅就分配形式而言，在奴隶社会，奴隶主以占有奴隶本身的形式占用奴隶剩余劳动的产品；而在封建社会，地主则以地租的形式占用佃农剩余劳动的产品。人类进入商品经济社会，产品转化为商品，价值成为商品经济这一特定经济形态的财富的社会形式。在商品经济社会，衡量财富的多寡不再单纯以使用价值的大小、多少来确定，而是更多地以价值量的多少来计量，拥有的价值越多则越富有。伴随着商品、货币经济的发展，实物地租转化为货币地租，工资、股利等财富的分配形式开始出现。凡此种种，均反映着财富的社会性质及其运动的社会形式的变化，均内含着经济关系的变化。

总之，劳动产品作为人类社会的财富，必须具有使用价值，劳动产品作为一定生产关系的产物，又必然体现着特定的生产关系，具有特定的社会形式。简言之，财富是具体使用价值与特定社会形式的统一。在商品经济社会，商品生产者不仅要生产产品，生产使用价值，而且要生产商品，生产价值。产品或使用价值的生产与商品或价值的生产，并不是两个不同的生产过程，而是同一生产过程的两个不同的侧面。使用价值的生产是商品生产的物质内容，价值的生产是商品生产的社会形式。

二、会计与财富的管理

如前所述，财富具有两重性，既是使用价值，又是特定生产关系的物质承担者。然而，这并不妨碍人们侧重于从某一方面去认识、研究与从事财富的管理。

一个国家对国民财富的管理，尽管因经济体制的不同，在管理方式、管理手段上存在种种差异，但都偏重于从使用价值的角度实施对财富的管理。在计划经济体制下，政府主要采取直接管理的方式，由国家制订并下达生产计划，监督、调整使用价值的生产和分配。在市场经济体制下，政府主要采取间接管理的方式，通过各种经济杠杆、财经政策调节使用价值的生产和分配。

对于活跃在商品经济各个领域中的经济个体来说，则主要是从价值方面实施对财富的管理，这是因为他们追求的不是使用价值，而是价值。在他们看来，使用价值不过是实现价值的手段。

迄今为止的社会，财富无例外都是分别由社会中特定的主体所拥有或控制的。政府通过税收、举债等方式占用或控制部分财富。政府对这部分财富的管理，称为财政。企业出现后，企业通过参与国民收入的初次分配占用或控制部分财富，企业对这一部分财富的管理，称为财务。社会信贷机构通过吸收存款等方式占用或控制部分财富，社会信贷机构对这一部分财富的管理，称为金融。家庭通过参与国民收入的初次分配与再分配也占有或控制部分财富，家庭对这一部分财富的管理，称为家计。

无论人们从哪个角度对财富实施管理，无论人们对哪部分财富实施管理，有关财富的信息都是须臾不可缺少的。从某种意义上讲，管理活动也就是一种获取信息、筛选信息和利用信息的活动。任何管理系统都不可能没有信息系统。人类社会进入商品经济社会后，各个经济组织从价值的角度对财富实施管理，都离不开以货币作为基本计量单位的会计信息系统。具体来说，财政管理活动，离不开预算会计信息系统；财务管理活动，离不开企业会计信息系统；金融管理活动，离不开金融会计信息系统。

第二节 会计的产生与发展

当把会计界定为社会财富管理的信息系统时，那么，人们就可能会思考：会计是怎样产生和发展起来的呢？下面分四个阶段探讨会计的产生与发展。

一、会计的萌芽阶段

会计的萌芽阶段，是指从远古时代，人类从事有关经济活动的简单的计量、计算行为的产生到原始社会末期这一历史阶段。

考古学告诉我们，在远古时代，人类就有了有关经济活动的简单的计量、计算行为。如我国的“结绳记事”、古巴比伦的“黏土记录板”以及古埃及的“原始算板”等。在伊拉克“齐古拉”神龛里发现的最古老的算板上，就有对羊、麦子、酒等物品数量的记载。人类的这些古老的有关经济事项的简单的计量、记录行为，被视为人类会计行为的萌芽。

那么，人类最初的计量、记录行为是在什么时期产生的，产生的直接原因又是什么呢？一般认为，人类有了生产性活动，会计行为便开始产生。但由于当时的生产力水平十分低下，生产规模狭小，物质资料匮乏，计量、记录生产和耗费的会计，只能是生产活动的一项附带工作，核算工作是极为简单和粗略的。进而认为，会计作为一种独立的职能，是社会生产发展到一定阶段的产物。当生产力水平有了一定程度的提高，生产规模有所扩大，生产的物质资料除了满足生产者自身的需要，开始有了剩余，即剩余产品开始产生时，起初作为生产的附带工作的会计活动，便开始“从生产职能中分离出来，成为特殊的、专门委托的当事人的独立的职能”①。

人类对经济事项进行计量、记录的动因，即会计行为产生的直接原因是什么呢？一般认为，其直接原因是源于人类对生产活动的效率与效益的追求。尽管人类在不同的社会发展阶段对物质资料的生产所耗费的劳动时间的关心程度有所不同，但出于自身生存和发展的需要，即便是人类社会发展的早期，人类也需要考虑劳动时间的节省问题，以尽可能少的劳动耗费，获取尽可能多的劳动产出。人们只有通过对劳动成果与劳动耗费的比较，才能确定劳动的效率或效益。若知道劳动所得与劳动所费，就必须对生产活动进行必要的计量、计算与记录。

这一历史阶段的生产和消费单位主要是氏族公社，氏族公社也是这一历史时期的会计主体。马克思在《资本论》中曾写道：在远古的印度公社中，已经有“一个记账员，在登记农业账目，登记和记录与此有关的一切事项”②。

---

① 马克思．资本论（第2卷）．北京：人民出版社，1975.

② 马克思．资本论（第1卷）．北京：人民出版社，1975.

二、古代会计阶段

古代会计阶段，是指从原始社会末期到整个封建社会这一历史阶段。

原始社会末期，由于社会生产力的发展，剩余产品开始产生。剩余产品的产生引起了人们的私欲，氏族首领凭借手中的权力，占用氏族的公共物品，将氏族的公共物品变为自己的私有财产。私有制的产生，一方面形成了拥有大量私有财产的奴隶主，另一方面导致了国家的产生。于是，会计开始向着民间会计和官厅会计两个不同的方向发展。

国家出于维护其统治和提供一定的社会公共产品的需要，则必须通过税负等形式占用一定的社会财富。国家为了掌握与控制财政收支情况，保护国家财产的安全，就必须对财政收支进行必要的计量、计算和记录。于是，一种新的会计类型即官厅会计开始产生。在我国周代，中央王朝就建立了会计机构，由“司会”负责国家财政收支的核算工作，并确立了“听其会计”制度，规定负责中央和地方财政收支核算工作的官员应向国王汇报财政收支情况。到了宋代，已形成了适合于财政收支核算与管理的“四柱清册”单式记账法。该记账法的产生，意味着在实物经济条件下，财政收支的核算方法已发展到了十分完善的阶段。由史料可知，古巴比伦、古埃及、古希腊等文明古国也都有有关会计的活动。如古埃及王室的各仓库都设有记录官，财物的出库必须履行审核手续，仓库记录官登记账簿需经监督官的审查。这种核算制度和内部控制制度对王室财产的安全发挥了重要的作用。

在民间，由于社会财富集中在了奴隶主或大地主的手中，他们需要利用会计来管理自己的财产。但由于经济规模较大，管理和核算工作较繁杂，奴隶主或大地主往往不会亲自料理财产和处理账务，而是将这些麻烦事委托给管家去做。这种委托受托关系的产生，不会改变会计的基本目的，即奴隶主或大地主通过会计实现管理家庭经济和保护财产的目的，但它却派生出了另外两项会计目标：从委托人的角度来看，会计成为监督受托人履行管家责任的有效手段；从受托人的角度来看，会计资料是受托人证实履行受托责任的有效证据。当委托人自己不能解读或判断受托人提交的会计报告的情况下，委托人便有可能聘请专业人士对会计报告进行解读或鉴证。也就是说，在这种委托受托关系产生的同时，早期的社会审计即民间审计便有可能产生。

这一历史阶段的会计有以下特点：

（1）在民间会计的基础上产生了官厅会计，对于国家财政、奴隶主和大地主经济而言，会计已成为一种独立的职能，但对于其他小生产者或小商人而言，会计仍然是他们的生产或生活的一种附带工作。

（2）由于私有制的产生，会计已成为财富主体保护其财产安全的重要工具，其作用延续至今。

（3）在记账方法上，由于处于封闭的自然经济条件下，尽管记账方法有了相当的发展，但单式记账法始终是这一历史阶段的主要的记账方法。

三、近代会计阶段

近代会计阶段，是指从封建社会末期资本主义萌芽起到社会资本产生的这一历史阶段。

在人类社会发展史上，资本主义萌芽最早的地区，是意大利地中海沿岸。13 至 15 世纪，当时的意大利地中海沿岸的一些岛国城市，如威尼斯、热那亚和佛罗伦萨均处于连接欧洲与东方的枢纽地带。由十字军东征引发的商业活动在这一地区蓬勃发展起来，成为东西方商品交流的中心。商业的繁荣带来了金融业的发展，意大利的商人兼金融家创办了银行。因业务的需要，当时的银行分支机构遍布英、法等欧洲国家。意大利的银行成为国际性的银行机构。金融业的发展对传统的单式记账法直接构成了威胁。单式记账法是适合于经济关系简单，产权单一的封闭经济环境下的一种记账方法。金融企业既要掌握资产的情况，又要掌握债权、债务的情况。也就是说，对金融企业而言，资产与产权的确认与计量同样重要。传统的单式记账法不再适用了，新的复式记账法便应运而生。随着商品经济的发展，复式记账法在各个行业中广泛地流行开来。1494 年，意大利数学家卢卡·帕乔里出版了《算术摘要》一书。在这本数学专著的第三篇“计算和记录详论”中详尽地介绍了当时在威尼斯流行的复式记账法。该书的出版，将复式记账法推广到了整个欧洲。复式记账法的发明与应用，意味着人类的会计实践已经进入了近代会计发展阶段。

国际贸易引发的市场需求，要求有更多的商品投入市场，以手工劳动为主的手工工场已不适应商品经济发展的需要，以机器生产取代手工劳动的工业革命开始了。工业革命始于英国，首先发展起来的纺织工业，推动着采煤、炼铁、交通运输和机器制造等行业的迅速发展。到 19 世纪 40 年代，英国的工业革命基本完成。在工业革命中建立起来的机械化工厂，同手工工场相比，生产规模大，生产工艺和生产组织复杂。解决与工业化企业相适应的产品成本计算问题，以确定存货成本、销售成本和计算盈亏，已成为这一时期需要解决的重要的会计问题。以制造业为主的成本会计在这一时期得到了发展。

工业革命在推动生产力发展的同时，也引发了企业组织形式的变革。由于企业规模的扩大，单个私人资本独立创立企业已成为困难的事情。于是，以吸收社会资本的形式创立企业的新型企业形式，即股份公司应运而生。股份公司的资本主要来自外部股东和债权人。在两权分离的情况下，保护外部投资人的合法权益，成为国家和社会的一项责任。1844 年，英国议会颁布了《公司法》，公司法规定公司必须定期提供真实、清晰的财务报告，公司的财务报告必须经过审计。于是，社会上出现了独立的、不受雇于任何企业的会计师。这些会计师接受委托，专门从事对委托单位财务报告的审查工作。1853 年，爱丁堡的会计师们决定成立爱丁堡会计师协会。次年，获得了王室的准许。该职业协会的成立，意味着独立的会计师作为一门新的职业，已获得了社会的认可。

这一历史阶段的会计具有以下特点：

（1）会计发展的重点，已由官厅会计转向了企业会计。适应企业会计核算的需要，复式记账法取代了单式记账法。

（2）适应工业企业产品成本核算的需要，成本会计获得了发展。

（3）随着股份经济即社会资本的产生，出现了专司审查企业财务报告的独立会计师，股份公司的财务会计工作受到了政府、社会的管制。

四、现代会计阶段

现代会计阶段，是指起于 20 世纪 30 年代即以会计准则产生为起点的这一会计发展过程。

在第一次世界大战期间，远离战火的美国获得了一个极为有利的发展机会。第一次世界大战后，美国无论是在生产能力方面，还是在科学技术方面都处于世界领先地位。但由于有关资本市场的法律和市场监管机制的不完善，在美国经济高速发展的同时，股票市场上虚假繁荣的泡沫也在膨起。泡沫总是要破灭的。1929 年 10 月，美国纽约证券交易所股票价格暴跌，引发了严重的经济危机。

导致美国资本市场崩溃的因素是多方面的，会计问题虽然不能说是主要的，但与会计行为的不规范和执业会计师的不尽责不无关系。在来自外部与内部自救的双重压力下，美国会计职业界开始着手制定会计准则。1934 年第一批共 6 条会计准则出台，并得到美国会计师协会和纽约证券交易所的共同认可。1938 年 4 月，美国证券交易委员会公布第 4 号文稿，将制定上市公司会计准则的权力授予会计职业界。美国会计师协会为此正式成立了一个会计程序委员会，负责制定公认会计准则。其后，经过会计职业界和会计学术界的共同努力，公认会计原则得以确立。

公认会计原则的确立，标志着股份经济的出现使股份化的私有资本赋有了社会资本的性质，意味着股份公司必须为社会广大投资者负责、为股市的正常运作负责、为国家经济的正常运行负责。同时，也意味着股份公司的会计不再只是企业的会计，还具有社会会计的性质，必须遵循公认会计原则，公司的财务报告必须经执业会计师审计并对社会公布。传统会计在向着现代会计转变。

在传统会计向现代财务会计发展的过程中，一门以企业管理当局为服务目标的管理会计也正在形成之中，包括变动成本法、标准成本法、预算控制、产品生产决策、投资决策和运营资金管理等。某些内容或方法也可能并不属于会计，但管理会计的发展对于企业经营水平的提升是不容置疑的。

随着现代信息技术，即以计算机为手段的信息资源的收集、储存、处理、加工技术，网络信息传递技术等广泛运用于会计实务领域，某些建立在手工会计基础上，特别是适应大中型企业需要的会计技术、会计方法，已被现代信息技术所取代。现代信息技术不断地改变着传统的会计技术、会计手段、会计方法。这是现代会计的又一特征。

随着社会经济的高速发展，资源环境、物价、社会分配等问题不仅引起经济学家、社会学家的广泛关注，同样引起会计领域的深切重视。环境会计、社会责任会计、人力资源会计、物价变动会计等已成为现代会计研究领域中的热点问题。

第三节　会计对象

会计对象，是指会计计量、计算、记录的内容。一般而言，其内容是指各经济主体所拥有或控制的财富。

在自给自足的自然经济社会，无论是原始社会、奴隶社会，还是封建社会，使用价值即实物财富始终是这一历史阶段的财富的一般存在形式。会计所计量、计算和记录的就是各个经济组织的生产、分配、交换和消费情况。但由于自然经济社会中经济组织之间的经济交往不多，产权关系单纯，人们对计量、计算、记录的内容则是有所选择。对于民间会计来说，计算、记录的是重要的财产物资及人欠、欠人等经济事项。对官厅会计而言，由于涉及国家财产的安全问题，需要发挥会计的监督与控制的功能，往往要全面核算各项财政收支，并执行严格的会计制度。

人类进入商品经济社会后，财富的社会形式由实物财富形式转化为价值财富形式。商品经济社会的会计对象，可以以经济组织的价值运动来概括。也就是说，价值运动是商品经济社会的会计对象的一般形式。在商品经济社会中，由于企业和行政事业单位的经济活动的目的不同，其具体的会计对象也就有所不同。企业的会计对象可称为经营资金，行政事业单位的会计对象可称为预算资金。

1. 工业企业的会计对象

现代企业的经营活动，可分为内部经营活动与外部投资活动。工业企业的内部经营活动是指企业运用内部的资金所进行的供应、生产和销售活动；外部投资活动是指企业的对外直接投资或间接投资，前者如将货币资金、实物资产投给合营企业，后者如购买国库券、公司债券、股票等投资。

工业企业的内部经营活动，一般由供应过程、生产过程和销售过程组成。供应过程是指企业形成生产资料的过程，如购买材料和设备。在供应过程，企业购入设备和材料，支付银行存款等货币资金，企业的资金发生了形态变化，由货币资金转化为储备资金。生产过程是指生产工人运用劳动资料对劳动对象进行加工生产，形成劳动产品的过程。所以，生产过程既是产品的形成过程，也是生产的耗费过程。在生产过程中，材料被耗用，形成材料费用；设备被磨损，形成折旧费用；劳动被付出，产生工资费用。于是，企业的资金由储备资金转化为生产资金。一定时期的生产结束后，在产品形成了产成品，企业的资金又由生产资金转化为成品资金。销售过程是指销售产品，取得销售收入的过程。在销售过程，企业的资金又由成品资金转化为货币资金。企业从销售收入中扣除销售成本，补偿企业耗费后的余额为企业的利润。企业的利润一部分用于缴纳所得税，一部分留在企业，用于弥补亏损或用于扩大再生产，一部分分配给投资者。

企业的外部投资活动，一般包括投资形成、获取收益、收回投资等内容。投资形成会使一部分资金离开或暂时离开企业的内部经营过程；获得投资收益增加了企业的利润和积累；收回投资又使这部分资金重新回到企业内部经营活动中。企业对外投资的目的，或是利用闲置资金，获得投资收益；或是用于积累资金以便扩大再生产；或是用于控制被投资单位，为企业形成有利的经营环境。

上述工业企业内部经营过程和外部投资活动中的资金运动，就是工业企业的会计对象。

2. 商业流通企业的会计对象

商业流通企业的经营活动，同工业企业一样，可以分为内部经营活动和外部投资活动。外部投资活动的目的和内容与工业企业基本相同。下面结合商品流通企业的内部经营活动说明商品流通企业的会计对象的特点。

商业流通企业的内部经营活动，一般由购进过程和销售过程组成。在购进过程，企业购入商品，支付银行存款等货币资金，企业的资金发生了形态变化，由货币资金转化为商品资金。在销售过程，企业售出商品，取得收入，商品资金又转化为货币资金。企业从销售收入中扣除销售成本、销售费用后的余额为企业的利润。利润的分配内容同工业企业。

同样，上述商业流通企业内部经营活动和外部投资活动中的资金运动，就是商业流通企业的会计对象。

3. 行政事业单位的会计对象

行政事业单位，包括社会再生产过程中的行政机关、司法机关、文化教育、医疗卫生等单位。这些单位不从事经营活动，但为了本身的工作任务，也需要拥有一定数量的资金。行政事业单位的资金或来源于国家财政拨款，或来源于单位的业务收入。单位在履行工作任务中，要发生各种物资耗费，支付人员工资，形成经费支出。行政事业单位经济活动中预算资金的收入和支出活动，就是行政事业单位的会计对象。

第四节　现代会计的职能与类型

一、现代会计的职能

财富的生产、交换、分配和消费活动，是人类最基本的社会实践活动。各经济主体为实现经济活动的目标，就必须发挥会计信息系统的作用，对财富的运动过程实施有效的调控。

财富的生产、交换、分配、消费活动，即财富的运动不能不受来自系统内、外部因素的干扰，系统只有不断地排除干扰，才能保证按预期的目标运行。系统所具有排除干扰的能力，来自于系统所具有的“负反馈调节”机制。负反馈系统的运行机制，如图1－1所示。

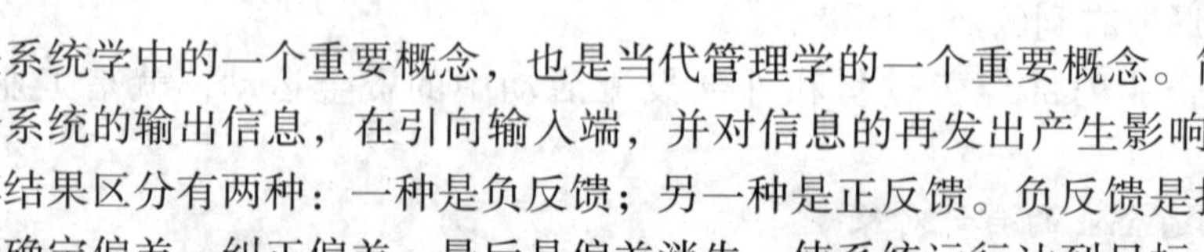

图1－1　负反馈系统的运行机制

反馈既是系统学中的一个重要概念，也是当代管理学的一个重要概念。简单地讲，反馈就是将一个系统的输出信息，在引向输入端，并对信息的再发出产生影响的控制方式。反馈控制按其结果区分有两种：一种是负反馈；另一种是正反馈。负反馈是指每一次反馈和再输入都能确定偏差，纠正偏差，最后是偏差消失，使系统运行达到目标；正反馈是指通过一系列输入之后，输入值与目标值的偏差越来越大，使系统趋向不稳定的状态，最后使系统破坏。在管理系统中，通常是运用负反馈来调节和控制系统。

会计作为财富管理系统中的子系统，即信息系统，在对系统的调节和控制中发挥重要的作用，可将其简单地概括为规划、控制和评价三大职能。当然，这些职能并不是会计独立完成的，但离开会计这一信息系统，这些职能是不可能实现的。

规划职能，就是指在进行实际经济活动之前，对未来经济活动中财富运动的过程和结果进行预测、筹划与确定目标的职能。会计在规划职能中的作用，具体表现为参与预测和决策、编制计划或预算、分解指标和制定定额标准等活动。

控制职能，就是利用会计反馈信息，影响和调节人们的经济活动，使财富运动按人们预期的目标运行，以实现预期结果的职能。会计的控制职能具体表现为：①确认财富运动的实际状态和结果；②将实际状态与结果同预定状态和结果进行比较，找出差异并将其差异传递给有关管理部门和责任人，从而调节责任部门和责任人的行为。现代会计对财富运动实际过程和结果的反映与预算管理相结合而对差异的揭示、定额成本或标准成本法、责任会计等均是现代会计实现控制职能的重要形式和手段。

评价职能，就是对指导财富运动的计划、预算等预定目标与财富运动的实际结果进行比较评价的职能。人类不能停止消费，也就不能停止生产，人类的经济活动作为一种周而复始的运动，需要不断总结经验，不断地发展和提高。通过会计的评价活动，即经济活动分析工作，将预期结果与实际结果进行比较，找出成功或失败的原因，使人们的认识更加符合实际，使人们的活动更加合理。

从前述的系统反馈机制来看，规划职能在于保障财富活动系统目标的形成；控制职能在于确认财富活动的实际状况与目标的差异，以便纠正偏差；评价职能在于总结实践结果和评价实践目标，以保证实践水平的不断提高。社会实践作为人工系统不同于自然系统，自然系统反馈机制中的目标值往往是恒定的，而人工系统反馈机制中的“目标值”往往是变动的。这是因为随着实践水平的提高，目标值应该“升值”，或由于目标值的制定出现错误需要调整。所以，评价活动对人类社会实践的发展具有非常重要的意义。可以说，社会财富主体正是通过事前规划职能、事中控制职能和事后评价职能观念地把握着社会财富的运动过程和运动结果。

但无论是规划、控制还是评价，都离不开对实际情况的反映。这是因为规划是以对过去的认识为前提的，控制是以实际的状况为依据的，评价是以对实际结果的认识为内容的。如果没有对财富运动过程和结果的掌握和认识，就谈不上对财富运动的规划、控制和评价。这样，我们可以把反映独立为一项会计职能，会计的反映职能是以上三项职能得以实现的基础，并为以上三项职能服务的。为此，我们可以把会计职能归结为反映职能，这是会计的基本职能，是实现规划职能、控制职能和评价职能的基础性职能。

二、现代会计的类型

现代会计可分为财务会计和管理会计两个类型。上述的会计职能实际是由财务会计、管理会计以及财务管理独立或相互配合而完成的。下面以企业会计为例分别说明财务会计与管理会计的特点。

财务会计是以凭证为依据，以货币为主要计量尺度，对企业的资金运动过程和结果以及资金运动过程中所形成的经济关系进行完整、连续、系统的反映与控制，并向企业内部管理机构和企业外部相关利益者提供反映企业财务状况和经营成果的信息资料的一种经济管理活动。

现代财务会计是商品经济关系的产物，更是现代企业制度和现实经济利益关系的产物。它主要是为维护经济主体的经济利益和处理经济主体与其利益相关者的经济利益而服务的。现代财务会计的主要特点，可概括为以下几点：

1. 以货币为统一计量尺度

这是由现代会计对象的性质所决定的。在商品经济社会，人们对财富的占有表现为对价值的占有，社会财富的运动表现为价值运动；对于企业拥有或控制的价值及其价值运动，称为资金和资金运动。因而在商品经济条件下，财务会计只有以货币为统一计量尺度，才能完整、连续、系统地反映和控制企业的资金运动过程及其结果。

2. 以凭证为记账的依据

这是由会计对象的性质和财务会计的职能共同决定的。资金运动作为会计对象，其增减变动无不涉及相关主体的经济利益，而对资金运动过程和结果进行完整、连续、系统反映和控制的任务是由财务会计承担的，因此，财务会计只有取得证实经济业务发生的凭证，并以此作为确认和计量各项财务收支、经营成果及其经济关系的依据，才能切实有效地监控企业的资金运动过程，保护企业财产安全，维护利益相关者的权益。

3. 遵循公认的会计原则

在现代企业制度下，企业所运用的资本不再是单个经营者的资本，也不是少数合伙人的资本，而是源于社会的广大的投资人和债权人的资本。资本的社会化，必然改变会计的性质，使会计的社会性大大增强。为了维护广大投资人和债权人的利益，需要由国家或社会团体制定公认的会计原则，作为企业财务会计确认、计量会计事项，进行财务处理，编制和提供财务报告的依据和规范。

4. 对外提供通用的财务报告

由于上述的企业资本的社会化发展，会计的社会性亦大大增强，企业的财务会计提供的财务报告，不仅要满足企业内部经营管理的需要，更重要的是要满足企业外部使用者的需要。由于外部会计报告的使用者了解企业会计信息的目的有所不同，对企业提供的会计信息的要求亦有所不同，但企业不可能完全满足每个外部信息使用者的个别要求，只能依据会计原则提供通用性的会计报告，满足外部信息使用者基本的、共同的要求。

管理会计是以提高企业经济效益为主要目标，采用专门的程序和方法，利用财务会计和其他相关资料，对企业的经济资源进行合理规划，对经济资源的耗用过程和结果进行有效控制的一种经济管理活动。

管理会计是社会生产力发展到一定水平的产物，也是现代化大生产的产物。管理会计同财务会计相比，主要有以下区别：

（1）在职能目的上，财务会计侧重于维护与处理企业及其利益相关者的经济利益，保护企业财产的安全与完整；管理会计侧重于达成企业经济资源的合理配置、合理使用，以提高企业的经济效益。

（2）在核算依据上，财务会计必须遵循公认的会计原则和相关的财经法规；管理会计则无须遵循公认的会计原则和统一的财经法则。

（3）在核算程序和方法上，财务会计必须遵循凭证、账簿、报表的核算程序，采用相对固定的、不得随意变更的核算方法；管理会计则没有规范的核算程序，方法灵活多样。

（4）在对核算数据的要求上，财务会计要求精确程度高；管理会计则不要求精确，以不影响作出正确判断为原则。

管理会计与财务会计之所以存在上述差异，主要是由两者的职能目的的差异所造成的。由于财务会计与管理会计的职能目的不同，两者所遵循的原则，采用的方式、方法、手段也必然有所不同。

由于财务会计的职能目的侧重于维护与处理企业及其利益相关者的经济利益，因而财务会计既要为企业内部的经营管理服务，又要为企业外部的利益相关者服务；既要为企业内部管理机构提供会计信息，又要为企业外部的会计信息使用者提供会计信息。由于管理会计的职能目的侧重于提高企业的经济效益，因而管理会计主要为企业内部管理服务，为企业内部管理机构提供会计信息。鉴于财务会计与管理会计所存在的上述特征，有人将财务会计称为外部会计，将管理会计称为内部会计。

第五节　财务会计的法规体系

现代财务会计的对象，不再是经营者的个体资本，也不再是少数人的合伙资本，而是由分散于社会的广大投资者投资融成的法人资本以及占相当比例的借入资本。这种由生产的社会化而带来的资本的社会化，必然要求规范企业财务会计行为，要求企业财务会计按照公认的会计原则和会计方法处理和提供会计信息，以维护各利益相关者的权益，维护国家正常的经济秩序。国有企业会计的监管问题，与上述情况基本相同。

对财务会计实施监管的责任，自然落在政府的身上。我国的会计法规是由政府或政府的会计管理机构颁布实施的。

目前，我国已构建成以《中华人民共和国会计法》（以下简称《会计法》）为主法的比较完整的财务会计法规体系。我国财务会计法规体系主要由《会计法》、《企业会计准则》、《企业会计制度》等法规构成。

一、《会计法》

《会计法》是我国会计工作的基本法规，是制定其他会计法律的依据。

1985 年我国首次制定《会计法》，1985 年 1 月 21 日第六届全国人民代表大会常务委员会第九次会议通过，自 1985 年 5 月起施行。为适应我国社会主义经济发展和深化改革的需要，全国人大常务委员会于 1993 年 12 月对《会计法》进行第一次修订，1999 年 10 月 31 日再次修订。修订后的《会计法》于 2000 年 7 月 1 日施行。

制定和修订《会计法》的宗旨，是规范会计行为，保证会计资料真实、完整，加强经济管理和财务管理，提高经济效益，维护社会主义经济秩序。

1999 年 10 月 31 日修订的《会计法》共七章，分别为：总则；会计核算；公司、企业会计核算的特别规定；会计监督；会计机构和会计人员；法律责任；附则。

在总则部分，明确规定国家机关、社会团体、公司、企业、事业单位和其他组织（统称单位）必须依照《会计法》办理会计事务；确定单位负责人对本单位的会计工作和会计资料的真实性、完整性负责；要求会计机构、会计人员要按照《会计法》的规定进行会计核算，实行会计监督。总则中还规定我国实行统一的会计制度，国家统一的会计制度由国务院财政部门根据《会计法》制定并公布。

在会计核算部分，规定了应当办理会计手续、进行会计核算的经济业务事项，具体有：①款项和有价证券的收付；②财物的收发、增减和使用；③债券、债务的发生和结算；④资本基金的增减；⑤收入、支出、费用、成本的计算；⑥财务成果的计算处理；⑦需要办理会计手续、进行会计核算的其他事项。《会计法》规定我国会计年度自公历1月1日起至12月31日止为一个会计年度，规定会计核算以人民币为记账本位币。该部分还对会计凭证、会计账簿、会计报告以及会计核算方法提出了基本要求。新修订的《会计法》明确提出单位负责人应当保证财务会计报告真实、完整。

在公司、企业会计核算的特别规定部分，进一步明确公司、企业必须根据实际发生的经济业务事项，按照国家统一的会计制度的规定，确认、计量和记录资产、负债、所有者权益、收入、费用、成本和利润。特别指出公司、企业在进行会计核算时不得发生的一些行为，具体包括：①不得随便改变资产、负债、所有者权益的确认标准或者计量方法，虚列、多列、不列或者少列资产、负债、所有者权益；②不得虚列或者隐瞒收入，推迟或提前确认收入；③不得随意改变费用、成本的确认标准或者计量方法，虚列、多列、不列或者少列费用、成本；④不得随意调整利润的计算、分配方法，编造虚假利润或者隐瞒利润；⑤不得发生违反国家统一的会计制度规定的其他行为。

在会计监督部分，规定各单位应按要求建立、健全本单位内部会计监督制度；规定了财政、审计、税务、人民银行、证券监管、保险监管等部门应当依照有关法律、行政法规规定的职责，对有关单位的会计资料实施监督检查，各单位必须依照有关法律、行政法规的规定，接受有关监督检查，部门依法实施的监督，不得拒绝、隐匿、谎报。

在会计机构和会计人员部分，就会计机构的设置和会计人员的配备、任免、从业资格与条件、教育与培训、分工与离职交接等作出了规定。

对法律责任部分，单位负责人、会计人员违反会计核算和会计监督有关规定的法律责任、违法处分等作出规定。《会计法》规定，单位负责人、会计人员违反《会计法》的有关规定，视情节给予罚款、行政处分、吊销会计从业资格证书或追究其刑事责任。

附则部分明确了某些用语的含义和新修订的《会计法》的施行时间，同时还指出个体工商户会计管理的具体办法由国务院财政部门根据《会计法》的原则另行规定。

二、企业会计准则

企业会计准则是企业会计核算工作的基本规范。现代企业会计分为财务会计和管理会计，需要由政府对会计行为作出规范的，应该是财务会计，而不是管理会计。目前各国通行的会计准则，实际上是财务会计准则。会计准则主要是对财务核算的原则和会计核算业务的处理方法作出规定。它是制定会计制度的依据。

会计准则最早出现在美国。20世纪初，资本主义经济获得了前所未有的发展，为适应资本主义生产力发展的需要，股份有限公司组织形式应运而生。股份有限公司这一企业组织形式，适应了社会生产力发展的需要，但也使庞大的投资人沦为公司外部利害关系人。出于保护企业外部投资者、债权人等利害关系者的利益，维护正常经济秩序的需要，必然产生从政府或社会的角度规范会计核算标准及会计处理程序的客观要求，即制定企业会计准则的客观要求。

20 世纪 30 年代的世界经济危机为西方国家加强对会计的监督提供了认识基础和充分的理由。危机过后，人们要求减少会计实务处理及会计报表的随意性和主观性，要求上市公司执行统一的会计处理程序和方法，适应这一需要，美国于 1938 年成立会计程序委员会（CAP），负责公认会计准则的制定工作。其后，英国、法国、德国、日本等资本主义国家相继成立相关机构，负责制定各自的会计准则。

第二次世界大战后，由于国际经济技术合作和交流的不断发展，特别是跨国公司的产生和发展，客观上要求协调世界各国会计准则之间的差异，制定国际会计准则。1973 年由澳大利亚、加拿大、法国、德国、日本、墨西哥、美国、英国等国家的职业会计组织发起，成立了国际会计准则委员会，并作为观察员参加国际会计委员会理事会会议。

我国的会计准则分为两个层次：第一层次为基本会计准则；第二层次为具体会计准则。我国的基本会计准则自 1988 年起开始研究制定，1992 年 11 月以财政部部长令的形式发布，命名为《企业会计准则》。《企业会计准则》主要就会计核算的一般要求和会计核算的主要方面作出原则性的规定，为制定具体会计准则和会计制度提供基本构架与依据。

《企业会计准则》主要由四部分内容组成：①会计核算的基本前提，具体说明会计主体、持续经营、会计分期和货币计量四项会计前提；②会计核算一般原则，提出了对会计核算工作的基本要求；③会计要素准则，确定了财务会计核算的资产、负债、所有者权益、收入、费用和利润六项会计要素，并对各要素的确认、计量与报告作出原则性规定；④财务报告准则，对财务报告的组成、基本内容和编制要求作出规定。

会计准则第二层次的具体准则，是根据基本会计准则的要求，就经济业务的会计处理作出的具体规定。具体会计准则按其内容划分，可以分四类：①基本业务会计准则，是对不同行业共同的基本业务的会计核算作出的规定，如投资、债务、收入等会计准则；②特殊业务会计准则，是对特殊业务的会计核算作出规定，如租赁业务会计准则；③特殊行业会计准则，是对特殊行业的会计核算作出的规定，如金融业等特殊行业的会计准则；④财务报告准则，是对财务报告的组成、格式、内容和列示方法等作出的具体规定，如现金流量表准则等。

三、会计制度

会计制度是进行会计工作所遵循的规则、方法和程序的总称。《会计法》规定我国实行统一的会计制度；国家统一的会计制度由国务院财政部门根据《会计法》制定和公布。并规定国务院有关部门可以依照《会计法》和国家统一的会计制度制定对会计核算和会计监督有特殊要求的行业实施国家统一的会计制度的具体方法或者补充规定，报国务院财政部门审核批准。

在计划经济体制下，我国主要是通过国家制定统一的会计制度来规范会计核算的行为的，以适应高度集中的计划经济管理体制的要求。当时的会计制度是按照所有制形式，区别不同的部门或行业设计。为适应我国改革开放的要求 ，1993 年，我国对会计制度进行重大改革，改变了按所有制形式区别部门设计会计制度的做法。依据《会计法》的规定，根据《企业会计准则》的要求，结合各行业生产经营活动的不同特点及不同的管理要求，将国民经济各部门划分为若干行业，制定了不分所有制、不分部门的行业会计制度。制定的行业会计制度主要有：《工业企业会计制度》、《商品流通企业会计制度》、《农业企业会计制度》、《交通运输企业会计制度》等，共计13个行业会计制度。1998年1月，财政部公布了《股份有限公司会计制度》，它是在原《股份制试点企业会计制度》的基础上修改完成的，适用范围为按照规定的程序设立的各种股份有限公司。2000年12月财政部又公布了《企业会计制度》，于2001年1月1日起暂在股份有限公司范围内执行。执行《企业会计制度》后，《股份有限公司会计制度》同时废止。

《企业会计制度》的颁布，预示着我国按行业的会计制度被取消，企业会计制度最终将由一般行业的大中型企业执行的《企业会计制度》、特殊行业即金融保险企业执行的金融保险企业会计制度和经营规模较小企业执行的小型企业会计制度所组成。

我国的会计制度除企业会计制度外，还有预算会计制度。预算会计制度由财政总预算会计制度、事业单位会计制度和行政单位会计制度所组成。

【本章小结】

会计是适应社会财富主体管理其拥有或控制的财富而构建的一个信息系统，其基本的功能在于反映与控制财富及其运动过程。会计的对象是随着生产关系的变化而变化的。现代企业会计，一般将其分为财务会计和管理会计两个类型。现代财务会计的产生，主要是由企业产权结构的变化引起的，即由企业资本的社会化所引起的。为了维护分散在社会上的众多小股东、债权人等利益相关者的合法权益，进而维护社会经济秩序的稳定，政府或相关社会团体便有必要通过制定会计准则来规范会计行为。

【简答题】

1. 什么是会计？现代会计的类型和特点是什么？
2. 什么是会计的对象？引起会计对象演变的主要因素是什么？
3. 会计的基本职能是什么？
4. 我国的会计法规体系是如何构成的？

第二章　会计基本准则

【学习目标】

知识目标：理解并掌握企业财务会计的基本概念与基本理论。

技能目标：具备会计要素的确认能力。

能力目标：理解财务会计的目的和财务报告的目标；掌握财务会计的基本前提、会计要素、会计信息的质量要求。

【知识点】

会计假设与会计核算基础；会计目标；会计要素；会计的确认与计量；会计信息质量特征等。

【篇头案例】

某大学教会计的刘扬老师暑假期间遇到四位活跃于股市的中学同学。他们中的第一位是代理股票买卖的证券公司的经纪人，第二位受资产经营公司之托任某上市公司的董事，第三位为个人投资者，最后一位是某证券报股票投资专栏记者。当问及如何在股市中操作时，四位的回答分别是：

第一位：分析股价的涨跌规律，不看会计信息。

第二位：凭直觉炒股。

第三位：关键是获得各种信息，至于财务信息是否重要则很难说。

第四位：公司财务信息非常重要。

问：你认为会计信息重要吗？请分析四个人不同答案的原因。

第一节　财务会计的目的

一、财务会计目标

会计目标是会计所应达到的境地或标准，是对会计自身所提供经济信息的内容、种类、时间、方式及其质量等方面的要求，即会计应该在何时以何种方式提供合乎何种质量标准的何种信息。会计目标指明了会计实践活动的目标和方向，同时也明确了会计在经济管理活动中的使命。我国《企业会计准则——基本准则》中所确定的财务会计报告的目标，是向财务会计报告使用者提供与企业财务状况、经营成果和现金流量等有关的会计信息，反映企业管理层受托责任履行情况，有助于财务会计报告使用者作出经济决策。关于财务报告的目标，在理论界主要有以下两种观点：

1. 受托责任观

该观点认为，会计的目标应该定位于提供受托责任履行情况的信息，包括合理有效地管理与使用受托资源并使其尽可能保值增值的责任，如实向资源委托方报告其受托责任履行过程及结果的义务和受托方应负有的社会责任的信息。在现代公司制下，企业所有权和经营权互相分离，企业管理层是受委托人之托经营管理企业及其各项资产，负有受托责任。即企业管理层所经营管理的各项资产基本上均为投资者投入的资本（或者以留存收益再投资）或者由借入资金所形成的，企业管理层有责任妥善保管并合理、有效地使用这些资产。因此，财务报告应当反映企业管理层受托责任的履行情况，以有助于评价企业的经营管理责任以及资源使用的有效性。

2. 决策有用观

该观点认为，会计的目标就是向会计信息使用者提供对其决策有用的会计信息。包括企业的财务状况、经营成果、现金流量等信息。

以上两种观点有一个共性，就是向会计信息使用者提供有用的信息。会计信息一般是通过财务会计报告提供给信息使用者的，因此，我国《企业会计准则——基本准则》第一章第四条将财务会计报告的目标描述为："合理有效地管理与使用受托资源并使其尽可能保值增值的责任、如实向资源委托方报告其受托责任履行过程及结果的义务和受托方应负有的社会责任的信息。"

二、会计信息的使用者

会计信息的使用者是指利用会计信息进行决策的主体。会计信息使用者包括政府及其有关部门、投资者、债权人、社会公众以及企业内部管理者、职工等。

1. 政府及其有关部门

政府及其有关部门是指为会计主体提供服务并实施管理和监督的监管部门。这些政府部门使用会计信息主要有两个目的，一是借以了解会计主体的经营状况和财务收支情况，评价会计主体的经营业绩，同时，检查会计主体的经营活动是否符合国家的各项方针政策；二是利用会计信息掌握会计主体各项经济指标的完成情况，从而掌握国民经济和社会发展的基本状况，调整和完善各项宏观经济政策，进一步发挥宏观调控的职能。如税务机关在征税时一般以会计资料为基础再作适当调整，他们需要决定企业是否依法纳税，是否依法足额纳税，企业未来纳税的前景如何等；上市公司的监管部门需要依赖财务报告判断企业公开的会计信息是否真实、充分，是否容易被投资者所理解，是否会误导投资者，会计核算是否符合规定等。

2. 投资者、债权人和社会公众

投资者、债权人和社会公众是最重要的会计信息使用者，他们与企业有着直接或间接的经济利益关系。投资者是企业的出资人，是企业的所有者，他们十分关注企业的经营状况，因为企业经营绩效的好坏会直接影响投资者的投资回报。企业的投资者可以是国家（或其代理人）、企业法人、事业单位，也可以是自然人。由于企业所有权和经营权的分离，投资者大多不参与企业的经营活动，他们委托经营者经营和管理企业，在这种情况下，他们就必须通过会计信息来了解企业的经营状况，评价经营者的工作业绩。

债权人是将资金出借给企业的法人或自然人，是企业重要的利害关系人。债权人将资金借给企业以后，就失去了对资金的支配权，所以他们需要在借出资金之前利用会计信息进行与借款相关的一系列决策，如是否应给企业借款，利息率如何确定，企业是否有能力根据合约还本付息，借款给企业是否存在信用风险，是否有必要让企业提供借款担保等。会计信息是他们了解企业的主要依据。

除了投资者和债权人以外，对上市公司来讲，社会公众也是重要的会计信息使用者，他们是企业潜在的投资者或债权人，需要了解企业的财务情况以作出相应的决策。

3. 企业内部管理者和职工

企业内部管理者是指企业的经营者，包括企业董事会成员，企业经理，企业计划、财务、人事、供应、市场营销、技术等方面的管理人员，他们是会计信息主要的使用者之一。企业内部管理人员需根据会计信息作出一系列与经营活动相关的决策。如筹资决策，管理者应该考虑企业经营需要多少资金，以什么方式筹集，负债期限多长，融资成本控制在何种水平上等；又如在企业进行投资决策时，企业资源应该如何配置，如何选择投资方案，是否有可能利用闲置资金购买短期证券等。管理者要及时、完整地把握企业的经营状况，就必须要利用会计信息。

此外，企业职工也需要使用会计信息，他们需要考虑企业是否有能力按劳付酬，企业的财务状况与获利能力是否足以保障职工就业，是否在劳动保护上投入足够资金，是否有能力提高职工福利待遇等。

应当看到，上述列举的会计信息使用者，其决策重点和所需信息并不完全相同，甚至存在较大的差异。对投资者来讲，有关企业经营成果的信息是他们最为关心的，因为企业的经营成果直接关系到投资者的投资效益；对债权人而言，企业的财务状况是他们关注的重点，因为财务状况的好坏直接影响企业的偿债能力，进而影响债权人借出资金的安全性；而政府及其有关部门主要是了解企业重要经济指标的完成情况和企业经济活动的真实性、合法性等方面信息；企业的经营者对会计信息的需求较为广泛，他们需要掌握企业各个方面的情况，包括财务状况、经营成果和现金流量等方面的信息，以及反映企业经济活动的其他经济信息。若按不同需求提供财务报告，其成本较高且无法满足及时性的要求，所以，会计提供的主要是对各类使用者都有用的信息，即通用财务报告，这种财务报告主要服务于股东和债权人等外部信息使用者，当然也可用于企业内部管理。会计部门也根据需要提供产品生产成本、费用开支等方面的报表，用于内部成本控制、预算控制、定价决策等。此外，为了满足企业内部管理的临时性需要，也提供一些特殊的信息，但这些信息一般不对外公开。

第二节　会计基本假设和会计核算基础

一、会计基本假设

会计假设又称会计核算的基本前提，它是对会计核算所处的时间、空间环境所作的合理设定。根据《企业会计准则——基本准则》的规定，会计基本假设包括：会计主体、持续经营、会计分期和货币计量。

（一）会计主体

会计主体，是指企业会计确认、计量和报告的空间范围，即指会计信息所反映的特定单位或组织，是对会计事务处理对象和范围的限定。

会计核算的对象是特定单位的经济活动，经济活动又是由各项具体的经济业务所构成，而每项经济业务往往又与其他单位的经济业务相联系。由于社会经济关系的错综复杂，会计人员首先需要确定会计核算的范围，明确哪些经济活动应当予以确认、计量和报告，哪些不应包括在其核算的范围内，也就是要确定会计主体。

根据我国《会计法》的规定，法人一定要进行独立核算，提供独立的财务报告，则法律主体一定是会计主体。但是，会计主体不一定是法律主体。合伙制企业是会计主体，但未必是法人；各个分公司在独立核算时也是会计主体，但不是法人；公司的各个事业部和车间在实施独立核算时，成为一个会计主体，但不是法人主体。在企业集团的情况下，一个母公司拥有若干个子公司，为了全面反映这个企业集团的财务状况、经营成果和现金流量，就有必要将这个企业集团作为一个会计主体，通过编制合并会计报表，反映企业集团整体的财务状况、经营成果和现金流量。这时企业集团是一个会计主体，但不是一个法律主体。

所以，作为会计主体必须具备三个条件：一是具有一定数量的经济资源；二是进行独立的生产经营活动或其他业务活动；三是实行独立核算并提供反映本主体经济活动情况的会计报表。

（二）持续经营

持续经营，是指在可以预见的将来，企业将会按当前的规模和状态继续经营下去，不会停业，也不会大规模削减业务。

在持续经营假设下，企业会计确认、计量和报告应当以持续经营为前提。明确这一基本假设，就意味着会计主体将按照既定用途使用资产，按照既定的合约条件清偿债务，会计人员就可以在此基础上选择会计政策和估计方法。只有设定企业是持续经营的，才能进行正常的会计处理，采用历史成本计价，在历史成本的基础上进一步采用计提折旧的方法等，这些会计处理方法的运用都是基于企业持续经营这一前提的。

持续经营是企业会计核算选择、使用会计处理方法的前提条件。若无持续经营前提，一些公认的会计处理方法将无法采用。只有在持续经营条件下，企业所拥有的资产才能按原定的目标和用途在正常的经营过程中被耗用、出售或转让；企业承担的各种债务才能按原定承诺条件在正常经营过程中被清偿；企业会计核算才可以依据会计计量和确认原则，解决很多常见的资产计价问题。例如，企业对其在生产经营过程中所使用的固定资产以历史成本为计价基础，并按其使用情况和历史成本确定折旧方法计提折旧费用。

会计正是在持续经营这一前提条件下，才能使会计方法和程序建立在非清算的基础之上，而不采用合并、破产清算那一套处理方法，解决财产计价和收益确认的问题，保持会计信息处理的一致性和稳定性。例如，只有在持续经营的前提下，企业的资产和负债才有区分为流动和长期的必要；企业的资产才以历史成本计价，而不以清算价格计价。

这一假设为企业正确地计量财产的价值、确定收益提供了前提条件。

（三）会计分期

会计分期，是指将一个企业持续不断的生产经营活动期间划分为若干个首尾相接、间距相等的会计期间。

我国会计年度是按公历起讫日确定的。按公历制划分为月份、季度、半年度和年度。

会计分期假设的作用体现为：定期对企业的生产经营活动进行总结，计算盈亏，即时提供所需的会计信息。

（四）货币计量

货币计量，是指会计主体在进行会计确认、计量和报告时以货币计量单位，反映会计主体的财务状况、经营成果和现金流量情况。

我国会计准则规定，会计核算以人民币为记账本位币。业务收支以外币为主的企业，也可以选定某种外币作为记账本位币，但编制的会计报表应当折算为人民币来反映。我国在境外设立的企业，通常用当地币种进行日常会计核算，但向国内编报会计报表时，应当折算为人民币来反映。

以货币计量为假设，可以全面反映企业的各项生产经营活动和有关交易、事项。但是，统一采用货币计量也有缺陷，例如，某些影响企业财务状况和经营成果的因素，如企业经营战略、研发能力、市场竞争力等，往往难以用货币来计量，但这些信息对于使用者决策也很重要，为此，企业可以在财务报告中补充披露有关非财务信息来弥补上述缺陷。

二、会计核算基础

会计核算基础是指会计确认和计量在时间上的要求。会计核算基础有以下两种：

（一）权责发生制

权责发生制要求，凡是当期已经实现的收入和已经发生或应当负担的费用，无论款项是否收付，都应当作为当期的收入和费用，列入利润表；凡是不属于当期的收入和费用，即使款项已在当期收付，也不应当作为当期的收入和费用。

在实务中，企业交易或者事项的发生时间与相关货币收支时间有时并不完全一致，如销售实现，但款项尚未收到；或款项已经支出，但并不是为本期生产经营活动而发生的。为了明确会计核算的确认基础，真实地反映特定会计期间的财务状况和经营成果，就要求企业在会计核算过程中应当以权责发生制为基础，确认收入和费用。

例如，企业 3 月份已按合同发出商品，并向银行办妥了托收货款的手续，而货款在 4 月份才能收到。在权责发生制下，商品的销售收入应计入 3 月份。

我国会计准则规定企业应当以权责发生制为基础进行会计确认、计量和报告。事业单位的经营业务也可以以权责发生制确认、计量收入和费用。

（二）收付实现制

收付实现制是与权责发生制相对应的一种会计基础，它以实际收到或支付的现金作为确认收入和费用的依据。如前述的 2 月份已按合同发出商品，并向银行办妥了托收货款的手续，而货款在 3 月份才能收到时，在收付实现制下，商品的销售收入应计入 3 月份。

收付实现制是目前我国行政单位会计所采用的会计基础，事业单位的非经营业务，应以收付实现制为基准确认收入与支出。

第三节　会计信息质量要求

会计信息质量要求是使财务报告中的会计信息应具备的基本特征，具体包括可靠性、相关性、可理解性、可比性、实质重于形式、重要性、谨慎性和及时性。

一、可靠性

可靠性要求企业应当以实际发生的交易或者事项为依据进行确认、计量和报告，如实反映符合确认和计量要求的各项会计要素及其他相关信息，保证会计信息真实可靠、内容完整。可靠性要求以实际发生的交易或事项为依据进行确认、计量，不得虚构；完整性要求保证会计信息的内容齐全。

二、相关性

相关性要求企业提供的会计信息应当与财务报告使用者的经济决策需要相关，有助于财务报告使用者对企业过去、现在与未来的情况作出评价或者预测。相关性要求体现在：

（1）决策有用性，对于相关性的主体财务报告使用者来说，应该满足所有信息使用者的通用信息。

（2）具有反馈价值，即把过去决策所产生的实际效果反馈给决策者，以验证过去决策是否有误。

（3）具有预测价值，能帮助决策者预测未来的可能结果，提高决策的准确性。可靠性、相关性是整个会计信息质量要求中最重要的两个要求，是由财务报告的目标引申出来的。可靠性、相关性信息质量要求与财务报告目标的关系为决策相关目标对会计信息质量的要求是相关性；受托责任目标对会计信息质量的要求是可靠性。

三、可理解性

可理解性要求企业提供的会计信息应当清晰明了，便于财务报告使用者理解和使用。怎样将专业的会计信息提供给社会大众、非财会人员，使之对其决策有用，会计信息的可理解性显得尤为重要。所以在财务报告中不仅包括表内信息，还包括大量的文字说明。

四、可比性

可比性要求企业提供的会计信息应当具有可比性。可比性有两层含义：

（1）横向可比，即不同企业的会计信息要具有可比性。不同企业发生的相同或者相似的交易或者事项，应当采用规定的会计政策，确保会计信息口径一致、相互可比。

（2）纵向可比，即同一企业不同时期的会计信息要具有可比性。同一企业对于不同期间发生的相同或者相似的交易或者事项，应当采用一致的会计政策，不得随意变更，以使不同时期的会计资料相互可比。

五、实质重于形式

实质重于形式要求企业应当按照交易或事项的经济实质进行会计确认、计量和报告，不应仅以交易或事项的法律形式为依据。

如果企业仅仅以交易或事项的法律形式为依据进行会计确认、计量和报告，那么就容易导致会计信息失真，无法如实反映经济现实和实际情况。大多数情况下，经济业务的法律形式反映了经济实质。但有些情况下，当经济实质与法律形式不一致时，应该以经济实质为标准进行会计核算，例如售后以固定价格回购的商品，不应当确认销售收入，再如融资租入的固定资产应视为自有资产进行核算管理。

六、重要性

重要性要求企业提供的会计信息应当反映与企业财务状况、经营成果和现金流量有关的所有重要交易或者事项。

某项企业的会计信息的省略或者错报会影响使用者据此作出经济决策，则该信息具有重要性。重要性的应用需要依赖职业判断，企业应当根据其所处环境和实际情况，从项目的性质和金额大小两方面来判断其重要性。

七、谨慎性

谨慎性要求企业对交易或者事项进行会计确认、计量和报告时应当保持应有的谨慎，不应高估资产或者收益，低估负债或者费用。

但是，谨慎性的应用并不允许企业设置秘密准备，如果企业故意低估资产或者收益，故意高估负债或者费用，将不符合会计信息的可靠性和相关性要求，损害会计信息质量，扭曲企业实际的财务状况和经营成果，从而对使用者的决策产生误导，这是会计准则所不允许的。计提各项资产的减值准备、固定资产的加速折旧等，都是谨慎性的体现。

八、及时性

及时性要求企业对于已经发生的交易或者事项，应当及时进行确认、计量和报告，不得提前或者延后。

在会计确认、计量和报告过程中应符合及时性要求，一是要求及时收集会计信息，即在经济交易或者事项发生后，及时收集整理各种原始单据或者凭证；二是要求及时处理会计信息，即按照会计准则的规定，及时对经济交易或者事项进行确认或计量，并编制出财务报告；三是要求及时传递会计信息，即按照国家规定的有关时限，及时地将编制的财务报告传递给财务报告使用者，便于其及时使用和决策。

第四节　会计要素

企业财务会计的对象是企业的资金运动及其所形成的财务关系。为了具体地反映与监控这一内容，需要对会计对象进行分类。会计要素就是对会计对象的基本分类，是会计对象的具体化，是反映会计主体财务状况、经营成果的基本单位。

我国《企业会计准则——基本准则》把企业的会计要素划定为资产、负债、所有者权益、收入、费用和利润六项。

一、资产

（一）资产的定义

资产是指企业过去的交易或事项形成的、由企业拥有或控制的、预期会给企业带来经济利益的资源。资产具有以下特征：

1. 由企业过去的交易或者事项形成

过去的交易或者事项包括购买、生产、建造行为或其他交易或事项。预期在未来发生的交易或事项不形成资产。例如，企业签订合同，在半年后购买产品，在签订合同时不确认资产。

2. 由企业拥有或控制

由企业拥有或者控制是指企业享有某项资源的所有权，或者虽然不享有某项资源的所有权，但该资源能被企业所控制。例如，融资租入的固定资产拥有实际控制权，所以可以确认为企业的资产。

3. 预期会给企业带来经济利益

预期会给企业带来经济利益是指直接或者间接导致现金或现金等价物流入企业的潜力。不能给企业带来经济利益的资源不属于资产的范畴。对于现在无法确定未来经济利益的资产，应该对不能带来或不能确定经济利益的部分计提减值准备。例如，如果应收账款0.5%的部分无法收回，则应对于无法收回的0.5%部分计提坏账准备。

（二）资产的分类

企业的资产可以划分为流动资产与非流动资产两大类。

流动资产是指可以合理地预期将在一年内转换为现金或被销售、耗用的资产。主要包括货币资金、交易性金融资产、应收票据、应收及预付账款、存货等。

非流动资产是指除流动资产以外的所有其他资产。包括持有至到期投资、长期股权投资、固定资产和无形资产等。

二、负债

（一）负债的定义

负债是指由过去的交易或事项形成的，预期会导致经济利益流出企业的现时义务。

负债具有以下特征：

（1）负债是由企业过去的交易或者事项形成的，企业将在未来发生的承诺、签订的合同等交易或者事项，不形成负债。负债有确切的受款人和偿付日期，或者收款人和偿付日期可以合理地估计确定。

（2）负债的清偿，预期会导致经济利益流出企业。

（3）负债是企业承担的现时义务，现时义务是指企业在现行条件下已承担的义务。未来发生的交易事项形成的义务，不属于现时义务，不应确认为负债。

（二）负债的分类

负债按其偿还期的长短可分为流动负债与非流动负债。

流动负债是指偿还期在一年或长于一年的一个营业周期以内的债务。主要包括短期借款、应付票据、应付账款、应付职工薪酬、应交税费、应付利润、应付股利和其他应付款等。

非流动负债是指偿还期在一年或长于一年的一个营业周期以上的债务。主要包括长期借款、应付债券和长期应付款等。

三、所有者权益

（一）所有者权益的定义

所有者权益，是指企业资产扣除负债后，由所有者享有的剩余权益。公司的所有者权益又称为股东权益，在数量上它等于全部资产减去全部负债后的余额。

所有者权益具有以下的特征：

（1）除非发生减资、清算，企业不需要偿还所有者权益。

（2）企业清算时，只有在清偿所有负债后，所有者权益才返还给所有者。

（3）所有者权益是指所有者具有参与企业收益的分配权。

（二）所有者权益的构成

所有者权益按其来源主要包括所有者投入的资本、直接计入所有者权益的利得和损失、留存收益等。

（1）所有者投入的资本，是指所有者对企业的投资部分，它既包括构成企业注册资本或者股本部分的金额，也包括投入资本超过注册资本或者股本部分的金额，即资本溢价或者股本溢价。前者称为实收资本（股本），后者称为资本公积。

（2）直接计入所有者权益的利得和损失。利得是指由企业非日常活动所形成的、会导致所有者权益增加的、与所有者投入资本无关的经济利益的流入。损失是指由企业非日常活动所发生的、会导致所有者权益减少的、与向所有者分配利润无关的经济利益的流出。

（3）留存收益是企业历年实现的净利润留存于企业的部分，主要包括计提的盈余公积和未分配利润。

四、收入

（一）收入的定义

收入，是指企业在日常活动中形成的、会导致所有者权益增加的、与所有者投入资本无关的经济利益的总流入。

收入具有以下特征：

（1）收入应当是企业在日常活动中形成的，那些偶然发生的（如罚款收入、出售无形资产净收益、非货币性资产交换确认的收益、债务重组收益等）属于利得，不属于营业收入，应计入营业外收入。

（2）收入会导致所有者权益的增加，不会导致所有者权益增加的经济流入不是收入。如银行借款、企业代税务机关收取的税款等。

（3）收入是与所有者投入资本无关的经济利益的总流入。

（二）收入的分类

收入可分为主营业务收入和其他业务收入两类：

（1）主营业务收入指企业为完成其经营目标所从事的主要经营活动取得的收入。不同的行业具有不同的主营业务。其特点是经常发生、在收入中占较大比重。

（2）其他业务收入指企业除主要经营业务以外的其他经营活动取得的收入。其特点是不常发生，在收入中所占比重较小。

五、费用

（一）费用的定义

费用，是指企业在日常活动中发生的、会导致所有者权益减少的、与向所有者分配利润无关的经济利益的总流出。

费用具有以下特征：

（1）费用是企业在日常活动中发生的经济利益的流出。

（2）费用会导致企业所有者权益的减少，如用银行存款支付销售费用。

（3）费用是与向所有者分配利润无关的经济利益的总流出，费用可能会减少企业资产，增加负债，或二者兼而有之。

（二）费用的分类

1. 产品生产成本

计入产品成本的费用，亦称产品制造成本（或生产成本）。计入产品成本的费用，按其与产品的关系，又可分为直接费用和间接费用。

（1）直接费用是指直接为生产产品或提供劳务而发生的各项费用。它包括直接材料费、直接人工费和其他直接费用。

（2）间接费用是指间接为生产产品或提供劳务而发生的各项费用。它包括间接材料费、间接人工费以及其他间接费用。在制造业间接费用也称制造费用。

2. 期间费用

不计入产品成本的费用一般按期间归集，故称期间费用。它包括销售费用、管理费用和财务费用等，这些费用直接计入当期损益。销售费用是指企业在销售过程中所发生的各项费用；管理费用是指企业行政管理部门为组织和管理生产经营活动而发生的各项费用；财务费用是指企业为筹集生产经营所需资金等理财活动所发生的各项费用。

六、利润

（一）利润的定义

利润，是指企业在一定会计期间的经营成果。利润包括收入减去费用后的净额、直接计入当期利润的利得和损失等。因此利润的确认主要依赖于收入和费用以及利得和损失的确认，其金额的确定也主要取决于收入、费用、利得、损失金额的计量。其中，收入减去费用后的净额反映的是企业日常活动的收支，直接计入当期利润的利得和损失反映的是企业非日常活动的业绩（例如，营业外收入、营业外支出）。企业应当严格区分收入和利得、费用和损失之间的区别，以反映企业的经营业绩。

（二）利润的构成

利润分为营业利润、利润总额和净利润三个层次。

（1）营业利润，是指营业收入减去营业成本和营业税金及附加，再减去期间费用和资产减值损失后的金额。

（2）利润总额，是指营业利润加上营业外收入，减去营业外支出后的金额。

（3）净利润，是指利润总额减去所得税费用后的金额。

七、会计等式

（一）会计等式的含义

会计等式是反映会计要素数额关系的计算公式，包括反映企业财务状况和经营成果两种会计等式。

1. 反映财务状况的会计等式

资产 = 负债 + 所有者权益

该等式是反映资金运动相对静止时的会计等式，是最基本的会计等式，又称为存量会计等式或会计恒等式。这一等式是复式记账法的理论基础，也是编制资产负债表的依据。

任何企业都必须拥有一定的资产，这些资产分布在企业经济活动的各个方面，有不同的表现形态，如货币资金、原材料、房屋建筑物等。另外，企业资产均有其来源，要么来源于投资者，形成企业的所有者权益；要么来源于债权人，形成企业的债权人权益，即企业的负债。因此，资产与负债和所有者权益实际上是同一价值运动的两个方面，两者必然相等。

2. 反映经营成果的会计等式

利润 = 收入 - 费用

该等式反映企业一定时期的经营成果，又称为增量会计等式。企业经过一定时期的生产经营，其结果的主要部分等于收入扣除费用后的余额，对于非日常活动的利得和损失，按会计准则的规定应计入当期损益的部分，也应该如期计入。这一等式是编制利润表的依据。

（二）经济业务的发生对会计恒等式的影响

经济业务，又称为会计事项，它是指在企业的生产经营活动中发生，引起会计要素增减变动的事项。企业在生产经营过程中发生的经济业务虽然多种多样，但是从它们引起会计恒等式变动的情况来看，不外乎有以下三种类型，如表 2－1 所示。

表 2－1　　各项经济业务的发生对会计等式的影响

<table>
<tr><th>经济业务</th><th>资　产</th><th>负　债</th><th>所有者权益</th><th>变动类型</th></tr>
<tr><td>1</td><td>增加</td><td>增加</td><td></td><td rowspan="2">等式两边同时增加</td></tr>
<tr><td>2</td><td>增加</td><td></td><td>增加</td></tr>
<tr><td>3</td><td>减少</td><td>减少</td><td></td><td rowspan="2">等式两边同时减少</td></tr>
<tr><td>4</td><td>减少</td><td></td><td>减少</td></tr>
<tr><td>5</td><td>增加、减少</td><td></td><td></td><td rowspan="5">等式一边有增有减</td></tr>
<tr><td>6</td><td></td><td>增加、减少</td><td></td></tr>
<tr><td>7</td><td></td><td></td><td>增加、减少</td></tr>
<tr><td>8</td><td></td><td>增加</td><td>减少</td></tr>
<tr><td>9</td><td></td><td>减少</td><td>增加</td></tr>
</table>

下面结合企业经营过程中发生的经济业务，举例说明资产、负债、所有者权益的增减变化及其对会计恒等式的影响。

【例 1－1】20××年 1 月 1 日甲、乙和丙三人共同出资成立 A 公司。按照协议约定，甲出资作价 50 000 元的房屋，乙出资作价 20 000 元的电脑，丙出资 30 000 元的现金。三人按出资比例享有对企业的所有权。

这笔业务使得该企业的资产总额增加 100 000 元，其中房屋 50 000 元，电脑 20 000 元，银行存款 30 000 元，所有者权益增加 100 000 元。会计等式的两边同时增加 100 000 元，会计等式的等量关系不变。

【例 1－2】20××年 1 月 15 日，将上一年利润的一部分以现金股利的形式分派给股东 50 000 元，用银行存款支付。

这笔经济业务使得资产和所有者权益同时减少 50 000 元，等式两边同时减少，会计等式的等量关系不变。

【例 1－3】20××年 3 月 15 日，收到客户所欠的货款 80 000 元存入银行。

这笔经济业务使得资产项目一增一减，金额均为 80 000 元，会计等式的等量关系不变。

通过上述分析可以看出：不论发生何种经济业务，在任何时点上，“资产＝负债＋所有者权益”这个会计等式都成立。

随着经营活动的进行，企业会取得各项收入，同时也必然发生相关的费用。企业一定时期的收入扣除相关的费用后，即为企业的利润。企业利润的取得，表明企业资产增加。由于利润属于所有者，利润的实现意味着企业所有者权益的增加；反之，若企业发生亏损，就意味着企业资产和所有者权益的减少。用等式表示如下：

资产＝负债＋所有者权益＋利润

即：资产 = 负债 + 所有者权益 + （收入 - 费用）

上式为会计等式的扩展形式，动态地反映了企业财务状况和经营成果之间的关系。财务状况反映了企业一定日期资产的存量情况，而经营成果则反映了一定期间资产的增量或减量。企业的经营成果最终会影响到企业的财务状况，企业实现利润将使企业资产存量增加或负债减少，发生亏损将使企业资产存量减少或负债增加。待期末结账后，利润归入所有者权益项目，会计等式又恢复成基本形式即“资产 = 负债 + 所有者权益”。因此，会计等式的扩展形式又称为动态等式。

通过上述分析，可以得出如下结论：企业在生产经营过程中发生的每一项经济业务，都必然会引起会计等式中一方或双方发生等额的变化，即当涉及等式双方时，必然会出现同方向的变化（同增同减）；当只涉及等式一方时，则必然出现相反方向的变化（一增一减）。由此可见，企业任何一项经济业务的发生都不会影响或破坏资产、负债和所有者权益之间的恒等关系。

第五节　会计的确认与计量

一、会计的确认

会计确认是将经济事项作为资产、负债、收入和费用等要素，正式加以记录和列入报表的过程，即把交易或事项与一定的会计要素联系起来加以认定的过程。

（一）资产的确认

资产的确认既要符合资产的定义，又要同时满足以下条件：

（1）与该资源有关的经济利益很可能（概率在50%以上）流入企业。

（2）该资源的成本或者价值能够可靠计量。

符合资产定义和资产确认条件的项目，应当列入资产负债表；符合资产定义，但不符合资产确认条件的项目，不应列入资产负债表。

（二）负债的确认

负债的确认既要符合负债的定义，又要同时满足以下条件：

（1）与该义务有关的经济利益很可能流出企业。

（2）未来流出的经济利益的金额能够可靠地计量。

符合负债定义和负债确认条件的项目，应当列入资产负债表；符合负债定义，但不符合负债确认条件的项目，不应当列入资产负债表。

（三）所有者权益的确认

所有者权益体现的是所有者在企业中的剩余权益，因此，所有者权益的确认主要依赖于其他会计要素，尤其是资产和负债的确认，所有者权益金额的确定主要取决于资产和负债的计量。

（四）收入的确认

收入的确认既要符合收入的定义，同时又要满足以下条件：

（1）与收入相关的经济利益很可能流入企业。

（2）经济利益流入企业的结果会导致企业资产的增加或者负债的减少。

（3）经济利益的流入额能够可靠地计量。

（五）费用的确认

费用的确认既要符合费用的定义，又要同时满足以下条件：

（1）与费用相关的经济利益很可能流出企业。

（2）经济利益流出企业的结果会导致资产的减少或者负债的增加。

（3）经济利益的流出额能够可靠计量。

（六）利润的确认

利润反映的是收入减去费用、利得减去损失后的净额，因此，利润的确认主要依赖于收入和费用以及利得和损失的确认，其金额的确定也主要取决于收入、费用、利得、损失金额的计量。

二、会计计量属性及其内容

会计计量是指采用一定的尺度确定会计要素的增减变动，即对经营事项所涉及的会计要素进行数量上的反映，包括货币计量、实物计量和劳动计量。会计计量属性反映的是会计要素金额的确定基础，主要包括历史成本、重置成本、现值、可变现净值、公允价值等。

（一）历史成本

历史成本是指资产按照购置时支付的现金或者现金等价物的金额，或者按照购置资产时所付出的对价的公允价值计量。负债按照因承担现时义务而实际收到的款项或者资产的金额，或者承担现时义务的合同金额，或者按照日常活动中为偿还债务预期需要支付的现金或者现金等价物的金额计量。

（二）重置成本

重置成本是指资产按照现在购买相同或者相似资产所支付的现金或者现金等价物的金额计量。重置成本主要是在资产盘盈时使用。

（三）现值

现值是指资产按照预计从其持续使用和最终处置中所产生的未来净现金流入量的折现金额计量。负债按照预计期限内需要偿还的未来净现金流出量的折现金额计量。资产减值时用现值作为减值判断的标准。在分期购买，且付款期限较长（通常在3年以上）时，其产生的负债也会用现值计量。

（四）可变现净值

可变现净值是指资产按照其正常对外销售所能收到现金或者现金等价物的金额扣减该资产至完工时估计将要发生的成本、估计的销售费用以及相关税费后的金额计量。可变现净值在存货的期末计量时使用。

（五）公允价值

公允价值是指资产和负债按照在公平交易中，熟悉情况的交易双方自愿进行资产交换或者债务清偿的金额计量。交易性金融资产、可供出售金融资产、投资性房地产等可以用公允价值计量。会计要素的计量属性见表2－2。

表 2－2 **会计要素的计量属性**

计量属性	概　念	资产的计量	负债的计量	备　注
历史成本（实际成本）	取得或制造某项财产物资时所实际支付的现金或其他等价物	按照购置时支付的现金或现金等价物的金额，或购置时所付出的对价的公允价值计量	按照因承担现时义务而实际收到的款项或资产的金额，或承担现时义务的合同金额，或按照日常活动中为偿还负债预期需要支付的现金或现金等价物的金额计量	传统的会计计量属性，一般应采用此计量属性
重置成本（现行成本）	按照当前市场条件，重新取得同样一项资产所需支付的现金或现金等价物金额	按照现在购买相同或者相似资产所需支付的现金或者现金等价物的金额计量	按照现在偿付该项债务所需支付的现金或者现金等价物的金额计量	常用于盘盈固定资产的计量
可变现净值	在日常生产经营过程中，以预计售价减去进一步加工成本和预计销售费用以及相关税费后的净值	按照正常对外销售所能收到现金或者现金等价物的金额扣减该资产至完工时估计将要发生的成本、估计的销售费用以及相关税费后的金额计量	—	常用于存货资产减值情况下的后续计量
现值	对未来现金流量以恰当的折现率进行折现后的价值，是考虑货币时间价值的一种计量属性	按照预计从其持续使用和最终处置中所产生的未来净现金流入量的折现金额计量	按照预计期限内需要偿还的未来净现金流出量的折现金额计量	常用于非流动资产可收回金额和以摊余成本计量的金融资产价值的确定等

（续上表）

计量属性	概　念	资产的计量	负债的计量	备　注
公允价值	在公平交易中熟悉情况的双方自愿进行资产交换或债务清偿的金额	按照在公平交易中熟悉情况的交易双方自愿进行资产交换的金额计量	按照在公平交易中熟悉情况的交易双方自愿进行债务清偿的金额计量	主要应用于交易金融资产、可供出售金融资产和投资性房地产等的计量

【本章小结】

本章主要介绍了会计的基本理论，包括会计基本假设与会计核算基础；会计信息质量要求；会计要素；会计的确认与计量等。

会计的基本假设有会计主体、持续经营、会计分期和货币计量。会计核算基础包括权责发生制和收付实现制。会计信息质量要求包括可靠性（客观性）、相关性（有用性）、可理解性（明晰性）、可比性、实质重于形式、重要性、谨慎性（稳健性）、及时性。会计要素包括两类，一是反映企业财务状况的会计要素，包括资产、负债和所有者权益；二是反映企业经营成果的会计要素，包括收入、费用和利润。会计计量是指采用一定的尺度确定会计要素的增减变动，即对经营事项所涉及的会计要素进行数量上的反映，包括货币计量、实物计量和劳动计量。会计计量属性是会计要素金额的确定基础，主要有历史成本、重置成本、可变现净值、现值、公允价值等。

【简答题】

1. 什么是会计要素？会计要素包括哪些内容？
2. 会计信息质量要求有哪些？
3. 什么是会计核算的基本前提？
4. 什么是会计的确认与计量？
5. 会计计量属性包括哪些？

第三章 财务会计系统的结构与运行：账户与记账方法

【学习目标】

知识目标：理解会计科目、会计账户和借贷复式记账法基本理论。

技能目标：掌握账户结构中金额的计算及其关系；理解借贷复式记账法；编制会计分录；运用试算平衡检查记录经济业务正确与否。

能力目标：掌握账户的基本结构，熟练地运用借贷复式记账法编制会计分录。

【知识点】

会计科目；会计账户；账户结构；借贷复式记账法；会计分录；试算平衡。

【篇头案例】

A 先生创办一个企业，自己投入资金 15 万元、向他人借款 5 万元存入银行。支付经营用房年租金 6 000 元，年支付各种办公费用 9 000 元。用银行存款购入商品 10 万元，年内全部卖出收到货款 98 000 元，货款存入银行。请问 A 先生是如何通过财务会计系统，记录公司经济的经营活动和计算企业的财务状况与经营成果的？

财务会计系统作为经济管理系统中的一个信息系统，它同一切系统一样，也是由若干子系统构成的。本章旨在揭示财务会计系统的构成、财务会计系统各构成部分的相互关系，了解财务会计系统的结构和运行的一般程序，以及财务信息的接收与录入方式。

第一节 财务会计系统的结构与运行

一、财务会计系统结构

财务会计的功能在于通过收集与反馈财务活动的结果，以控制财务活动过程，实现财务管理的目标。为了实现其功能，财务会计系统则必须由信息收集、信息储存、信息输出三个子系统构成。

1. 信息收集系统

这一系统的功能，在于收集财务活动的结果，保证信息的真实与完整。其主要手段是设置账户，填制与审核会计凭证。

账户，是用来分门别类地归集财务信息，反映和控制财务活动过程的一种专门方法。设置账户，就是按照会计科目在会计账簿中开立若干账页，用来分类归集财务信息，以便取得各种核算指标。

会计凭证，是记录经济业务、明确经济责任的书面证明，是用来登记账簿的依据。会计凭证分为原始凭证和记账凭证两种。原始凭证是经济业务发生时，由经办人或经办单位填制的，记账凭证是根据审核无误的原始凭证填制的。原始凭证是记录经济业务、明确经济责任的书面证明，记账凭证是明确会计责任的书面证明，是登记账簿的依据。

总之，只有设置账户，才能分门别类地收集与归集财务信息，保证财务信息的科学性和有效性；只有填制与审核会计凭证，才能全面、完整地收集财务信息，保证财务信息的真实与可靠。

2. 信息储存系统

这一系统的功能，在于归集、储存和积累财务信息，以便反映与控制经济活动过程，为加工与提供财务信息提供依据。其主要手段是登记会计账簿。

会计账簿，是以会计凭证为依据，对全部经济业务全面、系统、连续、分类地进行记录和核算的簿籍，是由专门格式并以一定形式联结在一起的账页所组成。登记账簿，就是以记账凭证为依据，将记账凭证上所反映的经济业务分别记入账簿中开立的账户中，使记账凭证中分散记录的经济业务内容得以分类汇总和系统化，以便为加强经济管理和加工、输出财务信息提供必要的数据、资料。

3. 信息输出系统

这一系统的功能，在于加工、输出财务信息。也就是说，这一系统将输入的反映企业财务状况、经营成果的财务数据，通过加工处理，转换成企业管理当局或投资人等信息使用者所需要的信息后，再输送给信息使用者。其主要手段是编制和报送财务报告。为了保证财务报告提供的财务信息的真实性、可靠性以及保护企业财产的安全完整，还需要运用财产清查的方法。

财产清查是对各项财产物资进行实地盘点、账面核对以及对各项往来款项进行查询、核对，以保证账账、账实相符的一种专门方法。通过财产清查，可以查明各项财产物资、债权债务、所有者权益情况，保护财产物资的安全与完整，并为编制财务报告提供正确、可靠的资料。

财务报告是综合反映企业一定时期经营成果、现金流量及一定时点财务状况的书面文件。它包括基本会计报表、附表、报表注释与财务状况说明书。基本会计报表是财务报告的主体部分，有资产负债表、利润表和现金流量表。资产负债表是反映企业在某一时日（月末、季末、半年末、年末）财务状况的报表，其内容与结构的依据是“资产 = 负债 + 所有者权益”的会计平衡公式。利润表，又称损益表，是反映企业一定时期经营成果的会计报表，其内容和结构的依据是“收入 - 费用 = 利润”的会计等式。现金流量表是反映企业一定时期内现金流入、流出以及现金净流量的会计报表。

二、财务会计系统的运行

财务会计系统的运行，是指财务会计系统从财务数据输入、储存、加工到财务信息的输出过程。按照会计工艺的特点划分，财务会计系统有手工操作和电子数据处理两种运行方式。在电子数据处理运行方式下，即会计人员运用计算机处理财务数据的情况下，会计人员可以把计算机看成一个“黑匣子”，只需掌握数据输入与输出的操作方法，就可以存入所需要的数据和输出所需要的信息，而不必明确知道神奇的计算机是怎样工作的。在手工操作方式下，则必须清楚财务会计系统的运作程序和方法，否则，便无法从事财务会计工作。

财务会计系统的运行方式，按照会计术语，通常称为会计核算形式或账务处理程序。手工操作方式下的核算形式因企业规模、会计机构的设置及会计人员的业务水平的不同而有所不同。这里只介绍最基本的运行方式。如图 3－1 所示。

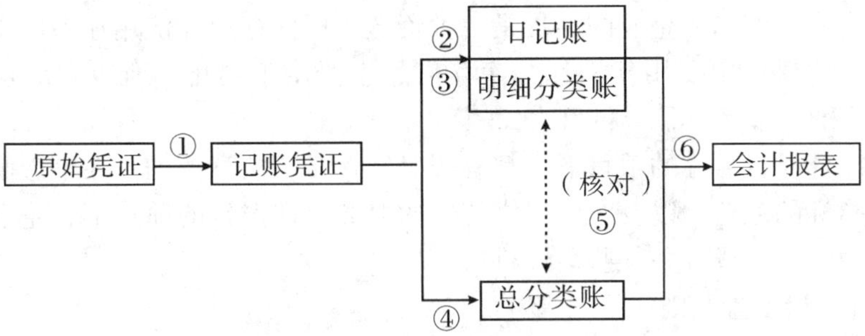

图 3－1　财务会计系统基本运行方式

第二节　财务会计信息确定：会计科目与会计账户

在会计核算系统不断地对会计信息进行搜集、输入、加工、转换、输出的过程中，不能回避信息分类问题。前面章节中讲过会计要素是对会计对象的基本分类，但这六项会计要素过于笼统，难以满足会计信息使用者对会计信息的需求，而会计科目是对会计要素的进一步分类，以确保社会各方使用者对会计信息的要求，同时它在财务会计系统中起着重要作用。

一、会计科目

（一）会计科目的概念

会计科目是对会计要素的具体内容进一步分类的标志或者项目。在实际工作中，会计科目是由会计准则规定的，企业应按会计准则的规定设置和使用会计科目。

财务会计需要对企业的资金运动过程和结果以及资金运动过程中所形成的经济关系进行完整的、系统的反映和监督，不仅需要对会计对象作基本的分类，确定会计要素，还应在确定会计要素的基础上，对会计对象作进一步的分类。例如就负债而言，还应进一步明确是什么形式的负债，是借款还是债券。若为借款，又分为短期借款和长期借款；若为短期借款，还应明确是从哪个单位取得借款。会计只有对会计要素的内容作进一步的分类，分门别类地组织会计核算，提供信息，才能满足企业经济管理的要求。

设置会计科目，就是根据会计对象的具体内容和经济管理要求，事先规定分类核算的项目或者标准的一种专门方法。通过设置会计科目，可以对纷繁复杂、性质不同的经济业务进行科学分类，可以将复杂的经济信息变为有规律、易识别的经济信息，并为其转换为会计信息准备条件。设置会计科目时，需要将会计对象中经济业务内容相同的归为一类，设立一个会计科目，凡是具有这类经济信息特征的经济业务，都应该在这个会计科目下进行核算。例如，根据资产这一会计要素的特征及其经营管理的要求，可以设置“固定资产”、“库存现金”、“库存商品”、“无形资产”等。在对会计要素进一步进行分门别类的基础上，设置会计科目时，还要为每一具体的类别规定一个会计科目，并且限定在该科目名称下包括的内容。例如，企业的存货是一种资产，根据存货经济用途不同可以分为材料和完工产品等。原材料主要用于消耗，库存商品主要用于销售，所以相应可以分别设置“原材料”科目和“库存商品”科目。

在每一个会计科目名称的项目下，都有明确的含义、核算范围。在不影响会计核算要求和会计报表指标的汇总，以及对外提供统一的财务会计报告的前提下，企业可以根据实际情况自行增设、减少或合并某些会计科目。

（二）会计科目设置原则

会计科目的设置取决于会计要素的分类、经营管理的要求和企业规模大小、业务繁简，既不能过于复杂烦琐，也不宜过于简单粗糙，否则容易造成各会计要素之间混淆或提供的会计信息混乱。所以，会计科目设置的合理与否直接决定会计信息的科学性、系统性，影响着会计工作的质量。因此设置会计科目时，应遵循以下几项原则：

1. 实用性

所谓实用性，就是指结合会计对象的特点，根据不同会计主体经济业务的特点，本着全面反映企业经济业务全过程及结果的目的和经营规模大小来确定应该设置的会计科目。例如，制造行业经济业务主要是生产产品，反映其生产过程时，需要设置“生产成本”、“制造费用”会计科目等；而流通行业经济活动主要是销售商品为主业，反映商品交易过程，需要设置“营业成本”、“营业收入”等会计科目。

2. 相关性

所谓相关性，就是指有用性，提供的经济信息能够符合并满足经济管理的要求 。一是符合国家宏观经济管理的要求，根据宏观经济管理的要求来划分经济业务的类型，设定分类的标识；二是要符合会计主体自身经济管理要求和需要，为企业经营预测、决策及管理提供会计信息设置分类的会计科目；三是要符合包括投资者在内的有关方面了解企业生产经营情况的要求。例如，反映投资者投入资金的多少，需要设置“实收资本”等会计科目；反映债权人提供资金的多少，需要设置“短期借款”、“长期借款”等会计科目。

3. 统一性和灵活性

统一性就是指会计科目的设置应当符合相关会计法规统一的规定，对于核算指标的计算标准口径都要一致。灵活性就是指在能够提供统一核算指标的前提下，结合企业自身具体情况和信息使用者的要求，可以增补会计科目，以确保会计科目的实用性，保证会计信息的有用性。

4. 名称通俗简明、字义一致

会计科目作为分类核算的标识，要求名称通俗简明、字义相符，从而避免误解和混乱。防止要么因为会计科目名称过于简单造成误解，要么因为会计科目名称过于烦琐造成混乱的情况。

此外，为了便于不同时期分析比较会计核算指标和在一定范围内汇总核算指标，要保持会计科目稳定性，不能经常变动会计科目名称、内容、数量，使核算指标保持可比性。

（三）会计科目名称和编号

企业会计准则统一规定会计科目，并确定会计科目的编号，其目的在于便于编制会计凭证、登记账簿、查阅账目和实行会计电算化。常用的会计科目名称列示，如表 3－1 所示。

表 3－1　　常用会计科目一览表

顺序号	编　号	会计科目名称	顺序号	编　号	会计科目名称
		一、资产类			
1	1001	库存现金	33	1408	委托加工物资
2	1002	银行存款	34	1411	周转材料
5	1012	其他货币资金	40	1471	存货跌价准备
8	1101	交易性金融资产	44	1511	长期股权投资
10	1121	应收票据	45	1512	长期股权投资减值准备
11	1122	应收账款	47	1531	长期应收款
12	1123	预付账款	50	1601	固定资产
13	1131	应收股利	51	1602	累计折旧
14	1132	应收利息	52	1603	固定资产减值准备
18	1221	其他应收款	53	1604	在建工程
19	1231	坏账准备	54	1605	工程物资
26	1401	材料采购	55	1606	固定资产清理
27	1402	在途物资	62	1701	无形资产
28	1403	原材料	63	1702	累计摊销
29	1404	材料成本差异	64	1703	无形资产减值准备
30	1405	库存商品	66	1801	长期待摊费用
31	1406	发出商品	69	1901	待处理财产损溢
		二、负债类			
70	2001	短期借款	84	2231	应付利息
79	2201	应付票据	85	2232	应付股利
80	2202	应付账款	86	2241	其他应付款
81	2203	预收账款	94	2501	长期借款
82	2211	应付职工薪酬	95	2502	应付债券
83	2221	应交税费	100	2701	长期应付款

（续上表）

顺序号	编　号	会计科目名称	顺序号	编　号	会计科目名称
三、所有者权益类					
110	4001	实收资本	114	4103	本年利润
111	4002	资本公积	115	4104	利润分配
112	4101	盈余公积			
四、成本类					
117	5001	生产成本	118	5101	制造费用
五、损益类					
124	6001	主营业务收入	139	6403	营业税金及附加
129	6051	其他业务收入	149	6601	销售费用
131	6052	公允价值变动损益	150	6602	管理费用
132	6111	投资收益	151	6603	财务费用
136	6301	营业外收入	153	6701	资产减值损失
137	6401	主营业务成本	154	6711	营业外支出
138	6402	其他业务成本	155	6801	所得税费用

（四）会计科目的分类

1. 按反映的经济内容分类

会计科目按其反映的经济内容的不同，可分为以下五类：

（1）资产类科目，是指反映企业资产情况的会计科目，其中反映企业流动资产的会计科目有库存现金、银行存款、短期投资、应收账款、原材料、库存商品等；反映企业长期资产的会计科目有长期股权投资、长期债权投资、固定资产、无形资产等。

（2）负债类科目，是指反映企业负债情况的会计科目，其中反映企业流动负债的会计科目有短期借款、应付账款、其他应收款、应付工资、应交税金、应付股利等；反映企业长期负债的会计科目有长期借款、应付债券、长期应付款等。

（3）所有者权益类科目，是指反映企业所有者权益情况的会计科目，有实收资本（或股本）、资本公积、盈余公积、本年利润、利润分配等。

（4）成本类科目，是指反映企业产品或劳务成本情况的会计科目，有生产成本、制造费用、劳务成本等。

（5）损益类科目，是指反映影响企业利润的各项收入收益、费用支出情况的会计科目，有主营业务收入、其他业务收入、营业外收入、主营业务成本、主营业务税金及附加、其他业务支出、营业费用、管理费用、财务费用、营业外支出、所得税费用等。

2. 按会计科目提供信息的详细程度分类

会计科目按其提供信息的详细程度不同，可分为以下两类：

（1）总分类科目，是对会计对象不同经济内容作总括分类，反映核算指标总括情况的科目，如原材料、固定资产、实收资本、短期借款等。总分类科目又称一级科目或总账科目。

（2）明细分类科目，是指对总分类科目进一步分类而形成的，反映核算指标详细、具体情况的科目。如制造企业会计中，在原材料总分类科目下设置的原料及主要材料、辅助材料、外购外成品的会计科目，以及在原料及主要材料科目下再按材料的品种规格所设置的会计科目均属于明细分类科目。明细分类科目按其层次又可分为二级科目（又称子目）和明细科目（又称细目）。

二、会计账户

（一）账户的概念

设置会计科目，只是规定了对会计要素具体内容进行分类核算的项目，但是对于经济业务发生而引起的会计要素之间增减变动无法反映，为了连续、系统地反映经济业务内容，提供各种会计信息，还必须根据规定的会计科目在账簿中开设账户。

账户，是根据会计科目开设的，具有一定格式和结构，用于分类反映会计要素之间的增减变动及结果的一种手段。设置账户是根据经济管理要求，按照会计要素，对会计主体所发生的经济业务进行连续、系统的记录，从而反映和监督会计要素具体类别，并提供各类会计指标的一种专门方法。它是会计核算方法之一。

由于账户是用来记录各个会计科目所反映的经济内容的一个平台，所以每一个账户既要有明确的内容，又要有一定的便于记载的格式。如果将内容相近或者性质相似的经济业务同归为一个项目，每一个项目设置一个账户来记载，那么每一个账户就代表某一类经济业务。每一个账户都应该根据经济管理要求，按照规定的会计科目进行设计。一个企业应该设置怎样的账户，设置多少账户，是由企业的会计科目决定的。会计科目是账户的名称，账户是按照会计科目分类核算的载体。账户与会计科目的关系，就好比中药店装药的箱子和药箱子的名称的关系。

（二）账户的级次

账户是按照会计科目设置的，会计科目分为总分类科目和明细分类科目，账户也相应地分为总分类账（一级账户）和明细分类账（二、三级账户）。

（1）总分类账户。根据总账科目开设，是对企业经济活动的具体内容进行总括核算的账户，一般只能以货币表示所提供的某一内容的总括核算资料。

（2）明细分类账户。根据明细科目开设，是对企业某一具体内容进行明细核算的账户。是对总分类账户的补充说明。除了可以提供货币指标外，有的明细账户还可以提供实物量指标。

总分类账是明细分类账的统驭账户，对明细分类账起着控制的作用；明细分类账则是总分类账的从属账户，它对总分类账起着辅助和补充的作用；总分类账与所属明细分类账的结合运用，就可以既概括又详细地反映同一经济业务的核算内容，提供总括与详细的核算资料。

（三）账户的结构

账户结构就是指账户栏次的构成。账户作为分类记录经济业务的工具，必须具有一定的结构和格式。由于经济活动引起的各项会计要素之间增减变动，从数量角度不外乎是增加或减少两种情况，因此，账户结构也相应地分为两个基本部分，划分为左、右两方，一方用来登记增加数，另一方用来登记减少数。

账户的基本结构，一般包括下列内容：

（1）账户的名称（即会计科目）。

（2）日期和凭证号数（说明记录经济业务的日期和账户记录的依据）。

（3）摘要（概括说明经济业务的内容）。

（4）金额：增加金额、减少金额。

（5）余额。

账户的一般格式，如表 3－2 所示。

表 3－2　　账户名称

年		凭证号数	摘　要	增加额	减少额	余　额
月	日					

为了方便教学，上例账户的结构，在教学中通常用简化了的“丁”字式账户表示。该式账户的格式与英文中的字母“T”相似，所以称为“T”形账户，“T”形账户结构为账户的基本结构。基本结构把账户简化为左右两方，分别记录经济业务增加数和减少数。至于哪一方记录增加额，哪一方记录减少额，这主要取决于账户的性质和采用的记账方法。“T”形账户基本结构其格式如图 3－2 所示。

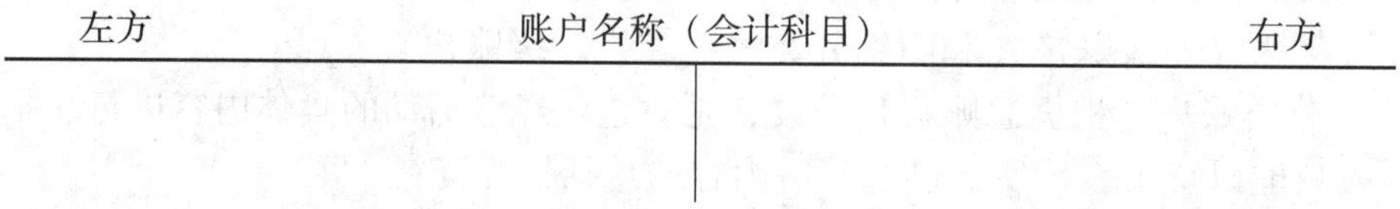

图 3－2　“T”形账户基本结构格式

通过“T”形账户基本结构记录的数额，可以获取一系列的指标信息。这些指标信息包括期初余额、本期发生增加额、本期发生减少额和期末余额。账户的期初余额是指在某一会计期间（月、季、年）开始时，从上一个会计期间期末余额结转而来的余额；本期发生增加额是指在本会计期间的经济业务发生后，记录到账户中增加方的增加数额合计；本期发生减少额是指在本会计期间的经济业务发生后，记录到账户中减少方的减少数额合计；期末余额是指在某一会计期间终了时，通过计算得到的账户余额。其基本计算公式为：

账户期末余额 ＝ 账户期初余额＋账户本期发生增加额－账户本期发生减少额

三、会计科目与账户的关系

账户和会计科目之间既有联系，又有区别，两者不能混淆。

账户和会计科目的联系主要表现为：一是两者都是对会计要素具体内容所作的科学分类；二是两者的经济业务的名称相同；三是两者所反映的经济业务内容一致、口径一致，性质相同。

会计科目是账户的名称，是设置账户的依据，账户是会计科目的具体运用。没有会计科目，账户就失去设置的依据，反之没有账户，会计科目则无法发挥其作用。所以从广义上说账户和会计科目是"同义语"。

账户和会计科目本质上的区别主要表现为：一是两者的职能不同。会计科目只是对会计要素进行分类的标志，不具有反映和核算会计对象的职能，而账户能够记录经济业务发生引起的会计要素之间的增减变化及余额，具有反映和监督会计对象的职能。二是两者的表现形态不同。会计科目只能反映经济内容，不存在结构问题，提供的是静态指标；而账户必须具有一定结构，不仅能反映经济业务的内容，还要能连续、系统地核算和监督经济业务增减变化及余额，提供的是动态指标。所以从狭义上说会计科目不是账户。

第三节　账户分类

账户一般可以按照三条标准分类。

一、按账户反映的经济内容（会计要素）不同分类

按账户反映的经济内容不同，账户可以分为资产类账户、负债类账户、所有者权益类账户、成本类账户和损益类账户五类。

资产类的账户，按照反映资产的流动性和经营管理的要求，可以分为流动资产和非流动资产等账户。根据流动资产在生产经营活动中的作用不同，可以分为反映货币资金的账户，如"库存现金"、"银行存款"等账户；反映结算债权的账户，如"应收账款"、"应收票据"、"预付账款"等账户；反映存货业务的账户，如"原材料"、"库存商品"等账户；反映非流动性资产的账户，如"固定资产"、"无形资产"等账户。

负债类账户，按照反映负债的期限和偿债能力大小，可以分为流动负债和非流动负债账户。根据流动负债在生产经营活动中形成的不同，可以分为反映生产经营性的负债账户，如"短期借款"、"应付账款"、"应付票据"、"预收账款"、"应付职工薪酬"、"其他应付款"等账户；反映经营成果性负债的账户，如"应付利润"、"应交税费"等账户。

所有者权益账户，按照所有者权益的来源，可以分为反映投入资本和留存收益的账户，如"实收资本"、"资本公积"等账户；反映从利润中形成的留存收益业务的账户，如"盈余公积"、"利润分配"账户。

反映成本类账户，指反映产品生产过程的账户，如"生产成本"、"制造费用"等账户。

损益类账户，是利润形成的账户，可以分为反映利润增项的各项目账户，如"主营业

务收入”、“其他业务收入”、“营业外收入”等账户；反映利润减项的各项目账户，如“主营业务成本”、“其他业务成本”、“管理费用”、“营业费用”、“财务费用”、“营业税金及附加”、“营业外支出”、“所得税费用”等账户。

二、账户按提供信息详细程度不同分类

按账户提供信息的详细程度不同分为总分类账户和明细分类账户。

总分类账总括反映经济业务的内容，明细分类账是详细反映经济业务的内容。总分类账是明细分类账的统驭账户，它对明细分类账起控制作用；明细分类账则是总分类账的从属账户，它对总账起辅助和补充作用。总分类账与所属明细分类账的结合运用，就可以既概括又详细地反映同一经济业务的核算内容，提供总括与详细的核算资料。

三、账户按用途和结构不同分类

账户的用途是指如何通过账户记录的经济业务内容，能够提供哪些会计核算指标，也就是开设和运用账户的目的。例如，开设“库存商品”账户的目的是提供企业在生产完工产品的入库、发出及结存的指标。账户的结构是指在账户中如何记录经济业务增减变化，才能取得各种必要的核算指标，具体就是确定账户的借方和贷方登记的内容，期末余额方向及表示的内容。例如，“库存商品”账户的借方登记完工验收入库产品的实际成本，贷方登记发出库存产品的实际成本，期末余额在借方，表示库存商品结存的实际成本。账户按经济业务内容分类是基本的分类，账户按经济业务结构与用途分类是必要的补充。

现以制造业为例，说明在借贷记账法下账户按结构和用途分类，一般可分为基本账户、成本账户、调整账户和损益计算账户四大类。其中，基本账户又可分为盘存账户、资本账户结算账户；成本账户又可分为集合分配账户、成本计算账户和对比账户；损益计算账户又可分为收入计算账户、费用计算账户和财务成果计算账户；调整账户又可分为抵减账户和抵减附加账户。以下分别简要说明各类账户的用途、结构和基本特点。

1. 盘存账户

盘存账户是核算和监督各项财产物资和货币资金的增减变动及其实际盘存数的账户。其特点是反映的经济业务内容大都是实物指标。这类账户基本结构是借方登记各项财产物资和货币资金的增加额，贷方登记各项财产物资和货币资金的减少额，期末余额在借方表示各项财产物资和货币资金的结存数。期末结存数可通过财产清查方法，核实财产物资的账面结存额与实有数进行盘点等方式来检查账实是否相符。例如，“库存现金”、“银行存款”、“原材料”、“库存商品”、“固定资产”等账户。盘存账户基本结构如下：

盘存账户

期初余额：各项财产物资和货币资金的结存数 发生额：各项财产物资和货币资金的增加额	发生额：各项财产物资和货币资金减少额
期末余额：各项财产物资和货币资金的结存数	

2. 资本账户

资本账户用来核算和监督企业投资人投入资本和提取资金的增减变动及实有金额的账户，是反映企业资金的来源渠道之一，这类账户一般只能提供的是货币指标。其基本结构是贷方登记企业投资人资本和提取资金的增加额，借方登记的减少额或支用金额，期末余额在贷方表示取得资本和提取资金的结存数。例如，“实收资本”、“资本公积”、“盈余公积”等账户。资本账户基本结构如下：

资本账户

发生额：企业取得资本和提取资金减少额	期初余额：企业取得资本和提取资金结存数 发生额：企业取得资本和提取资金增加额
	期末余额：企业取得资本和提取资金结存数

3. 结算账户

结算账户是用来核算和监督企业与其他单位和个人之间债权、债务往来结算情况的账户。根据债权债务经济业务内容不同又可分为、债权结算账户、债务结算账户和债权债务结算账户。

债权结算账户是用来核算和监督企业与其他单位和个人之间各种应收款项形成债权往来结算情况的账户。这类账户的基本结构是借方登记债权增加额，贷方登记债权减少额，期末余额一般在借方，表示应收尚未收回的债权的实有数。例如，“应收账款”、“应收票据”等账户。债权结算账户基本结构如下：

债权结算账户

期初余额：各种应收款项结存额 本期发生额：应收的各种款项	本期发生额：已收的各种款项
期末余额：应收尚未收回的债权的实有数	

债务结算账户是用来核算和监督企业与其他单位和个人之间各种应付款项形成债务往来结算情况的账户。这类账户的基本结构是贷方登记债务增加额，借方登记债务减少额，期末余额一般在贷方，表示应付尚未偿还的债务的实有数。例如，“应付账款”、“应付票据”等账户。债权结算账户基本结构如下：

债务结算账户

本期发生额：各种应付款项减少额	期初余额：应付各种款项结存额 本期发生额：各种应付款项增加额

	期末余额：各种应付尚未偿还款项的结存额

债权债务结算账户是用来核算和监督企业同某一单位和个人之间存在债权债务往来结算情况的账户。有些企业在生产经营活动中，有时是债权人，有时是债务人。例如，企业购买材料，按合同规定的结算方式预先支付一部分材料款项，此时的企业是债权人，但当企业收到材料后，应付未付材料余款，这时企业成为债务人。为了清晰地反映企业同某一单位和个人之间存在这种债权债务往来结算情况，可以在一个应收或应付账户中集中体现。这类账户的基本结构是借方登记债权增加额、债务减少额，贷方登记债务增加额、债权减少额，期末余额如果在借方，表示债权大于债务的差额。期末余额如果在贷方，表示期末债务大于债权的差额。例如，"预付账款"、"预收账款"等账户。债务结算账户基本结构如下：

债权债务结算账户

期初余额：期初债权大于债务的差额 本期发生额：债权增加额、债务减少额	期初余额：期初债务大于债权的差额 本期发生额：债务增加额、债权减少额
期末余额：期末债权大于债务的差额	期末余额：期末债务大于债权的差额

4. 成本计算账户

成本计算账户用来核算和监督企业生产经营过程中某一阶段所发生的全部费用、据此计算该阶段各个成本计算对象的实际成本的账户。这类账户的基本结构为借方记录归集应计入某个经营阶段的全部费用；贷方登记转出的已完成某一过程的成本计算对象的实际成本；余额一般在借方，表示尚未完成某一阶段成本计算对象的实际成本。如"材料采购"、"生产成本"等账户。这类账户除了设置总分类账户外，还需要按成本计算对象不同分别设置明细分类账核算，提供某成本计算对象的价值指标和实物指标。成本计算账户基本结构如下：

成本计算账户

期初余额：尚未完成某个经营阶段的成本计算对象的实际成本 发生额：归集应计入某个经营阶段的全部费用	发生额：结转已完成某个经营阶段成本计算对象的实际成本
期末余额：尚未完成某个经营阶段的成本计算对象的实际成本	

5. 集合分配账户

集合分配账户用来归集和分配企业生产经营过程中某一阶段所发生的某种间接费用、据此核算和监督该间接费用计划执行情况以及间接费用分配情况的账户。这类账户的基本结构为借方登记归集应计入某个经营阶段的全部间接费用；贷方登记费用的分配；在一般情况下，期末全部费用分配转出，通常没有余额。例如：“制造费用”账户。这类账户平时汇总不能直接计入某个成本计算对象的间接费用，到期末将其全部分配转出计入有关成本计算对象，分配转出后没有余额，所以具有过渡性质。归集分配账户基本结构如下：

归集分配账户

本期发生额：归集经营过程中发生的本期间接费用发生额	本期发生额：分配转出由有关成本计算对象承担的间接费用数额

6. 对比账户

对比账户用来核算和监督企业生产经营过程中某项经济业务按照两种不同的计价标准教学比较，借以确定其业务成果的账户。这类账户的借方登记某项经济业务的一种计价；贷方登记该项经济业务的另一种计价；期末将两种计价对比，确定结果。例如，“材料采购”、“本年利润”等账户。这类账户除了设置总分类账户外，还需要按成本计算对象不同分别设置明细分类账进行明细分类账核算，提供该成本计算对象的价值指标和实物指标。对比账户基本结构如下：

对比账户

发生额：该业务的第一种计价	发生额：该业务第二种计价
期末余额：第一种计价大于第二种计价的差额	期末余额：第一种计价小于第二种计价的差额

7. 损益计算账户

损益计算账户是用来核算和监督在企业生产经营过程中，归集和分配某会计期间的费用和收入的账户。包括费用计算账户、收入计算账户和财务成果账户。

费用计算账户是用来核算和监督在企业生产经营过程中，归集和分配某个会计期间的费用的账户。这类账户的基本结构是借方登记归集一定会计期间发生的费用数；贷方登记转入“本年利润”账户的数额。由于本期各项费用账户在期末全部转入“本年利润”账户，所以一般无余额。例如，“主营业务成本”、“营业税金及附加”、“销售费用”、“管理费用”、“营业外支出”、“所得税费用”等账户。期间费用账户基本结构如下：

期间费用账户

发生额：本期归集费用支出的增加数额	发生额：结转计入“本年利润”账户的费用支出数额

收入计算账户是用来核算和监督企业某一会计期间内所取得的各项收入的账户。账户的基本结构是贷方记录一定会计期间取得的各项收入增加数，借方记录转入“本年利润”账户的数额。由于本期各项收入账户在期末全部转入“本年利润”账户，所以一般无余额。例如，“主营业务收入”、“其他业务收入”、“投资收益”等账户。期间收入账户基本结构如下：

期间收入账户

发生额：结转计入“本年利润”账户的各项收入数额	发生额：本期取得各项收入的增加额

费用计算账户和收入计算账户其一方一般都是登记归集本期的收入或者费用，而另一方一般是登记将归集的各项数额转出计入“本年利润”账户，期末一般没有余额。所以这类账户具有明显的过渡性质。

财务成果账户是用来核算和监督企业在一定会计期间（月、季、年）内全部经营活动的最终成果，并据以确定企业实现利润或发生亏损数额的账户。账户的基本结构是贷方登记一定期间转入的各项收入，借方登记一定期间转入的与收入配比的各项费用。期末如果各项收入大于各项费用，其差额为贷方余额，表示企业实现的利润总额；相反，如果各项费用大于各项收入，其差额为借方余额，表示企业发生的亏损总额。例如“本年利润”账户，财务成果账户基本结构如下：

财务成果账户

发生额：转入各项费用	发生额：转入各项收入、收益
期末余额：发生的亏损总额	期末余额：实现的利润总额

8. 调整账户

调整账户是用来调整某个账户的余额，以便计算被调整账户实际余额的账户。因为在实际中，由于经营管理的需要，要求对某些账户反映该项经济活动的原始资料，而这些原始数据会随着该项经济活动发生增减变化。所以为了取得该项经济活动的实际价值方面的数据，需要对反映原始数据的账户进行相应的调整。例如，固定资产由于长期使用，虽然原有形态没有变化，但价值不断减少，作为经营管理者的考虑，既要有“固定资产”账户固定资产的原始价值，又要有反映固定资产价值不断减少的账户，所以还需要设置“累计折旧”账户，通过“累计折旧”账户对“固定资产”账户进行调整，表明是固定资产净值。反映原始数据的账户称为“被调整账户”；对原始数据调整的账户，称为“调整账户”。一般按调整的方式不同可以分为备抵账户、附加调整账户和备抵附加账户。

备抵账户又称抵减账户，用来调减相关被调整账户实际余额，以便计算并反映被调整账户实际余额的账户。调整计算公式为：

被调整账户借（贷）方余额 - 备抵账户贷（借）方余额 = 被调整账户实际余额

由于备抵账户是对被调整账户的调整，实际是对被调整账户余额的抵减，因此，被调整账户余额方向与备抵账户余额方向一定相反。如果被调整账户余额在借方（或者贷方），那么备抵账户余额则在贷方（或者借方）。例如，“累计折旧”账户和“固定资产减值准备”账户都是“固定资产”备抵调整账户。“固定资产”账户账面余额与“累计折旧”账户账面余额相抵后的差额，表示现有的固定资产实际价值，可以取得固定资产价值损耗的实际数据数，从而了解企业现有固定资产的新旧程度、资金占用状况等。具有抵减作用的账户还有“资产减值准备”、“坏账准备”等账户。备抵账户基本结构如下：

被调整账户		备抵账户	
余额：某项经济活动的原始数据			余额：该项经济活动的抵减数据

或者

被调整账户		备抵账户	
	余额：某项经济活动的原始数据	余额：该项经济活动的抵减数据	

固定资产		累计折旧	
期初余额：100 000 本期发生额	本期发生额		期初余额：40 000 本期计提折旧：20 000
期末余额：100 000			期末余额：60 000

附加账户用来调增相关被调整账户实际余额，以求得被调整账户实际余额的账户。调整计算公式为：被调整账户借（贷）方余额 + 附加账户借（贷）方余额 = 被调整账户实际余额

附加账户余额的方向与被调整账户余额的方向一致。如果被调整账户余额在借方，那么附加账户余额也在借方，如果被调整账户余额在贷方，那么附加账户余额也一定贷方。例如，“本年利润”账户与“利润分配”账户。附加账户基本结构如下：

被调整账户

余额：某项经济活动的原始数据	

附加账户

余额：该项经济活动的调增数据	

被调整账户

	余额：某项经济活动的原始数据

附加账户

	余额：该项经济活动的调增数据

备抵附加账户是既可以抵减也可以附加被调整账户账面余额，以求得被调整账户实际余额的账户。这类账户在对被调整账户行使调增还是调减功能时，取决于该账户余额与被调整账户余额的方向是否一致。

当该账户余额与被调整账户余额的方向不一致时，其所起到的就是备抵账户的作用；当该账户余额与被调整账户余额的方向一致时，其所起到的就是附加账户的作用。例如，“材料成本差异”账户和“原材料”账户的关系。

材料成本差异——甲材料

本期发生额：3 000	本期发生额
期末余额：3 000	

材料成本差异——乙材料

	本期发生额：6 000
	期末余额：6 000

原材料

发生额： 甲材料　62 000 乙材料　93 000	发生额 甲材料　22 000 乙材料　51 000
期末余额：82 000	

原材料期末余额（借方）：	82 000（计划成本）
材料成本差异——甲材料期末余额（借方）：	3 000（超支额）
材料成本差异——乙材料期末余额（贷方）：	6 000（节约额）
原材料实际成本	79 000

调整账户不能离开被调整账户而独立存在，有调整账户就一定有被调整账户，它们是相互联系、相互结合的一组账户，共同为经营管理提供所需的某些特定指标。

综上所述，账户按用途和结构分类，如下所示。

- 账户
  - 基本账户
    - 盘存账户：“库存现金”、“银行存款”、“原材料”、“库存商品”、“固定资产”等账户
    - 资本账户：“实收资本”、“资本公积”、“盈余公积”账户
    - 结算账户
      - 债权结算账户：“应收票据”、“应收账款”、“其他应收款”等账户
      - 债务结算账户：“应付票据”、“应付账款”、“短期借款”、“应付职工薪酬”、“应交税费”、“长期借款”等账户
      - 债权债务结算账户：“预收账款”、“预付账款”账户
  - 成本账户
    - 成本计算账户：“在途物资”、“生产成本”等账户
    - 集合分配账户：“制造费用”等账户
    - 对比账户：“材料采购”等账户
  - 期间账户
    - 收入计算账户：“主营业务收入”、“其他业务收入”、“营业外收入”等账户
    - 费用计算账户：“主营业务成本”、“其他业务成本”、“营业税金及附加”、“管理费用”、“财务费用”、“销售费用”、“营业外支出”、“所得税费用”等账户
    - 财务成果计算账户：“本年利润”账户
  - 调整账户
    - 备抵账户：“累计折旧”、“坏账准备”、“资产减值准备”等账户
    - 附加账户：“利润分配”等账户
    - 备抵附加账户：“材料成本差异”账户

账户类型（按用途和结构分类）

总之，把账户按用途和结构分类，目的在于掌握各类账户所提供的指标及种类、账户结构的规律性，进一步理解在借贷复式记账法下，各个账户在企业基本业务的核算的作用，以便正确地运用账户，为经营管理提供准确的会计核算指标体系。

第四节 财务会计系统的信息录入：记账方法

一、记账方法

为了进行核算和监督会计对象，确定会计科目并设置账户后，还需要采用一定的记账方法将经济业务记录到账户中。

记账方法是指根据一定的原理、记账规则，采用一定的记账符号、计量单位，利用文字和数字记录经济业务的一种专门的方法。记账方法按记录方式的不同，可分为单式记账法和复式记账法两大类。

单式记账法是指对发生的经济业务只在一个账户中进行记录的方法。复式记账法是指对发生的每一项经济业务，都以相等的金额，在相互关联的两个或两个以上的账户中进行记录的方法。

复式记账法是在单式记账法的基础上发展起来的一种科学的记账法。复式记账法不仅能够全面、清晰地反映经济业务的来龙去脉，还便于核对账户记录，进行试算平衡，检查记账错误。与单式记账法相比，复式记账法具有不可比拟的优点。我国曾使用过借贷记账法、增减记账法、各种收付记账法等几种复式记账法，但鉴于借贷记账法所特有的优点和国际

通用性，我国《企业会计准则》明确规定中国境内的所有企业都应采用借贷记账法。

二、借贷记账法

（一）借贷记账法的记账符号

借贷记账法，是以“借”和“贷”为记账符号，对发生的每笔经济业务，都以相等的金额，在相互联系的两个或两个以上的账户中进行记录其增减变动及结余的一种复式记账法。

借贷记账法产生于13、14世纪意大利地中海沿岸一带城市，最初为银行业所运用。当时的借贷资本家对于收进的存款，记在贷主的名下，表示债务；对于付出的放款，记在借主的名下，表示债权。在当时，“借”和“贷”两字表示债权债务的增减变化。随着借贷记账法在债权债务以外的经济业务中和银行业以外的企业中的运用，借和贷由此从原来的含义开始向纯粹的记账符号转化。

借贷记账法在现代财务会计的运用中，其“借”和“贷”记账符号因账户性质的不同而具有不同的含义。一般来说，对于资产、费用（成本）类账户，“借”表示增加，“贷”表示减少；对于负债、所有者权益及收入类账户，“借”表示减少，“贷”表示增加。关于利润会计要素，一般是设两个账户来反映的，一个是“本年利润”账户，反映当年利润形成的情况，对于该账户“贷”表示利润的增加，“借”表示利润的减少或亏损的增加；另一个是“利润分配”账户，反映利润的分配和未分配利润的情况，对于该账户，“借”表示利润分配的增加，“贷”表示利润分配的减少或转入本年的利润及弥补的亏损。此外，还有一些特殊性质的账户，其“借”、“贷”含义，后面将加以说明。

（二）借贷记账法的账户结构

账户的基本结构是，每个账户都分为左右两方。在借贷记账法下，每个账户都分为“借方”和“贷方”，一般来说，账户的左方规定为“借方”，账户的右方规定为“贷方”。如前所述，究竟哪个账户的哪一方用来登记增加额，哪一方用来登记减少额，应视账户的性质而定。

1. 资产类账户的结构

资产类账户的结构是：借方记录资产的增加额，贷方记录资产的减少额。在一个会计期间内（月、季、半年、年），借方记录的合计数额称为借方发生额，贷方记录的合计数额称为贷方发生额。到了一个会计期间结束时，如果某个账户中借方发生额合计与贷方的发生额合计比较后而出现差额，会计上称为余额。账户的正常余额应该是处于账户登记增加额的方向。对于资产类账户来说，其正常余额应该在借方。由于会计期间前后相连，本期的期末余额，到下期则成为下期的期初余额。资产类账户期末余额的计算公式如下：

期末余额（借方）= 期初余额（借方）+本期借方发生额－本期贷方发生额

资产类账户的结构，如用“丁”字账户表示，可见表3－3。

表 3－3 资产类账户

借方　会计科目（账户名称）　贷方

借方		贷方	
期初余额	×××		
发生额（增加数）	×××	发生额（减少数）	×××
本期发生额（增加合计）	×××	本期发生额（减少合计）	×××
期末余额	×××		

2. 负债、所有者权益类账户结构

负债及所有者权益类账户的结构是：贷方记录负债及所有者权益的增加额，借方记录负债及所有者权益的减少额，期末余额通常位于贷方。负债及所有者权益类账户的期末余额的计算公式如下：

期末余额（贷方）＝期初余额（贷方）＋本期贷方发生额－本期借方发生额

负债及所有者权益类账户的结构，如用“丁”字账户表示，可见表 3－4。

表 3－4 负债及所有者权益类账户

借方　会计科目（账户名称）　贷方

借方		贷方	
		期初余额	×××
发生额（减少数）	×××	发生额（增加数）	×××
本期发生额（减少合计）	×××	本期发生额（增加合计）	×××
		期末余额	×××

3. 收入与费用类账户的结构

依据“收入－费用＝利润”这一会计等式，收入增加，则使利润即所有者权益增加，费用增加，则使利润即所有者权益减少。因此，对于收入类账户来说，其增加额应记入账户的贷方，收入转出（减少额）则应记入账户的借方，由于收入类账户的贷方发生额通常于期末（月末）时通过借方转出，转入利润账户以计算损益，其余额应在贷方。对于费用类账户来说，其增加额应记入账户的借方，费用转出（减少额）则应记入账户的贷方。由于费用类账户的借方发生额通常于期末时（月末）通过贷方转出，转入利润账户以计算损益，所以费用类账户一般也没有期末余额。如果因某种情况有余额，其余额应在借方。

收入与费用类账户的结构，如用“丁”字账户表示，可见表 3－5、3－6。

表 3－5 收入类账户

借方　会计科目（账户名称）　贷方

借方		贷方	
转出额（减少数）	×××	发生额（增加数）	×××
本期发生额（减少合计）	×××	本期发生额（增加合计）	×××

表 3－6　　费用类账户

借方　会计科目（账户名称）　贷方			
发生额（增加数）	×××	转出额（减少数）	×××
本期发生额（增加合计）	×××	本期发生额（减少合计）	×××

应该注意的是，在采用借贷记账法时，有时还可以设置一些双重性账户，如往来账户。在这种情况下，账户的余额就不一定固定在哪一方，故应根据期末余额的方向来判断账户的性质，如期末余额在借方为资产类账户，如期末余额在贷方就是负债类账户。

各类账户借方和贷方的含义可归纳如下，见表 3－7。

表 3－7

借方　会计科目（账户名称）	贷方
资产类为增加	资产类为减少
负债、所有者权益类为减少	负债、所有者权益类为增加
费用、成本类为增加	费用、成本类为减少
收入类为转出减少	收入类为转出增加
资产、成本类期末余额	负债、所有者权益类期末余额

（三）借贷记账法的记账规则

借贷记账法的记账规则可以简明概括为：有借必有贷，借贷必相等。其含义是：一项经济业务的发生，既要记入一个或几个账户的借方，又要记入一个或几个账户的贷方，记入借方账户的金额同记入贷方账户的金额相等。

要理解这一记账规则，则应从会计恒等式说起。“资产＝负债＋所有者权益”这一会计等式之所以被称为会计恒等式，是因为这一会计等式从其本质上讲，反映着一种财产关系，即企业的一定数量的资产总为一定的债权人和投资人（所有者）所拥有。既然这一会计等式是产权关系的具体体现，因而，任何一笔经济业务的发生，都不会破坏这种产权关系，也就是都不会破坏会计恒等式的平衡关系。企业的经济业务是形形色色的，但从平衡公式的角度来看，无外乎为四种类型：①等式两边同时增加一个等量；②等式两边同时减少一个等量；③等式左边一增一减一个等量；④等式右边一增一减一个等量。在处理这四类经济业务时，无一不遵循“有借必有贷，借贷必相等”的记账规则。下面分别加以验证。

（1）第一种业务类型：等式两边同时增加一个等量，等式等量关系不变。

【例 3－1】ABC 公司由银行借款 500 000 元。这一业务的发生，使等式的左边一项资产即银行存款增加 500 000 元，使等式的右边一项负债即银行借款增加 500 000 元。资产增加记入银行存款账户的借方，负债增加记入短期借款账户的贷方，即有借有贷，借贷相等。

借方	短期借款	贷方		借方	银行存款	贷方
		500 000	←→	500 000		

（2）第二种业务类型：等式两边同时减少一个等量，等式等量关系不变。

【例3－2】ABC公司以银行存款归还前欠货款200 000元。这一业务的发生，使等式右边的负债即银行借款减少200 000元，等式左边的资产即银行存款减少200 000元。负债减少记入应付账款账户的借方，资产减少记入银行存款账户的贷方，即有借有贷，借贷相等。

借方	银行存款	贷方		借方	应付账款	贷方
		200 000	←→	200 000		

（3）第三种业务类型：等式左边一增一减一个等量，等式等量关系不变。

【例3－3】ABC公司购入原材料一批，价款30 000元，货款以银行存款支付。这一业务的发生，使等式左边的资产一增一减，即原材料增加30 000元，银行存款减少30 000元。资产增加记入银行存款账户的借方，资产减少记入原材料账户的贷方，即有借有贷，借贷相等。

借方	银行存款	贷方		借方	原材料	贷方
		30 000	←→	30 000		

（4）第四种业务类型：等式右边一增一减一个等量，等式等量关系不变。

【例3－4】ABC公司从银行取得400 000元贷款直接归还前欠宏达公司的货款。这一业务的发生，使得等式右边的负债类要素内部一增一减，一方面银行短期借款增加400 000元，另一方面因偿还前欠货款使得应付账款减少400 000元。负债减少记入应付账款账户的借方，负债增加记入短期借款账户的贷方，即有借有贷，借贷相等。

借方	短期借款	贷方		借方	应付账款	贷方
		400 000	←→	400 000		

可见，这四种业务的处理都遵循着“有借必有贷，借贷必相等”的记账规则。这里没有给出收入与费用业务，但由于“收入－费用＝利润”这一会计等式可以并入“资产＝负债＋所有者权益”这一会计等式，因而收入与费用业务的处理必然也会遵循上述记账规则。

综上所述，经济业务有四种类型：资产之间等额此增彼减，权益不变；权益之间等额彼增此减，资产不变；资产与权益等额同增；资产与权益等额同减。如图 3－3 所示。

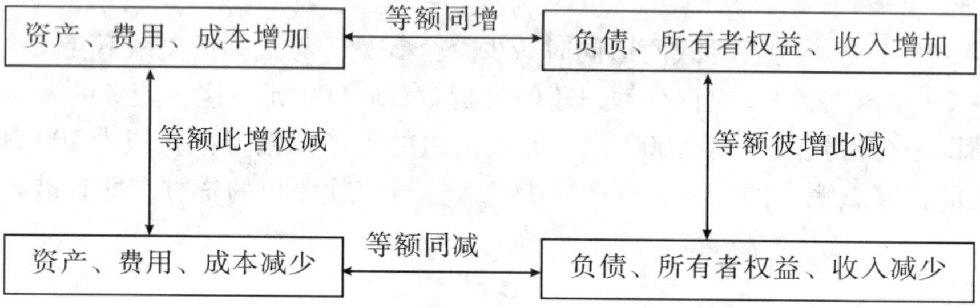

图 3－3　经济业务的四种类型

（四）会计分录

运用借贷记账法时，在相关账户之间都会形成应借、应贷的相互关系，这种关系叫做账户对应关系。发生对应关系的账户叫对应账户。

会计上运用的账户很多，发生的经济业务十分频繁，为了保证账户对应关系的正确性，登账前应先根据经济业务所涉及的账户及其借贷方向和金额，编制会计分录，据以登账。会计分录简称分录，就是标明某项经济业务应借与应贷的账户及其金额的一种记录。实际工作中，会计分录是编制在记账凭证上的。换言之，会计分录就是记账凭证的简化形式。会计教学上，常常以会计分录代替记账凭证。

会计分录的基本格式是借方账户在上，贷方账户在下，借方提前，贷方推后（即贷方记账符号、账户、金额，都要比借方退后一至两个字位）。

【例 3－5】ABC 公司由银行取得长期借款 800 000 元，应作如下会计分录：

借：银行存款　　　　800 000
　贷：长期借款　　　　800 000

会计分录按其所涉及会计账户的多少，可分为简单会计分录和复合会计分录两种。简单会计分录，是指两个账户发生对应关系的会计分录，即一借一贷的会计分录。上述会计分录就属于简单会计分录。复合会计分录，是指两个以上（不含两个）的账户发生对应关系的会计分录，即一借多贷、一贷多借等会计分录。

【例 3－6】ABC 公司职工王某报差旅费 780 元，原借款 800 元，退还现金 20 元，此笔业务可编制如下复合会计分录：

借：库存现金　　　　20
　　管理费用　　　　780
　贷：其他应收款——王某　　　　800

简单会计分录反映经济业务直观、明了，便于检查。复合会计分录实际上是由几个简单会计分录组合而成。编制复合会计分录可以全面集中地反映某项经济业务，可以简化核算工作。应当指出的是，在实际工作中，如果一项经济业务涉及两个以上的借方与贷方账户时，为全面反映经济业务，可以编制多借多贷的复合会计分录，但不允许将几项经济业务合并编制复合会计分录。

（五）过账与试算平衡

1. 过账

为了连续、系统地反映各类经济业务，需要将会计分录中所记载的分散的数据，分别登记到有关账户中去，这种登记账簿的过程称为过账。

【例3－7】ABC公司某月初库存现金1 000元，本月1日职工李宏借款400元。根据该项业务的会计分录（实际工作中为记账凭证）过账后的现金日记账，见表3－8。

表3－8 库存现金日记账

20××年		凭证号数	摘　要	借　方	贷　方	借或贷	余额
月	日						
×	1		期初余额			借	1 000
	1	现付1号	李宏借差旅费		400	借	600

2. 试算平衡

为了检验一定时期内所发生的经济业务在账户中的记录是否正确，在会计期末应进行账户的试算平衡。所谓试算平衡，是根据资产与权益的会计恒等式的平衡关系以及借贷记账法的记账规则，检查所有账户记录是否正确的过程。

按照借贷记账法“有借必有贷，借贷必相等”的记账规则记账，经济业务发生后，借贷两方的发生额必然相等。不仅每一笔会计分录借贷两方发生额相等，而且一定会计期间（月、季、年）的所有经济业务的会计分录都记入相关账户后，全部账户借方发生额合计与全部账户贷方发生额合计也必然相等。由于“资产＝负债＋所有者权益”的恒等式关系，期末全部资产账户借方余额合计必然等于全部权益账户贷方余额合计。试算平衡计算公式如下：

本期所有账户的借方期初余额合计＝本期所有账户的贷方期初余额合计

本期所有账户借方的发生额合计＝本期所有账户贷方的发生额合计

本期所有账户的借方期末余额合计＝本期所有账户的贷方期末余额合计

试算平衡一般通过编制试算平衡表进行，每月末结出各个账户的本月发生额合计数和月末余额后，编制试算平衡表。编制试算平衡表有两种做法：一种是将本期发生额和期末余额分别列表试算平衡；另一种是将本期发生额和期末余额在一张表上试算平衡。后一种做法采用的试算平衡表的格式，见表3－9。

表 3-9　　**总分类账试算平衡表**

年　　月　　单位：元

会计科目	期初余额		本期发生额		期末余额	
	借方	贷方	借方	贷方	借方	贷方
合　计						

通过编制试算平衡表进行试算平衡，如果试算结果不平衡，可以肯定账户的记录或计算有错误。如果试算结果平衡，一般说来记账是正确的，但也不能肯定无错误，因为有些错误并不影响借贷双方平衡。如发生重记、漏记某项经济业务，或应借应贷科目写错，或者借贷方向弄反等错误时，都不影响借贷平衡关系，因此，通过试算平衡并不能发现所有的记账错误。

3. 过账与试算平衡举例

【例 3-8】ABC 公司 20××年 8 月末与 9 月份有关资料：

（1）上期末总账账户余额情况。ABC 公司 20××年 8 月 31 日总账账户余额情况见表 3-10。

表 3-10　　**总账账户余额**　　单位：元

资产类账户		负债及所有者权益类账户	
账　户	金　额	账　户	金　额
库存现金	600	短期借款	30 000
银行存款	30 000	应付账款	2 600
应收账款	2 000	实收资本	140 000
原材料	80 000		
固定资产	60 000		
总　计	172 600	总　计	172 600

（2）9 月份发生的经济业务及账务处理情况。

① 外购材料 20 000 元，以银行存款支付。编制会计分录如下：

借：原材料　　20 000

　贷：银行存款　　20 000

② 收到投资人投入的资本金 30 000 元，存入银行。编制会计分录如下：

借：银行存款　　30 000

　贷：实收资本　　30 000

③ 收回应收账款 1 000 元，存入银行。编制会计分录如下：

借：银行存款　　1 000

　贷：应收账款　　1 000

④ 以银行存款归还短期借款 15 000 元。编制会计分录如下：

借：短期借款　　15 000

　贷：银行存款　　15 000

（3）过账与结账。根据编制的会计分录，将本期发生的经济业务记入有关账户，并于期末结出各账户的本期发生额和期末余额。见表 3－11。

表 3－11

借方　　库存现金　　贷方

期初余额	600		
本期发生额		本期发生额	
本期发生额合计	—	本期发生额合计	—
期末余额	600		

借方　　银行存款　　贷方

期初余额	30 000		
本期发生额		本期发生额	
②	30 000	①	20 000
③	1 000	④	15 000
本期发生额合计	31 000	本期发生额合计	35 000
期末余额	26 000		

借方　　原材料　　贷方

期初余额	80 000		
本期发生额		本期发生额	
①	20 000		
本期发生额合计	20 000	本期发生额合计	—
期末余额	100 000		

借方　　应收账款　　贷方

期初余额	2 000		
本期发生额		③本期发生额	1 000
本期发生额合计	—	本期发生额合计	1 000
期末余额	1 000		

借方　　固定资产　　贷方

借方		贷方	
期初余额	60 000		
本期发生额		本期发生额	
本期发生额合计	—	本期发生额合计	—
期末余额	60 000		

借方　　短期借款　　贷方

借方		贷方	
		期初余额	30 000
本期发生额	15 000	本期发生额	
本期发生额合计	15 000	本期发生额合计	—
		期末余额	15 000

借方　　应付账款　　贷方

借方		贷方	
本期发生额		期初余额	2 600
		本期发生额	
本期发生额合计	—	本期发生额合计	—
		期末余额	2 600

借方　　实收资本　　贷方

借方		贷方	
本期发生额		期初余额	140 000
		本期发生额	
		②	30 000
本期发生额合计	—	本期发生额合计	30 000
		期末余额	170 000

（4）编制试算平衡表。根据各账户的期初余额、本期发生额和期末余额资料，编制试算平衡表。见表 3－12。

表 3－12　　ABC 公司总分类账试算平衡表

20××年9月30日　　单位：元

会计科目	期初余额		本期发生额		期末余额	
	借方	贷方	借方	贷方	借方	贷方
库存现金	600				600	
银行存款	30 000		31 000	35 000	26 000	
应收账款	2 000			1 000	1 000	
原材料	80 000		20 000		100 000	

会计科目	期初余额		本期发生额		期末余额	
	借方	贷方	借方	贷方	借方	贷方
固定资产	60 000				60 000	
短期借款		30 000	15 000			15 000
应付账款		2 600				2 600
实收资本		140 000		30 000		170 000
合　计	172 600	172 600	66 000	66 000	187 600	187 600

ABC 公司本期账务处理试算结果平衡，一般无记账错误。

【本章小结】

在会计核算系统不断地搜集、输入、加工、转换、输出会计信息的过程中，不能回避信息分类问题。会计科目就是对会计要素进一步分类所形成的具体项目。实际工作中，会计科目是由会计准则规定的，企业应按规定设置并使用会计科目，以确保社会各方使用者对会计信息的要求，同时它在财务会计系统中起着重要作用。会计账户，是用来分门别类地归集财务信息，反映和监督财务活动过程的一种专门方法。设置账户，就是按照会计科目在会计账簿中开立若干账页，以用来分类归集财务信息，以便取得各种核算指标。为了进行核算和监督会计对象，确定会计科目设置账户后，还需要采用一定的记账方法将经济业务记录到账户中。记账方法就是根据一定的原理、记账规则，采用一定的记账符号、计量单位，利用文字或数字记录经济业务的一种专门方法。借贷记账法是指以“借”和“贷”为记账符号，遵循一定的记账规则，对发生的每一项经济业务，以相等的金额，在相互关联的两个或两个以上的账户中进行登记的一种记账方法。

借贷记账法能够全面、清晰地反映经济业务的来龙去脉，将账户之间的内在联系有机地联结起来，便于核对账户记录，进行试算平衡，检查记账错误。

【简答题】

1. 财务会计系统的结构和运行的一般程序如何？
2. 什么是账户？账户如何分类？
3. 会计科目与账户有什么联系和区别？
4. 为什么既要设置总分类账户，又要设置明细分类账户？其相互关系如何？
5. 什么是借贷记账法？其记账规则是什么？

【业务题】

习题一

一、目的：熟悉会计科目。

二、ABC 公司本期的资产、负债或者所有者权益情况如下：

1. 存放在出纳处的现金 500 元。

2. 存放在银行里的款项144 500元。
3. 向银行借入三个月期限的临时借款600 000元。
4. 仓库中存放的材料380 000元。
5. 仓库中存放的已完工产品60 000元。
6. 企业专利权一项1 450 000元。
7. 房屋及建筑物2 400 000元。
8. 所有者投入的资本2 000 000元。
9. 机器设备750 000元。
10. 应收外单位的货款140 000元。
11. 应付给外单位的材料款120 000元。

三、要求：写出以上业务涉及的会计科目。

习题二

一、目的：掌握账户金额计算及其之间的关系。

二、资料：ABC公司的部分账户资料如下：

单位：元

账户名称	期初余额	本期借方发生额	本期贷方发生额	期末余额
库存现金	1 160	900	（1）	1 100
银行存款	（2）	107 400	74 900	520 000
应付账款	31 200	（3）	14 800	26 800
短期借款	200 000	60 000	（4）	160 000
原材料	374 000	132 000	（5）	412 000
固定资产	5 000 000	200 000	50 000	（6）
实收资本	8 000 000	200 000	（7）	8 200 000
库存商品	300 000	80 000	（8）	118 000
生产成本	200 000	（9）	220 000	40 000

三、要求：根据各账户的结构金额之间的关系，填写每个账户未列出的发生额或余额。

习题三

一、目的：练习会计分录的编制。

二、资料：ABC公司20××年6月发生如下经济业务：

（1）从银行提取现金5 000元。
（2）以银行存款归还前欠货款30 000元。
（3）以银行存款归还货款100 000元。
（4）收到购货单位还来货款60 000元，存入银行。

（5）以银行存款购入计算机4台，价值20 000元。

（6）以现金支付职工出差借款1 500元。

（7）某单位投资90 000元，存入银行。

（8）购入原材料80 000元。材料入库，开出支票支付货款50 000元，余款尚未支付。

（9）生产领用原材料40 000元。

三、要求：根据以上经济业务内容编制会计分录。

习题四

一、目的：理解试算平衡表的作用。

二、资料：ABC公司20××年11月1日各账户的期初余额和3月份发生的经济业务如下：

1. 各账户的期初余额情况：

20××年11月1日　　单位：元

资产类账户	金　额	负债及所有者权益类账户	金　额
库存现金	1 000	负债：	
银行存款	150 000	短期借款	100 000
应收账款	20 000	应付账款	25 000
生产成本	50 000	负债合计	125 000
原材料	100 000	所有者权益：	
库存商品	34 000	实收资本	930 000
固定资产	700 000	所有者权益合计	930 000
总　计	1 055 000	总　计	1 055 000

2. ABC公司20××年3月份发生下列经济业务：

（1）从银行提取现金5 000元。

（2）采购员王坚出差借款3 000元，以现金支付。

（3）以银行存款上交税金20 000元。

（4）从A公司购进材料一批，价款700 000元，材料已验收入库，款项尚未支付。

（5）B公司投入新机器一台，价值30 500 000元。

（6）以银行存款归还短期借款400 000元。

（7）接受C公司投资500 000元，存入银行。

三、要求：

1. 采用借贷记账法编制3月份发生的各项经济业务的会计分录。

2. 用“T”形账户登记各账户的期初余额、本期发生额，结计期末余额，并编制“总分类账试算平衡表”。

第四章　借贷记账法的运用：企业基本业务的核算

【学习目标】

知识目标：制造业企业基本业务的核算。

【技能目标】

技能目标：借贷记账法的运用。

【知识点】

制造业企业的经济业务，按业务的性质划分，主要有资金筹集业务、生产准备业务、产品生产业务、产品销售业务和财务成果业务。本章将介绍借贷记账法在上述业务中的运用。

第一节　筹资业务的核算

资金是企业从事生产经营活动的物质基础，企业只有拥有一定量的资金才能进行生产经营活动。企业资金的来源主要有两大渠道：一是企业所有者投入；二是向债权人借入。前者形成企业所有者权益的主要部分，构成企业的实收资本或股本，后者形成企业的负债。

一、投入资本的核算

我国实行资本金制度，设立企业必须有法定的资本。法定的资本额是经工商行政管理部门核准的资本总额。投资者依据法定的资本额投入的资金构成企业的实收资本或股本。它是保证企业正常经营的必要条件，也是企业承担经营风险的物质保证。它反映了企业的不同所有者通过投资而投入企业的外部资金来源，这部分资金是企业进行经营活动的原动力，正是有了这部分资金的投入，才有了企业的存在和发展。投资者可以以货币、实物资产、无形资产等方式向企业投资。

按照注册资本制度要求企业的实收资本应与注册资本相一致。企业接受各方投资者投入的资本金应遵守资本保全制度的要求，除法律、法规规定外，不得随意抽回投资。

为了反映投资者的投资情况，企业应设置“实收资本”账户。该账户属于所有者权益类账户，贷方登记所有者投入的资本额，借方登记企业按法定程序报经批准减少的资本额，期末余额在贷方，表示期末投入资本的实有数额。该账户应按投资者设置明细账，进行明细分类核算。

【例4－1】ABC公司收到某法人投资1 000 000元，款项存入银行。

该经济业务的发生，引起企业的银行存款和实收资本的同时增加。银行存款属于企业的资产，该资产的增加应记入“银行存款”账户的借方；实收资本属于企业的所有者权益，该所有者权益的增加应记入“实收资本”账户的贷方。故该经济业务，应作如下会计分录：

借：银行存款　　　　1 000 000

　贷：实收资本　　　　1 000 000

【例4－2】ABC公司收到某公司作为投资投入的新设备一台，投资双方确认的价值为150 000元，设备已交付使用。

该经济业务的发生，引起企业固定资产和实收资本的同时增加。固定资产属于企业的资产，该资产的增加应记入“固定资产”账户的借方；实收资本的增加，应记入“实收资本”账户的贷方。故该经济业务的发生，应作如下会计分录：

借：固定资产　　　　150 000

　贷：实收资本　　　　150 000

二、借入资本的核算

企业为保持合理的资本结构或应付资金周转的临时需要，一部分资金需要以负债的方式取得。企业借入的资本主要来源于银行或其他金融机构的各种借款。

企业的借款按偿还期限的长短可分为短期借款和长期借款。短期借款是指企业为了满足其生产经营对资金的临时需要，向银行或其他金融机构借入的偿还期限在一年以内（含一年）的各种借款。

为了反映短期借款的取得、偿还及结欠情况，企业应设置以下账户：

“短期借款”账户。该账户属于负债类账户，用来核算企业向银行或其他金融机构借入的偿还期限在一年以内（含一年）的各种借款的增减变动及其结余情况。“短期借款”账户贷方登记取得的短期借款，借方登记到期偿还的短期借款，期末余额在贷方，表示期末尚未偿还的短期借款。该账户应按债权人设置明细账，并按借款种类进行明细核算。

“财务费用”账户。该账户属于损益类账户，用来核算企业为筹集生产经营所需资金发生的各种筹资费用。“财务费用”账户的借方登记发生的利息支出、手续费、汇兑损失，贷方登记取得的利息收入、汇兑收益以及期末结转“本年利润”账户的财务费用净额（即借方发生额大于贷方发生额的差额，如果贷方发生额大于借方发生额的差额应从借方转入“本年利润”账户），结转后该账户期末没有余额。

短期借款的利息属于期间费用，应该按照权责发生制核算，为此还应设置“应付利息”账户。该账户属于负债类账户，贷方登记应付未付的分期支付的借款或债券的利息，借方登记实际支付的利息，期末余额在贷方，反映企业应付未付的利息。

【例4－3】ABC公司于4月1日由银行取得一笔期限为3个月的50 000元借款，年利率为6%，到期付息。业务的账务处理方法如下：

（1）企业4月1日取得借款时，引起企业银行存款和短期借款的同时增加。银行存款为企业的资产，增加时应记入“银行存款”账户的借方；短期借款为企业的负债，增加时应记入“短期借款”账户的贷方。故企业取得短期借款时，应作如下会计分录：

借：银行存款　　50 000

　贷：短期借款　　50 000

（2）4月末，企业为了反映本月已发生的利息费用，按照权责发生制计提借款利息250元（50 000×6%÷12）。该经济业务的发生，引起企业利息费用和应付利息的同时增加。短期借款利息属于企业的期间费用，该费用的增加应记入“财务费用”账户的借方；应付利息为企业的负债，该负债的增加应记入“应付利息”的贷方。故企业4月末计提短期借款利息时，应作如下会计分录：

借：财务费用　　250

　贷：应付利息　　250

（3）5月末与6月末计提利息费用时，应作与上相同的会计分录。

（4）6月30日，企业以银行存款支付借款本金50 000元和三个月的借款利息750元，该经济业务的发生，引起企业短期借款、应付利息与银行存款的同时减少；短期借款和应付利息为企业的负债，减少额应分别记入“短期借款”账户和“应付利息”账户的借方，银行存款为企业的资产，该资产的减少应记入“银行存款”账户的贷方。故企业归还短期借款本息时，应作如下会计分录：

借：短期借款　　50 000

　　应付利息　　750

　贷：银行存款　　50 750

长期借款是企业向银行及其他金融机构借入的偿还期限在一年以上或一个营业周期以上的各种借款。一般说来，企业举借长期借款，主要是为了增添设备、购置地产、增添或补充厂房等，也就是为了扩充经营规模而增加各种长期耐用固定资产的需要。

为了反映长期借款的取得、偿还及结欠情况，企业应设置“长期借款”账户。该账户属于负债类账户，贷方登记取得的长期借款和已发生的应付而未付的利息，借方登记到期偿还的长期借款的本金和实际支付的利息，期末余额在贷方，表示期末尚未偿还的长期借款的本金和利息。该账户应按贷款单位设置明细账，并按贷款种类进行明细核算。

【例4-4】ABC公司为购置设备由银行借入期限为3年的一笔借款200 000元。款项已存入银行。

该经济业务的发生，引起企业银行存款和长期借款的同时增加。银行存款为企业的资产，该资产的增加应记入“银行存款”账户的借方；长期借款为企业的负债，该负债的增加应记入“长期借款”账户的贷方。故企业取得该项借款时，应作如下会计分录：

借：银行存款　　200 000

　贷：长期借款　　200 000

企业归还长期借款时，作与上借贷方向相反的会计分录。关于长期借款利息的核算将在《中级财务会计学》中说明。

第二节　购进业务的核算

制造业企业要进行产品的生产，就必须拥有一定的生产资料，包括劳动资料和劳动对象。前者有厂房、设备等固定资产，后者有各种材料。本节主要说明材料采购业务的核算。在采购过程中，一方面是企业从供货方购进各种材料，要计算购进材料的采购成本；另一方面，企业要按照合同和约定的结算办法支付材料的买价和各种采购费用，并与供应单位发生货款结算关系。在材料的购进业务的核算中，还涉及增值税进项税额的计算和处理问题。

一、购进业务的核算

企业的库存材料按实际成本计价核算时，为完成材料采购业务的核算应设置以下几个主要账户："在途物资"、"原材料"、"应付账款"、"预付账款"、"应付票据"、"应交税费"等账户。

在途物资是指已经购入但尚未运达或已运达但尚未验收入库的外购货物，包括原材料、商品等。为了反映在途物资的发生、收回和结存情况，应设置"在途物资"账户。该账户为资产类账户，借方登记在途物资的发生额，贷方登记在途物资验收入库额，期末余额在借方，表示期末结存的在途物资额。该账户应按货物供应单位或经办采购人员设置明细账，进行明细核算。

为了反映企业库存材料的收入、发出和结存情况，应设置"原材料"账户。该账户为资产类账户，借方登记入库材料的成本，贷方登记发出材料的成本，期末余额在借方，表示期末库存材料的结存数。该账户应按材料的类别、品种、规格设置明细账，进行明细核算。

应付账款是企业因采购材料物资和接受劳务而应付给供应单位的款项。为了反映应付账款的发生和结算情况，应设置"应付账款"账户。该账户为负债类账户，贷方登记应付账款的发生额，借方登记应付账款结算减少额，期末余额在贷方，表示期末尚未结算归还的应付账款额。该账户应按供应单位设置明细账，进行明细核算。

预付账款是企业按照合同规定向供货方预付的货款。"预付账款"账户属于资产类账户，其借方登记实际预付的金额和补付的金额，贷方登记应付的金额和收回多预付的金额，期末余额在借方或者在贷方，借方余额反映企业实际预付的金额或应收回的多预付的金额，贷方余额反映企业尚未补付的金额。本账户应按照供货单位进行明细核算。

"应付票据"账户核算企业因购买材料、商品和接受劳务等经营活动开出、承兑的商业汇票，包括银行承兑汇票和商业承兑汇票。本账户贷方登记企业开出、承兑商业汇票或以商业汇票抵付货款、应付账款的金额，借方登记到期支付票据款的金额和到期无力支付票据款转为应付账款的金额，期末余额在贷方，反映企业尚未到期的商业汇票的金额。本账户可按照债权人进行明细核算。

"应交税费"账户核算企业按照税法等规定计算应交纳的各项税费。该账户贷方登记企业应交未交的各项税费的金额，借方登记实际交纳的各项税费的金额，期末该账户的贷方余额，反映企业尚未交纳的税费，期末借方余额则反映企业多交或尚未抵扣的税费。本账户应按照应交纳的税费项目进行明细核算。应交增值税还应分别"进项税额"、"销项税额"、"出口退税"、"进项税额转出"、"已交税金"等设置专栏。

在购进业务中设置"应交税费"账户主要是为了核算增值税。增值税是对在我国境内销售货物或者提供劳务以及进口货物的单位和个人，就其取得的货物或者应税劳务销售额计算税款，并实行税款抵扣的一种流转税。增值税是对商品生产或流通各个环节的新增价值或商品附加值进行征税，故称为增值税。在本章中购进业务和销售业务分别涉及进项税额和销项税额。

当期应纳税额 = 当期销项税额 - 进项税额

其中，销项税额是纳税人销售货物或应税劳务，按照销售额和规定的税率计算并向购货方收取的增值税。进项税额是纳税人购进货物或应税劳务所支付的增值税额。

企业外购材料，由于货款的结算方式和采购地点的不同，材料入库和货款支付时间可能一致也可能不一致，主要有三种情况：货款已付，材料已到；货款已付，材料未到；材料已到，货款未付。下面分情况说明材料采购业务的账务处理。

（1）货款已付，材料已到。这种业务是指结算凭证与材料同时到达企业，企业已支付货款，材料已验收入库。

【例 4 -5】ABC 公司从本市购入 A 材料一批，货款 30 000 元，增值税 5 100 元，材料已验收入库，发票、账单等结算凭证已收到，货款已由银行存款支付。

该经济业务的发生，引起企业的原材料和进项税额增加，银行存款减少。原材料属于企业的资产，该资产的增加应记入“原材料”账户的借方，增加的进项税额应记入“应交税费——应交增值税（进项税额）”的借方；银行存款作为企业的资产，其减少应记入“银行存款”账户的贷方。故该业务应作如下会计分录：

借：原材料	30 000	
应交税费——应交增值税（进项税额）	5 100	
贷：银行存款		35 100

（2）货款已付，材料未到。这种业务是指企业已支付货款，支付货款时材料尚未到达企业或已到企业但尚未验收入库。

【例 4 -6】ABC 公司由外地某单位购买 B 材料一批，货款 50 000 元，增值税 8 500 元。该业务应作如下两笔账务处理：

①企业支付货款时。企业支付货款，材料未到，则引起企业在途物资和进项税额的增加，银行存款的减少。在途物资为企业的资产，该资产增加应记入“在途物资”账户的借方，增加的进项税额应记入“应交税费——应交增值税（进项税额）”的借方，银行存款作为企业的资产，其减少应记入“银行存款”账户的贷方，故该业务企业应作如下会计分录：

借：在途物资	50 000	
应交税费——应交增值税（进项税额）	8 500	
贷：银行存款		58 500

②材料验收入库时。材料到达，验收入库，则引起企业材料的增加，在途物资的减少。材料作为企业的资产，其增加额应记入“原材料”账户的借方；“在途物资”作为企业的资产，其减少额应记入“在途物资”账户的贷方。故该业务应作如下会计分录：

借：原材料	50 000	
贷：在途物资		50 000

（3）材料已到，货款未付。这种业务是指材料已验收入库而货款尚未支付。

【例4－7】ABC公司由外地某单位购买C材料一批，货款80 000元，增值税13 600元。该业务应作如下两笔账务处理：

①材料到达验收入库时。材料入库，货款未付，则引起企业的原材料和增值税进项税额以及应付账款同时增加。原材料属于企业的资产，该资产的增加额应记入“原材料”账户的借方，增加的进项税额应记入“应交税费——应交增值税（进项税额）”的借方，应付账款属于企业的负债，该负债的增加应记入“应付账款”账户的贷方。故该业务应作如下会计分录：

借：原材料	80 000	
应交税费——应交增值税（进项税额）	13 600	
贷：应付账款		93 600

②支付货款时。支付货款，则引起企业的应付账款和银行存款同时减少。应付账款作为企业的负债，其减少额应记入“应付账款”账户的借方；银行存款作为企业的资产，其减少额应记入“银行存款”账户的贷方。故该业务的发生，应作如下会计分录：

借：应付账款	93 600	
贷：银行存款		93 600

如果本例企业购进材料采用商业汇票结算方式，则应使用“应付票据”账户核算。

【例4－8】①ABC公司为购进D材料，按照合同规定预先向供货方支付货款30 000元。

预付货款，则引起企业的预付账款增加和银行存款减少。预付账款作为企业的资产，其增加额应记入“预付账款”账户的借方；银行存款作为企业的资产，其减少额应记入“银行存款”账户的贷方。故该业务的发生，应作如下会计分录：

借：预付账款	30 000	
贷：银行存款		30 000

②供货方发来D材料，买价为30 000元，增值税为5 100元，ABC公司收到D材料并验收入库。

材料入库，货款已经预付，则引起企业的原材料和增值税进项税额同时增加，预付账款减少。原材料属于企业的资产，该资产的增加额应记入“原材料”账户的借方，增加的进项税额应记入“应交税费——应交增值税（进项税额）”的借方，预付账款属于企业的资产，该资产的减少应记入“预付账款”账户的贷方。故该业务应作如下会计分录：

借：原材料	30 000	
应交税费——应交增值税（进项税额）	5 100	
贷：预付账款		35 100

③ABC公司向供货方补付货款。

由于本例中企业预付的金额比应付的金额少，所以，在收到购进的材料后，产生的差额又成为企业的负债。补付时，企业的银行存款和少预付所产生的负债都减少，减少的负债应在“预付账款”账户的借方记录，银行存款属于企业的资产，减少的资产在本例中应记入“银行存款”账户的贷方，会计分录为：

借：预付账款　　　　　　　　　　　　　　　　　　　　　　　　5 100
　贷：银行存款　　　　　　　　　　　　　　　　　　　　　　　　5 100

如果 ABC 公司预付的货款为 40 000 元，预付货款时：

借：预付账款　　　　　　　　　　　　　　　　　　　　　　　　40 000
　贷：银行存款　　　　　　　　　　　　　　　　　　　　　　　　40 000

收到材料并验收入库的账务处理同前，但最后应向供货方收回多预付的款项 4 900 元，账务处理为：

借：银行存款　　　　　　　　　　　　　　　　　　　　　　　　4 900
　贷：预付账款　　　　　　　　　　　　　　　　　　　　　　　　4 900

二、材料采购成本的计算

为了考核企业的采购成果，正确地确定材料的实际成本，必须准确地计算材料的采购成本。材料采购成本的计算，就是把企业在材料采购过程中发生的应计入材料的实际成本的买价、采购费用等，按材料的批量、类别、品种、规格等加以归集，计算其采购总成本和单位成本。

工业企业外购材料的实际成本一般包括买价、运杂费、运输途中的合理损耗、入库前整理挑选费用和支付的有关税金。

发生的运杂费，凡能分清对象的，可以直接计入各种材料的采购成本；不能分清对象的，应按材料的重量或买价等比例分摊计入各材料的采购成本。

下面举例说明材料采购成本的计算。

【例 4－9】ABC 公司由外地购入 A、B、C 三种材料。A 材料为 1 000 千克，单价 10 元，买价为 10 000 元；B 材料为 1 500 千克，单价 8 元，买价为 12 000 元；C 材料为2 000 千克，单价 7 元，买价为 14 000 元。三种材料共同发生的运杂费为 3 150 元。

对该运杂费企业按材料的重量比例在各材料间分配。材料采购成本的计算方法如下：

每千克材料应分配的运杂费：$\frac{3\,150}{1\,000+15\,00+2\,000}=0.7$（元）

A 材料应分配的运杂费：$1\,000\times0.7=700$（元）

B 材料应分配的运杂费：$1\,500\times0.7=1\,050$（元）

C 材料应分配的运杂费：$2\,000\times0.7=1\,400$（元）

各材料采购总成本和单位成本的计算结果，见表 4－1。

表 4－1　　**材料采购成本计算表**

材料名称	重量（千克）	总成本			单位成本
		买价	运杂费	合计	
A	1 000	10 000	700	10 700	10.70
B	1 500	12 000	1 050	13 050	8.70
C	2 000	14 000	1 400	15 400	7.70

第三节　生产业务的核算

制造业企业的主要经济活动就是以自制的产品（或劳务）提供给社会从而获取利润，因而产品的生产活动是工业企业的基本经济活动。产品的生产过程，也是生产的耗费过程，企业要生产产品就要发生各种各样的生产耗费，包括生产资料中的劳动资料（如机器设备）和劳动对象（如原材料）的耗费，以及劳动力方面的耗费。制造业企业在生产过程中发生的、用货币形式表现的生产耗费就是生产费用。这些费用最终都要归集、分配到一定种类的产品上去，从而形成各种产品的成本，也就是说，企业为生产一定种类、一定数量的产品所发生的各种生产费用的总和对象化于产品就形成了产品的成本。

生产费用按照计入产品成本的方式不同，可以分为直接生产费用和间接生产费用。直接生产费用是指企业生产某一种产品过程中实际消耗的可以直接计入该产品成本的直接材料和直接人工；间接生产费用是指企业为生产多种产品或多种劳务而发生的，需要在相关的多种产品或劳务中分配后，再按照应分配的金额分别计入不同产品或劳务的成本的各项生产费用，通常称为制造费用。

各个产品成本构成项目具体包括：

直接材料，是指企业在生产产品的过程中所消耗的、直接用于产品生产、构成产品实体的原材料及主要材料、外购半成品以及有助于产品形成的辅助材料。

直接人工，是指企业在生产的过程中，直接从事产品生产的各项人工费用。

制造费用，是指企业为了生产产品而发生的各项间接费用，其构成比较复杂，主要包括间接的人工费用、生产单位的办公费、机物料费、水电费和生产用固定资产的折旧费、修理费等。

归集和分配生产费用以及产品成本的形成，就是企业生产过程的主要核算内容。

一、领用材料的核算

材料是构成产品实体的重要组成部分，材料费的归集和分配的核算是生产过程核算的重要内容。为了核算生产中领用的材料，企业应设置“生产成本”、“制造费用”和“原材料”账户。

为了归集产品生产过程中所发生的应计入产品成本的直接材料、直接人工和分配的制造费用以及确定产品的实际生产成本，企业应设置“生产成本”账户。该账户为成本类账户，借方登记应计本期产品生产成本的直接费用和分配转入的制造费用，贷方登记期末结转的完工产品的实际成本。期末如有余额，应在借方，表示期末在产品的生产成本。该账户应按成本对象设置明细账，进行明细核算。

为了归集和分配企业在车间范围内发生的各项间接费用，如生产车间管理人员的工资及福利费、生产用固定资产的折旧费及修理费、车间办公费及水电费等费用，应设置“制造费用”账户。该账户为成本类账户，借方登记本月发生的各种制造费用，贷方登记月末按一定标准分配结转给各产品负担的制造费用。该账户月末一般无余额。本账户应按制造费用构成项目设置明细账，按费用项目设立专栏。

为了加强成本管理，产品生产过程中耗用的材料，应按用途进行分配：属于产品生产直接耗用的材料，其费用记入“生产成本”账户；属于生产车间一般耗用的材料，其费用记入“制造费用”账户。

【例4－10】ABC公司本月根据领料单编制发出材料汇总表，如表4－2所示。

表4－2　　　　发出材料汇总表

项　目	A材料			B材料			C材料			合　计
	数量（件）	单价（元）	金额（元）	数量（件）	单价（元）	金额（元）	数量（件）	单价（元）	金额（元）	
甲产品耗用	500	11	5 500	1 000	9	9 000	2 000	8	16 000	30 500
车间一般耗用							150	8	1 200	1 200
合　计	500	—	5 500	1 000	—	9 000	2 150	—	17 200	31 700

该经济业务的发生，引起企业生产成本和制造费用增加，原材料减少。生产成本和制造费用作为企业的成本费用，增加额应分别记入“生产成本”和“制造费用”账户的借方；原材料属于企业的资产，其减少额应记入“原材料”账户的贷方。故应根据发出材料汇总表，作如下会计分录：

借：生产成本——甲产品　　30 500
　　制造费用　　1 200
　贷：原材料——A材料　　5 500
　　　　　——B材料　　9 000
　　　　　——C材料　　17 200

二、人工费用的核算

企业为职工提供的服务给予或付出的各种形式的对价，都构成职工薪酬，作为一种耗费构成人工费用，会增加企业的成本和费用，同时，企业和职工之间因职工提供服务形成的关系，会构成企业的现时义务，将导致企业未来经济利益的流出，从而形成企业的一项负债。

企业所应负担的人工费用包括：职工工资、奖金、津贴和补贴；职工福利费；社会保险费；住房公积金；工会经费和职工教育经费；因解除与职工的劳动关系给予的补偿以及其他与获得职工提供的服务相关的支出。

为反映企业应负担人工费用而形成的负债，企业应设置“应付职工薪酬”账户。该账户为负债类账户，贷方登记企业应付未付的各项人工费用的金额，借方登记企业实际支付的各项人工费用的金额，该账户期末一般无余额。该账户应按照人工费用的构成项目设立明细账进行明细核算。

企业的日常经营活动中发生的人工费用，应按职工所从事的工作岗位进行分配：属于产品生产直接生产工人的工资，应分别记入“生产成本”账户；属于车间管理人员和间接生产工人的工资，应记入“制造费用”账户。

【例4－11】ABC公司本月产品生产过程中所发生的工资费用为25 000元，其中直接生产工人的工资为20 000元，车间管理人员的工资为5 000元。

该经济业务的发生，引起企业的生产成本、制造费用与应支付的工资的同时增加。生产成本、制造费用作为企业的成本费用，增加额应分别记入“生产成本”和“制造费用”账户的借方；应支付的工资属于企业的负债，其增加额应记入“应付职工薪酬”账户的贷方。故该经济业务应作如下会计分录：

借：生产成本　　20 000
　　制造费用　　5 000
　贷：应付职工薪酬　　25 000

三、制造费用的核算

制造费用是产品制造业企业为了生产产品和提供劳务而发生的各项间接费用。制造费用在发生时不能直接判定其应归属的成本对象，因而不能直接计入所生产的产品成本中，必须将各项属于制造费用的间接生产费用先予以归集汇总，然后选择一定的标准在相关的各种产品之间进行分配，以便于确定各种产品应负担的间接费用。因此，制造费用的核算应分为制造费用的归集和分配两个部分。

（一）制造费用的归集

要归集制造费用就必须了解制造费用的构成，一般制造费用包括间接的人工费用、生产单位的办公费、机物料费、水电费和生产用固定资产的折旧费、修理费等。应计入制造费用的材料费和人工费，前面已作说明。这里介绍生产单位的办公费、固定资产的折旧费、修理费和水电费的核算。

企业在产品生产过程中，必须使用机器、厂房等劳动资料。这些劳动资料作为企业固定资产，在使用过程中其价值会因有形损耗与无形损耗而逐渐减少。这种价值的减少称为固定资产折旧。因“固定资产”账户反映固定资产原值的增减变动和结存情况，故需设置专门的账户用来反映企业固定资产的折旧情况。“累计折旧”就是用来反映企业现有固定资产的已提折旧情况的账户。该账户的贷方登记已计提的折旧额，借方登记因固定资产处置或盘亏而冲销的已提折旧额，该账户的期末余额在贷方，表示期末结存固定资产的累计折旧额。为了正确地计算产品成本，生产车间使用的机器设备、厂房等固定资产应按月计提折旧，折旧费应计入企业的制造费用。

【例4－12】ABC公司本月生产车间所使用的固定资产应计提折旧10 000元。

该经济业务的发生，使企业的制造费用和固定资产的累计折旧同时增加。制造费用作为企业的成本费用，其增加额应记入“制造费用”账户的借方；累计折旧的增加意味着固定资产价值的减少，所以累计折旧的增加同固定资产的减少记入账户的方向相同，即应记入“累计折旧”账户的贷方。故该项经济业务，应作如下会计分录：

借：制造费用　　10 000
　贷：累计折旧　　10 000

【例 4－13】ABC 公司本月生产车间通过银行转账支付本月的固定资产的修理费以及水电费和办公费共计 8 000 元。

该经济业务的发生，使企业的制造费用增加，银行存款减少。制造费用作为企业的成本费用，其增加额应记入“制造费用”账户的借方；银行存款的减少即资产的减少，应记入银行存款账户的贷方。故该项经济业务，应作如下会计分录：

借：制造费用　　8 000

　贷：银行存款　　8 000

（二）制造费用的分配

为了加强对制造费用的管理，企业发生的制造费用一般应单独进行归集。制造费用是企业产品生产成本的重要组成部分，在月末计算产品成本时，应将“制造费用”在各产品之间进行分配，分配转入各产品成本。制造费用的分配方法有多种，可以按照生产工人的工资、按生产工人工时、按机器工时、按耗用原材料的数量或成本、按产品产量等比例进行分配。企业可以根据自身管理的需要、产品的特点等选择分配标准，如按照生产工人工时的比例进行分配时，其计算方法如下：

$$制造费用分配率 = \frac{制造费用总额}{生产工时总额}$$

某产品应分配的制造费用 = 该产品耗用的生产工时数／制造费用分配率

【例 4－14】如 ABC 公司只生产甲、乙两种产品，本月发生的制造费用为 60 000 元，月末转入“生产成本”账户，由甲、乙两种产品负担。甲、乙两种产品的生产工时分别为 300 和 600。

月末分配结转制造费用时，使企业的“生产成本”账户的成本费用增加，“制造费用”账户的成本费用减少；生产成本和制造费用均为企业的成本，增加额应记入“生产成本”账户的借方，减少额应计入“制造费用”账户的贷方。故该项经济业务的发生，应作如下会计分录：

借：生产成本——甲产品　　20 000

　　　　　　——乙产品　　40 000

　贷：制造费用　　60 000

四、完工产品成本的结转

在将制造费用在各种产品之间分配后，“生产成本”账户的借方归集了所有与该产品生产有关的生产费用，包括直接材料、直接人工和通过分配的记入间接费用。如果月末产品全部完工，归集在“生产成本”账户借方的生产费用就是本月完工产品的总成本；如果月末产品全未完工，归集在“生产成本”账户借方的生产费用为在产品的成本；如果月末产品部分完工，归集在“生产成本”账户借方的生产费用需要采用适当的分配方法，在完工产品和在产品之间进行分配。

企业生产的产品完工后，除了要进行成本计算以外，还要办理验收入库的手续，结转完工产品的成本。

为了反映企业库存产品的收发和结存情况，企业应设置“库存商品”账户。该账户为资产类账户，借方登记已完工验收入库的产品的实际生产成本，贷方登记发出产品的实际生产成本，期末余额在借方，表示期末库存产品的实际生产成本。该账户应按产品品种、规格或类别设置明细账，进行明细核算。

【例4－15】ABC 公司本月生产的甲产品全部完工，结转完工入库产品的实际成本75 000元。

结转完工入库产品的实际成本，使企业的库存商品增加，在产品减少。库存商品作为企业的资产，其增加额应记入“库存商品”账户的借方；在产品减少，其减少额应记入“生产成本”账户的贷方。故该经济业务应作如下会计分录：

借：库存商品——甲产品　　75 000

　贷：生产成本——甲产品　　75 000

根据甲产品成本明细账的资料，可编制产品成本计算表，如表4－3所示。

表4－3　××产品成本计算表

产量100件　　单位：元

成本项目	总成本	单位成本
直接材料	30 500	305
直接人工	26 500	265
制造费用	18 000	180
合　计	75 000	750

第四节　销售业务的核算

制造业企业从生产过程制造完成的产品完工验收入库开始，到其销售给购买方的过程称为销售过程。销售过程是产品价值和使用价值实现的过程，是企业生产经营的最后阶段，在这一过程中，企业售出产品收回货款，同时依税法规定向供货方收取增值税。此外，企业为了销售产品还会发生广告费、宣传费、包装费等销售费用。因此，在企业的销售业务中需要确认销售收入，办理结算，收取货款，要结转销售成本，支付销售费用和销售税金，确定销售成果，这些都属于产品的销售业务核算的内容，企业的产品销售业务属于主营业务。制造业企业的销售业务还包括材料的销售，材料的销售属于制造业企业的其他业务。

一、产品销售业务的核算

为了进行销售过程经济业务的核算，企业应设置“主营业务收入”、“主营业务成本”、“营业税金及附加”、“应收账款”等账户。

制造业企业销售产品，提供工业性劳务取得的收入，是企业的主要营业收入。为了反映企业销售产品、提供工业性劳务所取得的收入，应设置“主营业务收入”账户。该账户属于损益类账户，贷方登记已确认的主营业务收入，借方登记期末转入“本年利润”账户的数额，结转后本账户应无余额。该账户应按主营业务的种类设置明细账，进行明细核算。

为了反映企业销售产品、提供劳务等主营业务活动发生的实际成本，企业应设置“主营业务成本”账户。该账户属于损益类账户，借方登记已销产品或已提供劳务的实际成本，贷方登记期末转入“本年利润”账户的数额，结转后本账户应无余额。该账户应按主营业务的种类设置明细账，进行明细核算。

为了反映销售应负担的税金及附加（包括营业税、消费税、城市维护建设税、教育费附加等），企业应设置“营业税金及附加”账户。该账户属于损益类账户，借方登记应由销售业务负担的税金及附加，贷方登记期末转入“本年利润”账户的数额，结转后本账户应无余额。

为了反映企业因销售产品、提供劳务而形成的应收而未收回的款项，应设置“应收账款”账户。该账户属于资产类账户，借方登记应向购买单位收取的账款，贷方登记已收回的账款。期末余额在借方，表示期末尚未收回的账款。该账户应按购货单位设置明细账，进行明细核算。

除设置以上账户外，企业还应该根据实际发生的销售业务设置“预收账款”、“应收票据”、“应交税费”等账户。

【例4-16】ABC公司销售甲产品价款60 000元，增值税销项税额10 200元，款项已存入银行。

按照增值税法的规定，增值税一般纳税人在销售商品收取货款的同时，应向购货人收取增值税。该项经济业务的发生，使企业的银行存款、销售收入和应交税金同时增加。银行存款作为企业的资产，增加额应记入“银行存款”账户的借方；产品销售收入作为企业的主营业务收入，增加额应记入“主营业务收入”账户的贷方；应交税费作为企业的负债，增加额应记入“应交税费”账户的贷方。故该经济业务的发生，应作如下会计分录：

借：银行存款　　70 200
　贷：主营业务收入　　60 000
　　　应交税费——应交增值税（销项税额）　　10 200

【例4-17】ABC公司销售甲产品价款40 000元，增值税销项税额6 800元，款项尚未收回。

该项经济业务的发生，使企业的应收账款、主营业务收入和应交税金同时增加。应收账款作为企业的资产，增加额应记入“应收账款”账户的借方；主营业务收入和应交税金作为收入和负债的增加额应记入账户的贷方，故该经济业务应作如下会计分录：

借：应收账款　　46 800
　贷：主营业务收入　　40 000
　　　应交税金——应交增值税（销项税额）　　6 800

【例4-18】月末结转已销甲产品的实际成本为60 000元。

该项经济业务的发生，使企业主营业务成本增加，库存商品减少。产品销售成本作为企业的成本费用，增加额应记入“主营业务成本”账户的借方，库存商品作为企业的资产，减少额应记入“库存商品”账户的贷方。故该经济业务的发生，应作如下会计分录：

借：主营业务成本　　60 000

　贷：库存商品　　60 000

二、材料销售业务的核算

制造业企业材料销售、代购代销、包装物出租等收入，是企业的非主营业务收入，即其他业务收入。为了反映企业取得的其他业务收入，应设置“其他业务收入”账户。该账户属于损益类账户，贷方登记已确认的其他业务收入，借方登记期末转入“本年利润”账户的数额，结转后本账户应无余额。该账户应按其他业务的种类设置明细账，进行明细核算。

为了反映企业销售材料、包装物出租等其他业务活动发生的相关成本和费用，企业应设置“其他业务成本”账户。该账户属于损益类账户，借方登记销售材料、包装物出租等业务活动发生的相关成本、费用，贷方登记期末转入“本年利润”账户的数额，结转后本账户应无余额。该账户应按其他业务的种类设置明细账，进行明细核算。

【例 4 – 19】ABC 公司销售 A 材料，价款 10 000 元，增值税销项税额 1 700 元，款项已存入银行。

该项经济业务的发生，使企业银行存款、其他业务收入和应交税金同时增加。银行存款作为企业的资产，增加额应记入“银行存款”账户的借方；材料销售收入作为其他业务收入，增加额应记入“其他业务收入”账户的贷方，应交税金作为企业的负债，增加额应记入“应交税费”账户的贷方。故该经济业务的发生，应作如下会计分录：

借：银行存款　　11 700

　贷：其他业务收入　　10 000

　　　应交税费——应交增值税（销项税额）　　1 700

【例 4 – 20】月末结转已销材料的实际成本 9 000 元。

该项经济业务的发生，使企业的材料销售成本增加，库存材料减少。材料销售成本作为企业的其他业务支出，增加额应记入“其他业务成本”账户的借方；库存材料作为企业的资产，减少额应记入“原材料”账户的贷方。故该经济业务应作如下会计分录：

借：其他业务成本　　9 000

　贷：原材料　　9 000

【例 4 – 21】按税法规定，ABC 公司月末计算出应交城市维护建设税 700 元和教育费附加 300 元。

该项经济业务的发生，使企业的销售税金和应交税费同时增加。销售税金作为企业的费用，增加额应计入“营业税金及附加”账户的借方，应交税金作为企业的负债，增加额应记入“应交税费”账户的贷方。故该经济业务的发生，应作如下会计分录：

借：营业税金及附加　　1 000

　贷：应交税费——应交城市维护建设税　　700

　　　应交税费——应交教育费附加　　300

第五节　财务成果业务的核算

利润是企业一定期间生产经营活动的财务成果，是综合反映企业在一定期间经营成果的重要指标，是按照配比原则，将一定期间的收入与费用进行比较的结果，收入大于费用表明企业盈利，反之为企业亏损。财务成果的核算包括利润形成和利润分配的核算。

一、利润的构成

利润包括收入减去费用后的净额、直接计入当期利润的利得和损失等。

直接计入当期利润的利得和损失，是指应当计入当期损益、会导致所有者权益发生增减变动的、与所有者投入资本或者向所有者分配利润无关的利得或者损失。

有关利润的计算公式如下：

营业利润 = 营业收入 - 营业成本 - 营业税金及附加 - 销售费用 - 管理费用 - 财务费用 - 资产减值损失 + 公允价值变动收益（减公允价值变动损失） + 投资收益（减投资损失）

其中，营业收入是指企业经营业务所确定的收入总额，包括主营业务收入和其他业务收入。营业成本是指企业经营业务所发生的实际成本总额，包括主营业务成本和其他业务成本。资产减值损失是指企业资产减值所形成的损失。公允价值变动收益（或损失）是指企业交易性金融资产等公允价值变动所形成的应计入当期损益的利得（或损失）。投资收益（或损失）是指企业以各种方式对外投资所取得的收益（或损失）。

利润总额 = 营业利润 + 营业外收入 - 营业外支出

营业外收入（或支出）是指企业发生的与日常活动无直接关系的各项利得（或损失）。

净利润 = 利润总额 - 所得税费用

其中所得税费用是指企业确认的应当从当期利润总额中扣除的所得税费用。

资产减值损失、公允价值变动损益和投资收益将在中级财务会计中详细介绍，在初级财务会计中不再说明。

二、期间费用的核算

期间费用是指企业本期发生的、不能直接或间接归入某种产品成本的、直接计入当期损益的各种费用，包括销售费用、管理费用和财务费用。

（一）销售费用的核算

销售费用是指企业在销售商品、提供劳务等日常经营过程中发生的各项费用以及专设销售机构的各项经费。包括销售过程中发生的运输费、装卸费、广告费、展览费、商品维修费、预计产品质量保证损失、专设销售机构的各项经费（包括办公费、人工费、折旧费、固定资产修理费）等。

为了反映企业营业费用的发生情况，应设置“销售费用”账户。该账户为损益类账户，借方登记实际发生的各项销售费用，贷方登记期末转入“本年利润”账户的本期发生额，结转后该账户无余额。该账户应按费用项目设立明细账，进行明细核算。

【例4-22】ABC公司以银行存款支付广告费20 000元。

该项经济业务的发生，使企业的销售费用增加，银行存款减少。销售费用的增加，应记入“销售费用”账户的借方；银行存款作为企业的资产，减少额应记入“银行存款”账户的贷方。故该经济业务的发生，应作如下会计分录：

借：销售费用　　20 000

　贷：银行存款　　20 000

【例4-23】ABC公司本期应支付的销售机构人工费用为12 000元。

该项经济业务的发生，使企业的销售费用和负债同时增加。销售费用增加，应记入“销售费用”账户的借方；负债增加，应记入“应付职工薪酬”账户的贷方。故该经济业务应作如下会计分录：

借：销售费用　　12 000

　贷：应付职工薪酬　　12 000

【例4-24】ABC公司本期计提销售机构固定资产折旧2 000元。

该项经济业务的发生，使企业的销售费用增加，固定资产折旧增加。销售费用的增加，应记入“销售费用”账户的借方；固定资产折旧的增加额应记入“累计折旧”账户的贷方。故该经济业务的发生，应作如下会计分录：

借：销售费用　　2 000

　贷：累计折旧　　2 000

（二）管理费用的核算

管理费用是指企业行政管理部门为组织和管理生产经营活动而发生的各种费用。它主要包括企业差旅费、业务招待费、咨询费、诉讼费、研究费用、技术转让费、行政管理部门的人工费、办公费、固定资产折旧费、修理费以及记入管理费用的各种税金等。

为反映企业管理费用的发生情况，应设置“管理费用”账户。该账户为损益类账户，借方登记实际发生的各项管理费用，贷方登记期末转入“本年利润”账户的期末余额，结转后该账户无余额。该账户应按费用项目设置明细账，进行明细核算。

【例4-25】ABC公司本月应付企业行政管理人员工资3 000元。

该项经济业务的发生，使企业的管理费用和应付职工薪酬同时增加。管理费用的增加，应记入“管理费用”账户的借方；应付工资作为企业的负债，增加额应记入“应付职工薪酬”账户的贷方。故该项经济业务，应作如下会计分录：

借：管理费用　　3 000

　贷：应付职工薪酬　　3 000

【例4-26】ABC公司本月通过银行转账支付本公司业务招待费、咨询费、诉讼费，共计23 000元。

该项经济业务的发生，使企业的管理费用增加，银行存款减少。管理费用的增加，应记入“管理费用”账户的借方；银行存款作为企业的资产，减少额应记入“银行存款”

账户的贷方。故该经济业务，应作如下会计分录：

借：管理费用　　23 000

　贷：银行存款　　23 000

【例 4－27】ABC 公司本月应付房产税和车船使用税计 2 000 元。

该项经济业务的发生，使企业的管理费用和应交税费同时增加。管理费用的增加，应记入“管理费用”账户的借方；应交税金作为企业的负债，增加额应记入“应交税费”账户的贷方。故该经济业务，应作如下会计分录：

借：管理费用　　2 000

　贷：应交税费　　2 000

【例 4－28】ABC 公司本月应计提的管理部门办公设备的折旧为 1 000 元。

该项经济业务的发生，使企业的管理费用增加，固定资产折旧增加。销售费用的增加，应记入“管理费用”账户的借方；固定资产折旧的增加额应记入“累计折旧”账户的贷方。故该经济业务的发生，应作如下会计分录：

借：管理费用　　1 000

　贷：累计折旧　　1 000

（三）财务费用的核算

财务费用是指企业为筹集生产经营所需资金等而发生的费用，包括利息支出（减利息收入）、汇兑损益以及相关的手续费、发生的现金折扣或收到的现金折扣等。

为了反映财务费用的发生情况，企业应设置“财务费用”账户。该账户为损益类账户，借方登记实际发生的财务费用，贷方登记期末转入“本年利润”账户的本期发生额。结转后该账户无余额。该账户应按费用项目设置明细账，进行明细核算。

【例 4－29】ABC 公司计提支付本月经营性借款利息 500 元。

该项经济业务的发生，使企业的财务费用增加，应付利息增加。财务费用的增加，应记入“财务费用”账户的借方；应付利息作为企业的负债，增加额应记入“应付利息”账户的贷方。故该经济业务应作如下会计分录：

借：财务费用　　500

　贷：应付利息　　500

三、营业外收入和营业外支出的核算

（一）营业外收入的核算

营业外收入是指企业发生的与日常活动无直接关系的各项利得。营业外收入包括：非流动资产处置利得、非货币性资产交换利得、债务重组利得、政府补贴、盘盈利得、捐赠利得等。

为了反映企业取得的营业外收入，应设置“营业外收入”账户。该账户为损益类账户，贷方登记取得的营业外收入，借方登记期末转入“本年利润”账户的数额，结转后本账户应无余额。该账户应按收入项目设置明细账，进行明细核算。

非流动资产处置利得、非货币性资产交换利得、债务重组利得、政府补贴的内容将在后续课程中详细介绍，盘盈利得将在财产清查中介绍，本节以企业的捐赠利得为例说明营业外收入的核算。

【例4－30】ABC公司取得货币资金捐赠500 000元，存入银行。

该项经济业务的发生，使企业银行存款增加，营业外收入增加。银行存款作为企业的资产，增加额应记入“银行存款”账户的借方；营业外收入的增加额，应记入“营业外收入”账户的贷方。故该项经济业务应作如下会计分录：

借：银行存款　　500 000

　贷：营业外收入　　500 000

（二）营业外支出的核算

营业外支出是指企业发生的与日常活动无直接关系的各项损失。营业外支出主要包括：非流动资产处置损失、非货币性资产交换损失、债务重组损失、盘亏损失、公益性捐赠支出等。

为了反映企业发生的营业外支出，应设置“营业外支出”账户。该账户为损益类账户，借方登记发生的各项营业外支出，贷方登记期末转入“本年利润”账户的数额，结转后本账户应无余额。该账户应按支出项目设置明细账，进行明细核算。

非流动资产处置损失、非货币性资产交换损失、债务重组损失的内容将在后续课程中详细介绍，盘亏损失将在财产清查中介绍，本节以企业的公益性捐赠支出为例说明营业外支出的核算。

【例4－31】经批准，本月ABC公司将通过银行转账向希望工程捐赠100 000元。

该项经济业务的发生，使企业银行存款减少，营业外支出增加。银行存款作为企业的资产，减少额应记入“银行存款”账户的贷方；营业外支出的增加额，应记入“营业外支出”的借方。故该经济业务应作如下会计分录：

借：营业外支出　　100 000

　贷：银行存款　　100 000

需要注意的是，营业外收入和营业外支出应当分别核算。在具体核算时，不得以营业外支出直接冲减营业外收入，也不得以营业外收入直接冲减营业外支出，即企业在会计核算时，应当分别组织营业外收入和营业外支出的核算。

四、利润形成的核算

为了反映企业实现的净利润（或发生的净亏损），应设置“本年利润”账户。该账户为所有者权益类账户，贷方登记期末转入的“主营业务收入”、“其他业务收入”、“营业外收入”等账户的金额，借方登记期末转入的“主营业务成本”、“其他业务成本”、“营业税金及附加”、“销售费用”、“管理费用”、“财务费用”、“营业外支出”、“所得税费用”等账户的金额。年度终了，应将本年收入和支出相抵后结出的本年实现的净利润，由本账户的借方转入“利润分配”账户的贷方；如为净亏损，作相反的账务处理，结转后该账户应无余额。

为了计算各期利润总额，期末应将损益类账户结平，即将本期的各项收入从各有关收入账户转入“本年利润”账户的贷方；将本期的各项费用从各有关费用账户转入“本年利润”账户的借方。

企业的净利润是由利润总额减去所得税费用后计算出来的，在利润总额的基础上，进行适当的税项调整，将利润总额调整为应纳税所得，再乘以适用所得税税率则计算出应交所得税。在应付税款法下，企业的应交所得税等于所得税费用。

为了反映企业按规定从本期损益中扣除的所得税费用，应设置“所得税费用”账户。该账户为损益类账户，借方登记应由本期损益中扣除的所得税费用，贷方登记转入“本年利润”账户的本期发生额，结转后该账户应无余额。

【例4-32】ABC公司本期的主营业务收入为100 000元，其他业务收入为10 000元，营业外收入为1 000元。

结转各项收入时，转出的金额应记入各收入账户的借方，转入的金额应记入“本年利润”账户的贷方。该业务应作如下会计分录：

借：主营业务收入　　100 000
　　其他业务收入　　10 000
　　营业外收入　　1 000
　贷：本年利润　　111 000

【例4-33】ABC公司本期的主营业务成本为60 000元，其他业务成本为9 000元，营业税金及附加为600元，销售费用为2 000元，管理费用为3 000元，营业外支出为900元。

结转各项费用时，转入的金额应记入“本年利润”账户的借方，转出的金额应记入各费用账户的贷方。该业务应作如下会计分录：

借：本年利润　　76 000
　贷：主营业务成本　　60 000
　　　营业税金及附加　　600
　　　其他业务成本　　9 000
　　　销售费用　　2 000
　　　管理费用　　3 000
　　　财务费用　　500
　　　营业外支出　　900

通过结转，将本期发生的全部收入与全部费用（未含所得税费用）都汇集于“本年利润”账户，即可计算出本期实现的利润总额为35 000（111 000－76 000）元。

所得税的核算比较复杂，将在后续课程中介绍，本节仅对净利润的核算作说明。

【例4-34】假如ABC公司的利润总额即为企业的应纳税所得额。企业的所得税率为25%，应交所得税8 750（35 000×25%）元。

该项经济业务的发生，使企业的所得税费用和应交税金同时增加。所得税作为企业的费用，增加额应记入“所得税费用”账户的借方；应交税金作为企业的负债，增加额应记入“应交税费”账户的贷方。应作如下会计分录：

借：所得税费用　　8 750
　贷：应交税费——应交所得税　　8 750

【例4-35】期末，将本期发生的所得税费用8 750元转入“本年利润”账户。

结转所得税费用时，转入的金额应记入“本年利润”账户的借方，转出的金额应记入“所得税费用”账户的贷方。该业务应作如下会计分录：

借：本年利润　　8 750

　贷：所得税费用　　8 750

将所得税费用转入“本年利润”账户后，“本年利润”账户的本期贷方余额26 250（35 000－8 750）元，即为企业本期的净利润。

【例4－36】期末，将本期实现的净利润26 250元转入“利润分配”账户。

借：本年利润　　26 250

　贷：利润分配——未分配利润　　26 250

如果企业亏损，按照税法的规定不必交纳所得税，企业的亏损也要转到“利润分配”账户。结转时做与上笔业务借贷相反的账务处理。

五、利润分配的核算

（一）利润分配的顺序

根据《公司法》等有关法规的规定，企业当年实现的净利润，一般按照如下顺序进行分配：

1. 提取法定盈余公积

公司制企业的法定公积金按照税后利润10%的比例提取（非公司制企业也可以按照超过10%的比例提取），在计算法定盈余公积的基数时，不应该包括企业年初未分配利润。公司法定盈余公积累计额为公司注册资本的50%以上时，可以不再提取法定盈余公积。公司的法定盈余公积不足以弥补以前年度的亏损的，在提取法定盈余公积之前，应当先用当年利润弥补亏损。

2. 提取任意盈余公积

公司从税后利润中提取法定盈余公积后，经股东大会决议，还可以从税后利润中提取任意盈余公积。非公司制企业经类似权力机构批准，也可以提取任意盈余公积。

3. 向投资者分配利润或股利

企业弥补亏损和提取盈余公积后，应按投资人出资的比例向投资人分配利润或股利。

（二）利润分配的核算

为核算和监督企业利润的分配情况，应设置“利润分配”、“盈余公积”、“应付利润”账户。

为了反映企业利润的分配（或亏损的弥补）和历年分配（或弥补）后的积存余额情况，应设置“利润分配”账户。该账户属于所有者权益类账户，贷方登记年终结转的本年实现的净利润或弥补的亏损，借方登记利润分配的金额或企业的亏损。年终该账户的余额如在贷方，表示累计未分配的利润；如在借方，表示尚未弥补的亏损。该账户应按利润分配项目设置明细账，进行明细核算。

为了反映企业盈余公积的提取和使用的情况，应设置“盈余公积”账户。该账户为所有者权益类账户，贷方登记从净利润中提取的盈余公积，借方登记盈余公积的使用数额。期末余额在贷方，表示企业盈余公积的余额。该账户按盈余公积的种类设置明细账，进行明细核算。

为了反映企业应付给投资者的利润和应付利润结算情况，应设置“应付利润”账户。该账户为负债类账户，贷方登记企业应分配给投资者的利润，借方登记实际支付的利润，期末余额在贷方，表示尚未支付的利润。该账户应按投资人设立明细账，进行明细核算。

【例4－37】ABC公司按净利润的10%，分别提取法定盈余公积和任意盈余公积，金额均为2 625（26 250×10%）元。

该项经济业务的发生，引起所有者权益项目的一增一减。利润分配的增加是所有者权益的减少，应记入“利润分配”账户的借方，盈余公积的增加是所有者权益的增加，应记入“盈余公积”账户的贷方。故该经济业务应作如下会计分录：

借：利润分配——提取法定盈余公积　　2 625
　　　　　　——提取任意盈余公积　　2 625
　贷：盈余公积　　5 250

【例4－38】ABC公司决定对投资者分配利润12 000元。

该项经济业务的发生，引起企业所有者权益的减少和负债的增加。利润分配的增加是所有者权益的减少，应记入“利润分配”账户的借方，应付利润的增加是负债的增加，应记入“应付利润”账户的贷方。故该经济业务应作如下会计分录：

借：利润分配——应付利润　　12 000
　贷：应付利润　　12 000

【例4－39】年末，将“利润分配”账户下其他明细账户的期末余额转入“未分配利润”明细账。

这笔转账业务应作如下会计分录：

借：利润分配——未分配利润　　17 250
　贷：利润分配——提取法定盈余公积　　2 625
　　　　　　　——提取任意盈余公积　　2 625
　　　　　　　——应付利润　　12 000

【本章小结】

本章以制造业企业为例，应用已经学到的设置账户和借贷记账法等基本知识，阐明会计是如何以其专门的方法核算企业的主要经济业务的。通过本章的教学，使学生掌握企业经营过程核算、主要账户的使用和熟练掌握借贷记账法。

筹资业务涉及投入资本和借入资本的核算。对投入资本的核算企业应该设置“实收资本”账户。对借入资本的核算应该设置“短期借款”账户、“长期借款”账户、“财务费用”账户和“应付利息”账户。

购进材料业务主要是取得材料验收入库、增值税进项税额和结算材料款的核算以及采购成本的计算。核算材料购进业务需要设置“原材料”、“在途物资”、“应交税费”、“银行存款”、“预付账款”、“应付账款”、“应付票据”等账户。采购成本的计算需要掌握采购成本的构成和采购成本的分配方法。

生产过程的主要经济业务是归集和分配生产费用，生产费用分为直接生产费用和间接生产费用，具体包括材料费用、人工费用和制造费用，在归集生产费用的基础上计算并结转完工验收入库产品的成本。生产过程应该设置“生产成本”、“制造费用”、“应付职工薪酬”、“累计折旧”、“库存商品”等账户。

制造业企业的销售过程主要为产品的销售，主要的经济业务包括销售收入和增值税销项税额确认，结算货款和结转销售成本。需要设置的账户有“主营业务收入”、“主营业务成本”、“应交税费——应交增值税（销项税额）”、“应收账款”、“预收账款”、“应收票据”等。

财务成果的核算主要是利润形成和利润分配的核算。需要设置的账户有“主营业务收入”、“其他业务收入”、“主营业务成本”、“其他业务成本”、“销售费用”、“管理费用”、“财务费用”、“营业外收入”、“营业外支出”、“所得税费用”、“本年利润”、“利润分配”、“盈余公积”、“应付利润”等账户。

【简答题】

1. 简述材料采购成本的构成。
2. “累计折旧”作为资产类账户，为什么贷方登记增加额，借方登记减少额？
3. 简述产品成本的构成内容。
4. “制造费用”账户和“生产成本”账户有何不同？
5. 简述企业利润的构成。
6. 简述调整账户的基本内容。

【业务题】

习题一

一、目的：掌握材料采购过程基本业务会计处理。

二、资料：ABC公司本月发生以下有关材料购进业务：

1. 购入A材料一批，价款12 000元，增值税2 040元，运杂费300元，款项以银行存款支付，材料已验收入库。

2. 购入B材料一批，价款20 000元，增值税3 400元，材料已验收入库，款项尚未支付。

3. 以银行存款支付上项B材料款23 400元。

4. 购入C材料一批，价款15 000元，增值税2 550元，款项已由银行存款支付，材料尚未验收入库。

5. 外购C材料验收入库。

三、要求：编制上列经济业务的会计分录。

习题二

一、目的：掌握生产过程基本业务会计处理。

二、资料：ABC公司生产过程发生的经济业务如下：

1. 本月发出材料的实际成本为500 000元，其中产品生产耗用420 000元，生产车间一般耗用60 000元，管理部门的耗用为20 000元。

2. 计算分配本月职工工资，产品生产直接生产工人工资为150 000元，生产车间管理人员工资40 000元，企业行政管理部门人员工资50 000元。

3. 计提本月固定资产折旧5 000元，其中生产车间固定资产折旧为3 000元，企业管理部门固定资产折旧为2 000元。

4. 生产车间购买办公用品500元，以现金支付。

5. 将本月发生的制造费用转入“生产成本”账户。

6. 本月产品全部完工，计算并结转完工入库产品的实际成本。

三、要求：编制上列经济业务的会计分录。

习题三

一、目的：掌握销售过程和经营成果基本业务会计处理。

二、资料：ABC公司本月发生的部分经济业务如下：

1. 出售甲产品价款500 000元，增值税85 000元，款项已存入银行。

2. 销售乙产品价款400 000元，增值税68 000元，款项尚未收回。

3. 计算出本月应交纳城市维护建设税4 000元，应交教育费附加2 000元。

4. 以银行存款支付广告费15 000元。

5. 行政管理部门领用材料15 000元。

6. 计算出应付行政管理部门人员工资30 000元。

7. 管理部门本月固定资产的折旧为2 000元。

8. 本月计提短期借款利息3 000元。

9. 结转本月销售产品成本600 000元，其中甲产品成本为340 000元，乙产品成本为260 000元。

10. 出售D材料1 000千克，单位售价11元，单位实际成本10元，款项已存入银行，增值税率为17%。

11. 结转销售材料的实际成本。

12. 已向红十字会捐款40 000元。

13. 计算本月利润总额，假如企业无所得税应纳税额调整项目，按利润总额的25%计算应交所得税。

14. 将各损益类账户的本期发生额转入“本年利润”账户，计算盈亏。

三、要求：根据上列经济业务编制会计分录并计算本月的净利润或净亏损。

第五章　财务信息收集系统：会计凭证

【学习目标】

知识目标：通过财务会计系统的收集系统的学习，理解会计凭证的概念，了解会计凭证的作用以及种类，掌握会计凭证填制方法。

【技能目标】

确认原始凭证，填制记账凭证，会计凭证传递与保管。

【能力目标】

原始凭证审核；记账凭证的审核。

【知识点】

会计凭证；原始凭证；记账凭证。

【篇头案例】

某大公司业务扩展需要业务员，小周大学毕业后前来应聘，几经考验后终于进入该家公司，很快成为该公司的业务骨干。小周在日常工作中或多或少地接触了一些财会业务，对财务知识略知一二，公司有意栽培他向财务管理方向发展，将他由业务部调整到财务部门。到新岗位后财务部门负责人向小周简单介绍了财会业务和会计工作基本程序，让他从出纳工作做起，面对办公桌上大小不一、颜色不同的单据，小周有些茫然了。从何入手，应该怎么做？

财务会计系统要提供财务信息，首先要收集信息，财务会计系统运行通过会计凭证的取得、填制和传递收集财务信息。本章主要介绍会计凭证的种类、会计凭证的填制、传递和保管的方法。

第一节　会计凭证概述

一、会计凭证的意义

会计主体所发生的经济业务，无论在时间、地点、性质、形式、数量、计量单位、金额，还是在经办单位或者经办人员等方面都各有不同。为了区别不同的经济业务，分门别类地进行核算，会计部门对所发生的各项经济业务，都必须进行书面记录，借以反映经济业务的具体情况，表明经济业务的经办单位和相关人员的经济责任，并为登记账簿提供依据。

（一）会计凭证概念

会计凭证是指用以记录经济业务、明确经济责任，据以登记会计账簿的书面证明。会计主体发生经济业务后均应按照规定的程序、要求和格式填制会计凭证，会计凭证经审核无误后作为登记账簿的依据。例如，商品购销交易的发票，运输部门提供的运杂费收据，材料入库的收料单，职工薪酬结算单，固定资产折旧计算单，出差人员的报销单等会计凭证，通过这些会计凭证，记录该项经济业务的具体情况，并明确有关部门和人员的经济责任，只有取得审核无误的会计凭证，才能据以登记账簿，组织会计核算。

（二）会计凭证的作用

会计凭证在会计核算工作中居于基础地位。填制和审核会计凭证，对于如实反映和有效监督经济业务，加强企业经济的管理具有十分重要的作用。

（1）及时反映经济业务，提供记账依据。会计主体发生的每一项经济业务，有关部门和人员都必须按照规定的程序、要求和格式，根据经济业务发生的时间、地点、内容及完成情况，及时取得或填制会计凭证。通过取得或填制会计凭证，可以将日常发生的各项业务如实地记录下来，反映各项经济业务的完成情况，通过分类或汇总后，作为登记账簿的依据。

（2）明确经济责任，加强经济责任制。在填制会计凭证时，要求经济业务的经办部门和相关人员在会计凭证上签名或者盖章，借以明确经办部门和经办人员对经办的经济业务所承担的经济责任，促进经办部门和经办人员的责任心，在自己职责范围内严格按章办事，强化内部控制，加强经济管理中的岗位责任，起到相互监督的作用。一旦出现问题，易于弄清情况，区分责任，作出正确的裁决。

（3）监督经济业务，保护企业财产的完整性和合理使用。通过审核会计凭证，对经济业务实行会计监督，检查各项经济业务是否符合国家的法律、制度，是否存在贪污、盗窃等违法行为，及时发现经济管理中存在的问题，防止非法、弄虚作假或者不合理的经济业务发生。对经检查而发现的问题，要采取相应措施依法解决，保护财产的完整性和合理使用。

《会计法》第十四条规定：会计机构、会计人员必须按照国家统一的会计制度的规定对原始凭证进行审核，对不真实、不合法的原始凭证有权不予接受，并向单位负责人报告；对记载不准确、不完整的原始凭证予以退回，并要求按照国家统一的会计制度的规定更正、补充。

二、会计凭证的种类

会计凭证按其用途和填制程序分类，分为原始凭证和记账凭证两种。

（一）原始凭证

原始凭证是指在经济业务发生或完成时取得或填制的，用以记录和证明经济业务的发生或完成情况的原始凭据，是进行会计核算的原始资料。

原始凭证，按其来源不同，分为自制原始凭证和外来原始凭证两种。

1. 自制原始凭证

自制原始凭证，是指由本单位的内部经办经济业务的部门或人员，在办理某项经济业务时所填制的凭证。

自制原始凭证按其填制手续不同，又分为一次凭证、累计凭证、汇总原始凭证和记账编制凭证四种。

（1）一次凭证，是指只反映一项，或同时反映若干项同类性质的经济业务，填制手续是一次完成的凭证。如企业购进材料验收入库后，由仓库保管员填制的“收料单”；车间领料填制的一次用“领料单”；销售产品时，由企业销售部门开出的“提货单”等。“收料单”的一般格式见表5－1，一次性“领料单”的一般格式见表5－2所示。

表5－1　　收料单

供货单位　　年　月　日　　凭证编号

发票号码　　收料仓库

材料编号	材料规格及名称	计量单位	数　量		价　格	
			应收	实收	单价	金额
备　注					合　计	

仓库负责人　　保管员　　记账

表5－2　　领料单

领料部门　　年　月　日　　凭证编号

用　途　　发料仓库

材料编号	材料规格及名称	计量单位	数　量		价　格	
			请领	实领	单价	金额
备注					合　计	

审批　　领料　　发料　　记账

（2）累计凭证，是指在一定时间内连续记载若干项同类经济业务的自制原始凭证。如“限额领料单”，就是自制累计凭证。“限额领料单”中标明了某种材料在规定期限内的领材料额度，用料单位每次领料或退料，都要由经办人员在“限额领料单”上逐笔记录、签章，并结出限额余额。使用这种凭证，既可以做到对领用材料的事前控制，又可以减少凭证填制手续，简化工作。“限额领料单”的一般格式如表5－3所示。

表 5－3　　　　　　　　　　　　**限额领料单**

领料部门　　　　　　　　　　　年　月　日　　　　　　　　　　凭证编号

用　途　　　　　　　　　　　　　　　　　　　　　　　　　　　发料仓库

<table>
<tr><td rowspan="2">材料编号</td><td rowspan="2" colspan="2">材料名称
规格</td><td rowspan="2">计量
单位</td><td rowspan="2">计划投
产量</td><td rowspan="2">单位消
耗定额</td><td rowspan="2">领用
限额</td><td colspan="3">实　发</td></tr>
<tr><td>数量</td><td>单价</td><td>金额</td></tr>
<tr><td></td><td colspan="2"></td><td></td><td></td><td></td><td></td><td></td><td></td><td></td></tr>
<tr><td rowspan="2">日期</td><td colspan="3">领用</td><td colspan="3">退料</td><td rowspan="2" colspan="3">限额结余</td></tr>
<tr><td>数量</td><td>领料人</td><td>发料人</td><td>数量</td><td>退料人</td><td>收料人</td></tr>
<tr><td></td><td></td><td></td><td></td><td></td><td></td><td></td><td colspan="3"></td></tr>
<tr><td></td><td></td><td></td><td></td><td></td><td></td><td></td><td colspan="3"></td></tr>
</table>

生产计划部门　　　　　　　　　　供应部门　　　　　　　　　　仓库

（3）汇总原始凭证，指在会计实际工作中，为了简化记账凭证的填制工作，将一定时期若干份记录同类业务的原始凭证汇总编制成一张原始凭证。如“发出材料汇总表”、“商品销售汇总表”等。“发出材料汇总表”的一般格式如表 5－4 所示。

表 5－4　　　　　　　　　　　　**发出材料汇总表**

年　月　日　　　　　　　　　　　　单位：元

应借科目		应贷科目：原材料						合　计
		原料及主要材料			辅助材料			
		A 材料	B 材料	小计	C 材料	D 材料	小计	
生产成本	甲产品							
	乙产品							
	小计							
制造费用	一车间							
	二车间							
	小计							
管理费用								
合　计								

（4）记账编制凭证。企业自制的原始凭证，一般都是以实际发生或完成的经济业务为依据，由业务经办部门或承办人员填制的。但有些自制原始凭证，则是由会计人员根据账簿记录结果和其他有关资料进行编制的。对于这种由会计人员根据账簿资料和其他资料编制的凭证，称为记账编制凭证。如月末计提折旧时，编制的“固定资产折旧计算表”；月末分配制造费用时，编制的“制造费用分配表”；月末分摊待摊费用时，编制的“待摊费用分配表”等。“制造费用分配表”的一般格式如表 5－5 所示。

表 5 – 5　　　　制造费用分配表

年　月　日　　　　单位：元

应借科目		生产工时	分配率	分配金额
生产成本	甲产品			
	乙产品			
	丙产品			
合　计				

2. 外来原始凭证

外来原始凭证，是指同外部单位发生经济业务关系时，从外单位取得的凭证。如购货时取得的增值税专用发票，付款时取得的收据等。增值税专用发票和收据的一般格式，分别见表 5 – 6、表 5 – 7。

表 5 – 6　　　　增值税专用发票　　　　NO.

发票联

开票日期　　年　月　日

<table>
<tr><td rowspan="2">购货单位</td><td>名　称</td><td colspan="2"></td><td colspan="2">纳税人登记号</td><td colspan="2"></td></tr>
<tr><td>地址、电话</td><td colspan="2"></td><td colspan="2">开户银行及账号</td><td colspan="2"></td></tr>
<tr><td colspan="2">商品或劳务名称</td><td>计量单位</td><td>数量</td><td>单价</td><td>金额</td><td>税率（%）</td><td>税额</td></tr>
<tr><td colspan="2"></td><td></td><td></td><td></td><td></td><td></td><td></td></tr>
<tr><td colspan="2"></td><td></td><td></td><td></td><td></td><td></td><td></td></tr>
<tr><td colspan="2">合计</td><td></td><td></td><td></td><td></td><td></td><td></td></tr>
<tr><td colspan="2">价税合计（大写）</td><td colspan="6">¥</td></tr>
<tr><td rowspan="2">销货单位</td><td>名称</td><td colspan="2"></td><td colspan="2">纳税人登记号</td><td colspan="2"></td></tr>
<tr><td>地址、电话</td><td colspan="2"></td><td colspan="2">开户银行及账号</td><td colspan="2"></td></tr>
<tr><td colspan="2">备注</td><td></td><td></td><td colspan="2"></td><td></td><td></td></tr>
</table>

第二联：发票联　购货方记账

收款人：　　　　开票单位（未盖章无效）：

表 5 – 7　　　　收　据　　　　NO.

年　月　日

付款单位________________　收款方式________________

人民币（大写）________________　¥________________

收款事由________________________________

收款单位（盖章）　　审核　　经办　　出纳

（二）记账凭证

记账凭证是会计人员根据审核后的原始凭证填制，记载经济业务简要内容，确定会计分录，作为记账依据的会计凭证。

由于原始凭证来源多处，种类繁多，格式不一，不能直接表明应记入会计账户的名称和方向，不便于登记账簿和查账，必须填制记账凭证。编制记账凭证，不仅可以减少记账错误，而且便于对账和查账，提高记账工作的质量。记账凭证按不同的标志进行分类。

1. 记账凭证按其格式进行分类

记账凭证按其格式划分，可以分为通用记账凭证和专用记账凭证。

（1）通用记账凭证，是指凭证格式具有通用性，可以记录各种经济业务的记账凭证。这种凭证适用于规模小、业务量不多的会计单位。通用记账凭证的一般格式如表 5－8 所示。

表 5－8 **记账凭证**

年 月 日　　　　凭证编号：

摘 要	总账科目	明细科目	记 账	借方金额	贷方金额
合 计					

附单据　张

会计主管　　记账　　复核　　制单

（2）专用记账凭证。专用记账凭证是其格式专用，适用特定业务种类的记账凭证。专用记账凭证按其格式和反映的内容不同划分，可以分为收款凭证、付款凭证和转账凭证。

①收款凭证，是用于现金及银行存款收入业务的记账凭证。它是根据现金和银行存款收款业务的原始凭证填制的，其一般格式如表 5－9 所示。

表 5－9 **收款凭证**

应借科目：　　　年 月 日　　　编号：

摘 要	应贷科目		记账	金额
	总账科目	明细科目		
合 计				

附单据　张

会计主管　　记账　　复核　　制单

②付款凭证，是用于现金及银行存款付出业务的记账凭证。它是根据现金和银行存款付款业务的原始凭证填制的，其一般格式如表5－10所示。

表5－10　　付款凭证

应贷科目：　　　　年　月　日　　　　编号：

摘　要	应贷科目		记账	金额	
	总账科目	明细科目	记账	金额	
					附
					单据
					张
合　计					

会计主管　　　　记账　　　　复核　　　　制单

对于涉及现金和银行存款一收一付的业务，应填制付款凭证，不填制收款凭证，以防止业务重复处理。

③转账凭证，是用于不涉及现金和银行存款收付业务的转账业务的记账凭证。它是根据有关转账业务的原始凭证填制的，其一般格式如表5－11。

表5－11　　转账凭证

年　月　日　　　　编号：

摘　要	总账科目	明细科目	记　账	借方金额	贷方金额	
						附
						单据
						张
合计						

会计主管　　　　记账　　　　复核　　　　制单

2. 记账凭证按其填制方式进行分类

记账凭证按其填制方式不同，可分为复式记账凭证和单式记账凭证。

（1）复式记账凭证，是指在一张记账凭证上完整地反映一项经济业务的记账凭证。这种记账凭证有利于了解经济业务的全貌，便于查账，同时减少编制记账凭证的工作量，减少记账凭证的数量。缺点是在手工会计条件下，不便于分工记账和汇总。上述通用记账凭证和专用记账凭证均属于复式记账凭证。

（2）单式记账凭证，是指按照一项经济业务所涉及的每个会计科目单独编制的记账凭证。单式记账凭证将一项经济业务所涉及的会计科目及其对应关系，通过借项记账凭证、贷项记账凭证予以分别反映，所以单式记账凭证又称单项记账凭证。由于单式记账凭证中每个凭证只反映一个记账科目，因而便于进行汇总，也便于记账工作分工。所以，在手工会计方式下，单式记账凭证对于业务量大、会计部门分工较细的单位可以提供方便。其缺点是不便于反映经济业务的全貌及其会计科目的对应关系，同时编制记账凭证的工作量大，出现差错不易查找。单式记账凭证的一般格式见表 5 – 12、表 5 – 13。

表 5 – 12　　借项记账凭证

对应科目　　年　月　日　　编号：

摘　要	总账科目	明细科目	金　额	记　账

表 5 – 13　　贷项记账凭证

对应科目　　年　月　日　　编号：

摘　要	总账科目	明细科目	金　额	记　账

3. 记账凭证按其是否经过汇总进行分类

记账凭证按其是否经过汇总进行分类，可以分为汇总记账凭证和非汇总记账凭证。

（1）汇总记账凭证，是指将同类经济业务的记账凭证或一定时期的全部记账凭证进行汇总后编制的记账凭证。如将一定时期的全部记账凭证汇总后编制的记账凭证汇总表或称会计科目汇总表，再如按一定时期的收款凭证汇总编制的汇总收款凭证（分别现金收款业务和银行存款收款业务编制）。汇总记账凭证的格式和编制方法，将在会计系统运行方式一章中专门介绍。

（2）非汇总记账凭证，是指按照每项经济业务或按每项经济业务所涉及的每个会计科目编制的记账凭证。前面介绍的普通记账凭证、收款记账凭证、付款记账凭证和转账记账凭证等复式记账凭证，以及借项记账凭证、贷项记账凭证等单式记账凭证均属于非汇总记账凭证。

另外，在实际工作中，为了简化凭证的填制手续，在某些自制原始凭证或原始凭证汇总表中，既印有有关原始凭证的项目，又印有有关记账凭证的项目，这种原始凭证可用以代替记账凭证，作为记账的依据。由于这种会计凭证具有原始凭证和记账凭证的双重用途，又称为联合凭证。

会计凭证的分类结果，见图 5－1。

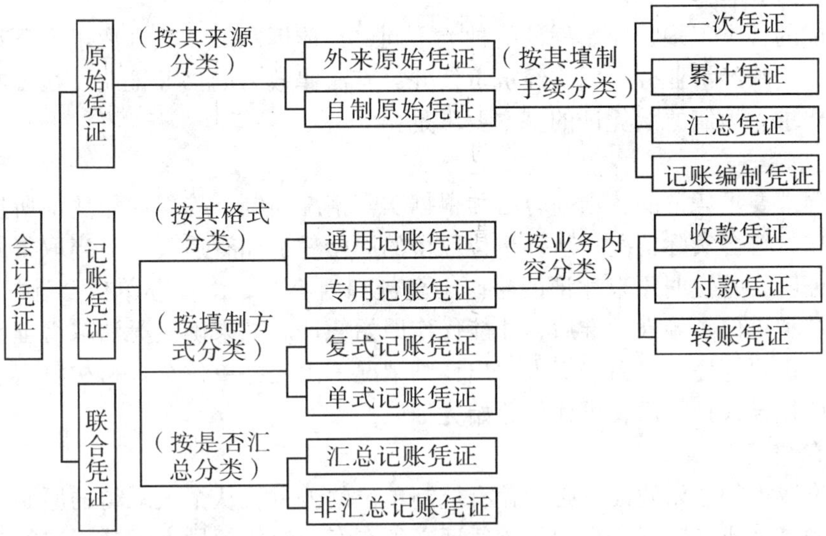

图 5－1　会计凭证的分类

第二节　原始凭证的填制和审核

一、原始凭证的基本内容

会计主体的经济业务是多种多样的，记载经济业务的原始凭证的格式和内容也不尽相同。但为了保障原始凭证的功能作用，每一种原始凭证都必须客观、真实、完整地记录和反映经济业务的发生和完成情况，都必须明确有关单位和人员的责任，为此，原始凭证必须具备以下基本内容：

（1）凭证的名称。反映原始凭证的用途，即所记录业务的种类。如“发货票”、“领料单”等。

（2）填制凭证的日期。填制凭证的日期一般为业务发生或完成的当日，由于某些原因未能及时填制原始凭证的，填制凭证日期则为实际补填凭证的日期。

（3）填制凭证单位的名称或者填制人姓名。

（4）经办人员的签名或者盖章。为了明确经济责任，原始凭证必须由经办人员签名或者盖章。

（5）接受凭证单位名称。

（6）经济业务内容。填明经济业务的项目、名称及有关的附注说明。

（7）数量、单价和金额。

某些部门统一印制使用的凭证，如车票并不具备上述原始凭证的全部内容，但依据印制发放部门的信用和惯例，这些凭证被认为是合法合规的。

二、原始凭证的填制

原始凭证的种类很多，原始凭证的种类不同，具体填制的方法和要求也不尽一致。但原始凭证作为反映经济业务、明确经济责任并具有法律效力的书面证明，在填制方法上必须满足基本要求。填制原始凭证的基本要求是：

1. 符合实际

符合实际即要求凭证的各项内容必须根据实际情况填制，确保原始凭证所反映的经济业务真实可靠，符合实际情况。从外单位取得的原始凭证如有遗失，应当取得原开出单位盖有公章的证明，并注明原来凭证的号码、金额和内容等，由经办单位会计机构负责人、会计主管人员和单位领导人批准后，才能代作原始凭证。如果确实无法取得证明的，如火车、轮船、飞机票等凭证，由当事人写出详细情况，由经办单位会计机构负责人、会计主管人员和单位领导人批准后，可代作原始凭证。

2. 明确经济责任

从外单位取得的原始凭证，必须盖有填制单位的公章；从个人取得的原始凭证，必须有填制人员的签名或者盖章。自制原始凭证必须有经办单位领导人或者指定的人员签名或者盖章。对外开出的原始凭证，必须加盖本单位公章。一张原始凭证所列支出需要由几个单位共同负担的，应当按其他单位负担的部分，开给对方原始凭证分割单，进行结算。原始凭证分割单必须具备原始凭证的基本内容。

3. 内容齐全，手续完备

必须按规定的格式和内容逐项填写原始凭证，项目应填写齐全，不得省略或漏项。凡填有大写与小写金额的原始凭证，大写与小写金额必须相符。购买实物的原始凭证，必须有验收证明，支付款项的原始凭证，必须有收款单位和收款人的收款证明。一式几联的原始凭证，应当注明各联的用途，只能以一联作为报销凭证。一式几联的发票和收据，必须用双面复写纸（发票和收据本身具备复写纸功能的除外）套写，连续编号。作废时应当加盖“作废”戳记，连同存根一起保存，不得撕毁。发生销货退回的除填制退货发票外，还必须有退货验收证明；退款时，必须取得对方的收款收据或者汇款银行的凭证，不得以退货发票代替收据。职工开出借款凭据，必须附在记账凭证之后。收回借款时，应当另开收据或者退还借款副本，不得退还原借款收据。经上级有关部门批准的经济业务，应当将批准文件作为原始凭证附件。如果批准文件需要单独归档的，应当在凭证上注明批准机关名称、日期和文件字号。

4. 字迹清晰、工整、规范

此即要求填制原始凭证必须字迹清晰、工整，并符合下列要求：

（1）阿拉伯数字应当一个一个地写，不得连笔写。阿拉伯金额数字前面应当书写货币币种符号，币种符号与阿拉伯金额数字之间不得留有空白。凡阿拉伯数字前写有币种符号的，数字后面不再写货币单位。

（2）所有以元为单位（其他货币种类为货币基本单位，下同）的阿拉伯数字，除表示单价等情况外，一律填写到角分；无角分的，角位和分位可写“00”，或者符号“—”；有角无分的，分位应当写“0”，不得用符号“—”代替。

（3）汉字大写数字金额如零、壹、贰、叁、肆、伍、陆、柒、捌、玖、拾、佰、仟、万、亿等，一律用正楷或者行书体写，不得用〇、一、二、三、四、五、六、七、八、九、十等简化字代替，不得任意自造简化字。大写金额数字到元或者角为止的，在“元”或者“角”字之后应当写“整”字或者“正”字；大写金额数字有“分”的，分字后面不写“整”字或者“正”字。

（4）大写金额数字前未印有货币名称的，应当加填货币名称，货币名称与金额数字之间不得留有空白。

（5）阿拉伯数字金额中间有“0”时，汉字大写金额要写“零”字；阿拉伯数字金额中间连续有几个“0”时，汉字大写金额中可以只写一个“零”字；阿拉伯金额数字元位是“0”，或者数字中间连续有几个“0”、元位也是“0”但角位不是“0”时，汉字大写金额可以只写一个“零”字，也可以不写“零”字。

三、原始凭证的审核

原始凭证必须经过指定的会计人员审核无误后，才能作为填制记账凭证和登记账簿的依据。这是保证会计核算资料的真实、正确、合法、合规，发挥会计监督作用的重要环节。原始凭证的审核主要有以下内容：

1. 审核原始凭证的合法性、合理性和真实性

审核原始凭证所记录的经济业务是否符合国家有关政策、法令和制度的有关规定，审批手续是否完备。如发现违反财经纪律和制度的情况，会计人员有权拒绝付款、报销和执行。对于弄虚作假、伪造涂改等不真实、不合法的原始凭证，有权不予受理，并向单位负责人报告。

2. 审核原始凭证的完整性

根据原始凭证的基本内容，逐项审核其项目是否完整，各项目是否按规定填列齐全，手续是否完备。对于内容不全，项目填列不完整的原始凭证应予以退回，并要求按照国家统一的会计制度的规定更正、补充。

3. 审核原始凭证的正确性

审核原始凭证的摘要是否填写清楚；日期是否真实；实物数量、单价、金额是否正确；小计、合计及数字大、小写有无错误；填列内容有无涂改。会计法规定：原始凭证各项内容均不得涂改；原始凭证有错误的，应当由出具单位重开或更正，更正处应当加盖出具单位印章。原始凭证金额有错误的，应当由出具单位重开，不得在原始凭证上更正。

第三节　记账凭证的填制和审核

一、记账凭证的基本内容

由于记账凭证反映的经济业务的不同，其格式和内容也会有所不同。但记账凭证作为确定会计分录和进行款项收付、账簿记录的依据，必须反映经济业务所涉及的科目、填制

依据、相关责任人等基本内容。具体内容有：

（1）填制凭证的日期。

（2）凭证编号。

（3）经济业务摘要。

（4）会计科目。

（5）金额。

（6）所附原始凭证张数。

（7）填制凭证人员、稽核人员、记账人员、会计机构负责人、会计主管人员签名或者盖章。收款和付款记账凭证还应由出纳人员签名或者盖章。

以自制的原始凭证或者原始凭证汇总表代替记账凭证的，也必须具备上述记账凭证应有的项目。

二、记账凭证填制要求

各种记账凭证都必须按照规定的格式和内容及时、完整地填制。记账凭证数字的填写方法同原始凭证的填写方法相同。此外，记账凭证的填列，还必须遵守以下要求：

（1）填制记账凭证时，应当对记账凭证进行连续编号。一经济业务需要填制两张以上记账凭证的，应采用分数编号法编号。

（2）记账凭证可以根据每一张原始凭证填制，或者根据若干张同类原始凭证汇总填制，也可以根据原始凭证汇总表填制。但不得将不同内容和类别的原始凭证汇总填制在一张记账凭证上。

（3）除结账和更正错误的记账凭证可以不附原始凭证外，其他记账凭证必须附有原始凭证。如果一张原始凭证涉及几张记账凭证，可以把原始凭证附在一张主要的记账凭证后面，并在其他记账凭证上注明附有该原始凭证的编号或者附原始凭证复印件。

（4）如果在填制记账凭证时发生错误，应当重新填制；记账后发现记账凭证错误，应当按规定办法进行更正。

（5）填制完经济业务事项后，记账凭证如有空行，应当自金额栏最后一笔金额数字下的空行处至合计数上的空行处划线注销。

（6）实行会计电算化的单位，对于机制记账凭证，要认真审核，做到会计科目使用正确，数字准确无误。打印出的机制记账凭证要加盖制单人员、审核人员、记账人员及会计机构负责人、会计主管人员印章或者签字。

三、记账凭证填制方法

（一）专用记账凭证的填制

1. 收款凭证的填制

发生库存现金、银行存款增加业务，采用专用记账凭证的单位，出纳人员都根据有关原始凭证，编制库存现金、银行存款的收款凭证，同时对已经收款的收款凭证及其所附的各种原始凭证，加盖“收讫”的戳记，以避免重收。出纳人员和有关记账人员应根据有加盖“收讫”戳记的收款凭证作为登记有关账簿的依据。在填制时，收款凭证借方科目应填制“库存现金”或者“银行存款”科目，收款凭证的贷方科目则填制“库存现金”或者“银行存款”科目的对应会计科目。

【例5－1】ABC公司20××年8月16日收到员工张强报销差旅费退回的余款现金50元，根据现金收讫收据单。填制的收款凭证如表5－14所示。

表5－14 收款凭证

出纳编号 01－2

借方科目：库存现金　　20××年8月16日　　现收字第 16 号

摘要	贷方科目		金额										记账√
	总会计科目	明细科目	千	百	十	万	千	百	十	元	角	分	
报销差旅费	其他应收款	张强							5	0	0	0	
附件1张		合 计						¥	5	0	0	0	√

会计主管：　　记账：　　复核：　　制证：×××

2. 付款凭证的填制

发生库存现金、银行存款减少业务，使用专用凭证的单位，出纳人员应根据有关原始凭证，编制库存现金、银行存款的付款凭证，同时对已经付款的付款凭证及其所附的各种原始凭证，加盖“付讫”的戳记，以免重付。出纳人员和有关记账人员应根据有加盖“付讫”戳记的付款凭证作为登记有关账簿的依据。在填制时，付款凭证中贷方科目应填制“库存现金”或者“银行存款”科目，付款凭证的借方科目则填制“库存现金”或者“银行存款”科目的对应会计科目。

【例5－2】ABC公司20××年8月18日，开出支票一张归还宏大公司欠款60 000元。填制的付款凭证如表5－15所示。

表5－15 付款凭证　　出纳编号 01－2

贷方科目：银行存款　　20××年8月18日　　银付字第 3 号

摘要	借方科目		金额										记账√
	总会计科目	明细科目	千	百	十	万	千	百	十	元	角	分	
归还宏大公司欠款	应付账款	宏大公司				6	0	0	0	0	0	0	
附件1张		合 计			¥	6	0	0	0	0	0	0	

会计主管：　　记账：　　复核：　　制证：×××

3. 转账凭证填制

使用专用记账凭证的单位发生不涉及货币资金增加或减少的经济业务应填制转账凭证。填制转账凭证时，经济业务涉及的会计科目全部反映在会计科目栏内，以借方金额和贷方金额确定会计分录的记账方向。

【例5－3】A公司20××年8月10日根据仓库发出A材料136 000元，其中生产甲产品领用材料126 000元，生产车间一般耗用3 000元，管理部门一般耗用6 000元，销售部门一般耗用1 000元，根据发出材料汇总表填制的转账凭证，如表5－16所示。

表5－16　　转账凭证

20××年8月10日　　转字第18号

摘要	会计科目		借方金额										贷方金额									
	总会计科目	明细科目	千	百	十	万	千	百	十	元	角	分	千	百	十	万	千	百	十	元	角	分
生产产品领用材料	生产成本	甲产品			1	2	6	0	0	0	0	0										
车间一般耗用领用	制造费用	材料费用					3	0	0	0	0	0										
管理部门一般耗用	管理费用	材料费用					6	0	0	0	0	0										
销售部门一般耗用	销售费用	材料费用					1	0	0	0	0	0										
发出材料	原材料	A材料													1	3	6	0	0	0	0	0
附单据贰张	合计			¥	1	3	6	0	0	0	0	0		¥	1	3	6	0	0	0	0	

会计主管：　　记账：　　复核：　　制证：×××

（二）通用记账凭证的填制

通用记账凭证格式与填制方法和转账凭证基本相同。在填制记账凭证时，如果一笔经济业务需要填制两张以上的记账凭证，可以采用分数编号，如转字29号转账凭证，如果需要编制四张转账凭证，其编号为29－1/4、29－2/4、29－3/4、29－4/4。

四、记账凭证的审核

为了保证账簿记录的准确性，记账前必须对已编制的记账凭证由专人进行认真、严格的审核。审核的主要内容有：

（1）记账凭证的依据的真实性。审核记账凭证是否按规定附有原始凭证，所附的原始凭证反映的经济业务及原始凭证数与记账凭证反映的经济业务及原始凭证数是否一致，所附的原始凭证是否符合规定。

（2）记账凭证的项目填写的完整性。审核记账凭证的日期、摘要、会计科目及细目、凭证编号、所附原始凭证张数，以及有关人员是否签名或盖章等各个项目是否填写齐全。如发现记账凭证有错误时，应将错误凭证作废，重新填制正确的记账凭证。按《会计法》的规定，任何单位和个人不得伪造、变造会计凭证。

(3) 使用会计科目的准确性。审核使用的记账凭证填写的总会计科目和明细会计科目填写是否准确，其名称是否为全称，会计科目前后使用是否一致。

(4) 记账金额的计算是否正确的审核。审核记账凭证所反映的每项经济业务内容的数量、单价和金额计算是否正确，全部经济业务内容的合计金额计算是否正确。

通过记账凭证的审核，只有符合规定要求的记账凭证，才能作为登记账簿的依据，凡是不符合规定要求的记账凭证，不能作为登记账簿的依据。

第四节　会计凭证的传递和保管

正确安排会计凭证的传递，对于及时确认和计量经济业务，协调有关部门和人员顺利地完成各项本职工作，提高工作效率，加强企业管理有着重要意义。

一、会计凭证的传递

会计凭证传递是指会计凭证从取得、填制开始，经过审核、分类、记账、装订归档为止，在单位内部各有关部门和相关人员之间的传递程序、传递时间。

由于会计凭证记载不同的经济业务，涉及本单位不同的部门和人员，他们都履行着不同的手续，所以会计凭证要按照一定的传递程序，在规定时间内进行合理的传递，这样便于组织经济活动，提高会计核算资料的及时性，明确经济责任，对加强会计监督有着重要作用。在制定会计凭证传递程序时应考虑以下几方面的内容：

(1) 传递程序合理。根据各会计主体的经济业务的特点、企业内部机构组织、人员分工情况以及经济管理的需要，在会计凭证传递中，每一项凭证应该经过必要的程序，不能设置重复或者跨过必要的程序。

(2) 传递手续严密。会计凭证在各个程序中的传递，都必须要有严格的交接制度，从完善内部牵制制度出发，规定会计凭证在有关部门和人员之间传递中所应履行的手续和各种会计凭证的联次及其流程。确保各个环节间的衔接紧密，以便明确经济责任，确保会计凭证的安全和完整。

(3) 传递时间准确。根据会计凭证的传递程序，应同相关的部门和人员协商会计凭证在各经办环节的停留时间、传递时间。一旦确定，各个部门及有关人员必须在规定的时间完成应履行的手续。

会计凭证的传递因经济业务的性质和特点不同而异。由于会计凭证种类繁多，会计部门要会同有关部门和人员，确定相关业务传递的程序，编制流程图，以便共同遵照执行。会计凭证传递流程图如图 5－2 所示。

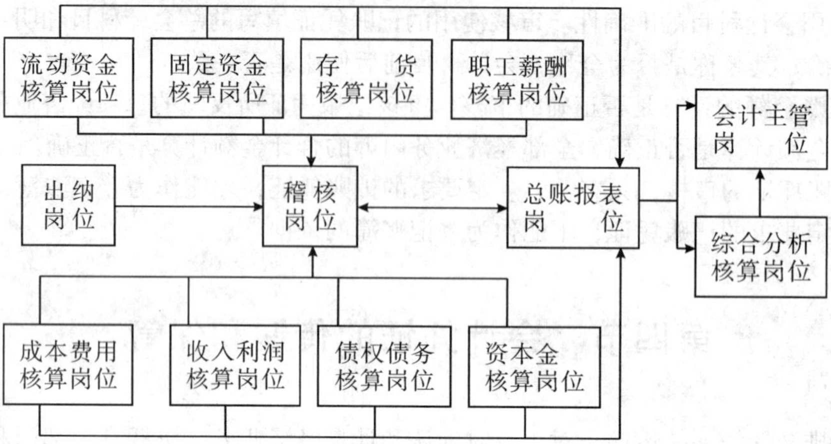

图 5－2　会计凭证传递流程

会计凭证传递发挥着在单位内部经营管理各环节之间协调与组织的功能。正确地组织会计凭证的传递，对于及时处理和登记经济业务，明确经济责任，实行会计监督，具有重要作用。

二、会计凭证的保管

会计凭证是单位重要的经济档案和历史资料，主要包括原始凭证、记账凭证、各种汇总表及其他。企业必须按规定建立会计档案保管制度，妥善保管，防止丢失毁损，以备日后查阅。

（一）整理归类

对于已登记入账的记账凭证，应当连同所附的原始凭证或原始凭证汇总表，按照顺序，折叠整齐，按期装订成册，并加具封面，注明单位名称、年度、月份和起讫日期、凭证种类、起讫号码，由装订人在装订线封签处签名或者盖章。会计凭证装订封面格式如表 5－17 所示。

表 5－17　　　　记账凭证装订册　　　　编　号

年　月　日　　　　第　册共　册

凭证名称	起讫号数	记账凭证张数

会计主管：　　　　复核：　　　　装订：

（二）造册归档

对于数量过多的原始凭证，可以单独装订保管，在封面上注明记账凭证的日期、编号、种类，同时在记账凭证上注明“附件另订”和原始凭证名称及编号。对于各种经济合同、存出保证金收据以及涉外文件等重要原始凭证应当另编目录，单独登记保管，并在有关的记账凭证和原始凭证上相互注明日期和编号。

（三）控制借阅

对于其他单位因特殊原因需要使用原始凭证时，必须经本单位会计机构负责人、会计主管人员批准才可以复制。但是在向外单位提供原始凭证复印件时，一定要在专设的登记簿上登记，并由提供人员和收取人员共同签名盖章。

（四）期满销毁

会计凭证销毁手续，严格按照会计相关法规的要求管理。对一般的会计凭证按规定保存15年，重要的会计凭证，如货币资金业务资料必须长期保管。未到期限的会计凭证，任何人不得擅自处理、随意销毁。保管期满需要销毁的会计凭证，一定要列出清单，经本单位领导审核、上级主管部门批准后，按规定手续进行销毁。

《会计法》规定，对隐匿或者销毁依法应当保存的会计凭证的，或授以、指使、强令会计机构、会计人员及其他人员隐匿、销毁依法应当保存的会计凭证，应当承担相应的法律责任。

【本章小结】

会计凭证是指用以记录经济业务、明确经济责任和据以登记账簿的一种书面证明。在财务信息收集系统中，通过取得或填制会计凭证，可以正确、及时地反映各项经济业务的完成情况，充分发挥会计的监督职能，明确经济责任，会计凭证是登记账簿的依据。会计凭证按其填制程序和用途不同分为原始凭证和记账凭证两大类。会计凭证基本内容、填制要求、填制方法和审核。为了及时反映各项经济业务，提供会计信息，发挥会计监督作用，必须做好会计凭证传递的组织工作。会计凭证是单位的重要的经济档案，必须按规定妥善保管，防止丢失毁损，以备日后查阅。

【简答题】

1. 什么是会计凭证？其作用是什么？
2. 为什么要对会计凭证进行分类，如何分类？
3. 原始凭证基本内容有哪些？如何填制、审核原始凭证？
4. 如何填制、审核记账凭证？
5. 会计凭证传递的作用是什么？
6. 会计凭证保管的一般要求是什么？

【业务题】

一、目的：练习记账凭证的填制。

二、资料：ABC公司20××年8月发生的部分经济业务如下：

1. 2日，从银行提取现金600元。
2. 6日，向宏达公司销售甲产品价款2 000 000元，增值税率17%，款项已存入银行。

3. 9 日，接受投资者投入的资金 80 000 元存入银行。

4. 11 日，职工张明出差预借差旅费 900 元，支付现金。

5. 13 日，生产部门生产甲产品，领用 A 材料 7 200 元。

6. 15 日，购买办公用品款 340 元，以现金支付

7. 18 日，以现金支票支付广告费 35 000 元。

8. 23 日，产品完工验收入库，结转实际生产成本 521 000 元。

9. 27 日，向利尼公司购买钢材一批，货款 240 000 元，增值税率 17%，款项尚未支付。

10. 27 日，张明出差返回，报销差旅费 450 元，退回余款 20 元现金。

三、要求：

1. 根据以上经济业务编制通用记账凭证。

2. 根据以上经济业务分别编制收款凭证、付款凭证和转账凭证。

第六章　财务信息的整理与储存系统：会计账簿

【学习目标】

知识目标：使学生了解会计账簿的种类、内容、格式和用途。

技能目标：掌握账簿设置与登记的规则和方法；掌握错账更正及结账、对账的方法；了解账簿启用、更换与保管的要求和方法。

能力目标：能够运用本章所学的知识进行账簿的设置与登记，错账更正及结账、对账。

【知识点】

会计账簿：总账；明细账；日记账；备查账簿；错账更正法。

【篇头案例】

小张是会计专业本科应届毕业生，应聘在某大型企业财务部工作，今天是她第一天上班。负责指导她的陈姨说："你知道财务工作是分岗位的，咱们就到各个岗位看看，认识一下。"当她看到会计岗位的王姐身边的柜子里放着大大小小几十本账簿时，感到非常出乎意料，"这么多账簿啊！""是啊，大企业嘛，看来你还要好好熟悉一下。"

由于会计凭证所搜集的数据资料是零散的，要分门别类地归集、储存和积累数据资料，提供财务信息，就必须设置会计账簿。通过设置登记会计账簿，将会计凭证上所记载的经济业务，加以分类汇总并系统化，以便为加强经济管理、提供财务信息提供依据。本章主要介绍会计账簿的种类和登记账簿的方法。

第一节　会计账簿概述

一、会计账簿的意义

在会计核算工作中，对于每一项经济业务都必须取得和填制会计凭证，这是保证会计信息真实、可靠、合法的必要条件，也是会计核算工作的起点。但会计凭证只能零星、分散地反映个别经济业务，不能连续、系统、综合、全面地反映一个会计主体在一定时期内某类经济业务和全部经济业务，因此，为了全面地、序时地、分类地了解一个会计主体在某一时期内的全部经济活动，有必要采用登记账簿的方法把分散在会计凭证上的大量核算资料，加以集中、归类、整理，登记到账簿中去，使之系统化、条理化，以便为经济管理提供系统、全面的核算资料。

所谓会计账簿，是指由具有一定格式、相互联系的账页组成，并以会计凭证为依据，用来序时地、分类地记录和反映各项经济业务的簿籍，简称为账簿。账簿，实际上是一个累积、贮存经济活动情况的数据库。根据会计凭证，按照一定程序，在账簿中连续地、系统地记录经济业务，反映企业单位的经济活动过程及结果，就叫做记账。

二、会计账簿的作用

设置和登记账簿，是会计核算工作的一个重要环节，可以系统记录和提供企业经济活动的各种数据。对于加强经济核算、改善和提高经营管理工作具有重要作用。

（一）设置和登记账簿，是系统地归集和积累会计核算资料的重要手段

通过账簿的序时核算和分类核算，把企业、行政事业单位的经济活动情况，资产、负债、所有者权益、收入、费用和利润的增减变动情况，财产物资的购置、使用和保管等情况，全面系统地反映出来，为管理决策提供信息。

（二）账簿资料是编制会计报表的主要依据

为了总结一定时期的经济活动情况，必须按期进行结账和对账工作，核对无误后的账簿记录是编制会计报表的主要依据。会计报表的编报是否及时，各项指标是否真实，与账簿的设置和登记有着密切的关系，而账簿记录是否正确、完整，又直接影响会计报表的质量。

（三）会计账簿资料是进行会计分析和会计检查的直接依据

利用账簿资料，可以考核各项计划的完成情况，使企业管理部门和其他业务部门了解本单位的经营业绩，进而对资金使用是否合理，费用开支是否符合标准，经济效益有无提高，市场竞争能力是否增强，利润形成与分配是否规范等作出分析和评价，以便调整经营决策，寻找改善企业单位财务状况和提高经济效益的途径与方法。

三、设置账簿的原则

为了科学地记录和反映各项经济业务，企事业单位必须按要求设置账簿。在账簿的设置上，必须做到组织严密、层次分明，账簿之间保持内在联系和勾稽关系，起到相互制约的作用。一般来讲，设置账簿应遵循以下原则：

（一）满足需要原则

能够全面地反映经济活动和财务收支情况，满足经营管理、财产管理的需要。做到有物有账，以账管物，保证财产物资的安全与完整。

（二）组织严密原则

账簿组织应当严密，避免经济业务的记录重复或遗漏。各账簿的核算内容既要明确分工，又要紧密联系，彼此之间，或构成统驭关系，或形成平行制约关系。这样，才能保证账簿提供全面、系统的经济指标。

（三）精简便利原则

账簿设置应在保证会计资料系统、完整的前提下，力求精简，以节约人力、物力、财力，提高工作效率。账簿设置中账页不宜过大，格式要简明，账册轻便，便于使用和保存。

（四）符合实际原则

账簿设置应从实际出发，既要考虑单位经济活动情况和业务工作特点，又要考虑业务量的多少、会计机构设置和人员配备情况，有利于会计工作的分工和加强岗位责任制。

四、会计账簿的种类

会计账簿的种类多种多样，为了正确认识和运用各种账簿，有必要对账簿进行分类。

（一）账簿按用途分类

账簿按用途不同可以分为日记账簿、分类账簿和备查账簿三类。

1. 日记账簿

日记账簿是指按经济业务发生时间的先后顺序，逐日逐笔进行连续登记的账簿，亦称序时账。日记账簿可以用来记录全部经济业务发生及完成情况，也可以用来记录某一类经济业务发生及完成情况，前者称为“普通日记账”，后者称为“特种日记账”；实际工作中主要使用的是特种日记账，如反映现金收支业务的“现金日记账”和专门记录银行存款收付业务的“银行存款日记账”。设置日记账的目的在于及时、系统、全面地反映现金、银行存款等资金的增减变动情况，便于对账、查账，确保财产物资的安全与完整。

2. 分类账簿

分类账簿是指按照账户（会计科目）进行分类登记经济业务的账簿。该类账簿按账簿反映经济业务内容的详略程度不同，又可分为总分类账簿和明细分类账簿。前者可简称为总账，后者可简称为明细账。

总分类账簿是按照总分类账户设置和登记的，以总括反映某类经济业务的账簿；明细分类账簿是按明细分类账户设置和登记的账簿，用以详细反映和提供某一类资产、负债、所有者权益、收入、费用（成本）、利润等核算资料的账簿。分类账簿是编制会计报表的主要依据，也是会计账簿体系的主干部分。

在实际工作中，如果经济规模比较小、经济业务比较简单，总分类账户为数不多，也可以把序时账簿和总分类账簿结合在一起进行登记。这种兼有序时账簿和分类账簿性质和作用的账簿，称为联合账簿，如日记总账等。

3. 备查账簿

备查账簿亦称为辅助账簿，它是对某些在日记账簿和分类账簿中未能记载的经济事项进行补充登记的账簿。该类账簿主要用于记录一些供日后查阅的有关经济事项，例如租入固定资产登记簿、委托加工材料登记簿、委托代销商品登记簿等。通过备查账簿的设置和登记，便于加强财产物资的监督和管理，正确区分资产的产权归属，对某些经济业务内容提供必要的参考资料。该账簿一般无固定格式，可根据实际需要加以设计。

（二）账簿按外表形式分类

账簿按外表形式不同可分为订本账、活页账和卡片账三种。

1. 订本账

订本账是在启用前，将已编有序号的若干账页固定装订成册的账簿。这种账簿的优点是可以防止账页散失和非法抽换账页，有利于账簿的完整和安全。缺点是账页固定成册后，不便于分工记账，也不能根据记账需要增减账页。在账页多、业务量少时，则会造成浪费。该类账簿主要适用于现金日记账、银行存款日记账和总分类账。

2. 活页账

活页账就是把账页装订在账夹内，可以随时取放的账簿。这种账簿的优点是可以根据需要取放或重新排列账页，可避免浪费账页；同时，也便于分工记账，使用方便。其缺点是账页容易散失和被抽换，所以若采用活页账，应随时按账户顺序编号，并在期末时装订成册。该类账簿一般用于明细分类账。

3. 卡片账

卡片账是由具有一定格式的硬纸卡片组成，存放在卡片箱或卡片夹中可以随时取放的账簿：其特点是便于添加新卡片，改变分类方法及随时抽阅，但容易散失抽换，所以在实际使用时，应在卡片上连续编号，加盖有关人员印章，并放置卡片夹或卡片箱内，以防止丢失。卡片账一般不装订成册，可以长期使用，不需要逐年更换。该类账簿一般用于固定资产明细账（卡）和低值易耗品明细账。

第二节　会计账簿的设置和登记

一、会计账簿的设置

会计账簿的设置，包括确定账簿的种类、数量，设计账簿的格式、内容和规定账簿登记方法等。

为了便于会计核算工作，建立健全会计工作责任制，充分发挥账簿的作用，各会计单位应当根据本单位经济业务的特点和经济管理要求，科学、合理地设置会计账簿，使其相互衔接、相互补充、相互制约。登记会计账簿要求做到登记及时，内容完整，摘要清楚，数额真实，字迹清晰，不漏记、重记和错记。

（一）日记账簿的设置

日记账是根据经济业务发生的时间顺序逐日逐笔登记并逐日结出余额的账簿。按反映经济业务内容范围的不同可分为“普通日记账”和“特种日记账”。普通日记账可以集中、序时地记录全部经济业务，但不便于分工记账，并难以反映经济业务之间的对应关系，而且逐日逐笔地过入分类账，工作量较大，所以，目前手工会计较少采用普通日记账。特种日记账能够清晰反映经济业务发生或完成情况，便于分工记账，在实际工作中常选择这种账簿。常用的特种日记账有“现金日记账”和“银行存款日记账”。

1. 现金日记账的设置和登记方法

现金日记账是由出纳人员根据审核无误的现金收、付款凭证，按业务发生的时间先后顺序逐日逐笔登记库存现金的收入、支出和结余情况的账簿。

现金日记账一般采用“三栏式”，基本结构为“收入”、“支出”、“结余”三栏次，其一般格式见表 6－1。

表6-1 现金日记账

年		记账凭证		摘　要	收　入	支　出	结　余
月	日	种类	号数				

现金日记账的“记账凭证”栏，登记每笔经济业务所依据的收款或付款凭证的种类和凭证号数（记账后，要在记账凭证上注明所登记账簿的页数），以便日后查对；“摘要”栏，一般根据记账凭证所列摘要填写；“收入”和“支出”栏，分别按收款凭证和付款凭证登记现金收入金额或支出金额。每日业务终了，出纳人员应结出当日现金余额，并与库存现金金额进行核对，以检查每日现金收付款业务和账务处理的正确性及库存现金限额的执行情况，发现问题，及时处理。

2. 银行存款日记账的设置和登记方法

银行存款日记账是由出纳人员根据审核无误的银行存款收、付款凭证序时逐日逐笔登记银行存款增加数、减少数和结余情况的账簿。银行存款日记账格式与现金日记账基本相同，一般也采用“三栏式”。在银行存款日记账中还需要开设“结算凭证种类与号数”栏次，用来登记办理每一笔银行存款收、付业务的结算凭证种类和号数，以便与银行对账。

为了更清晰地反映账户对应关系，在实际工作中可设置多栏式日记账，账户的收入栏和支出栏可以按对应科目开设专栏。多栏式日记账的格式见表6-2。

表6-2 现金日记账

年		凭证号数	摘　要	收入方对应科目				现金收入合计	支出方对应科目			现金支出合计	余　额
月	日			银行存款	应收账款	主营业务收入	其他业务收入		银行存款	其他应付款	管理费用		

（二）分类账簿的设置

分类账是分类登记经济业务的账簿，可分为总分类账和明细分类账。

1. 总分类账的设置和登记

总分类账简称为总账，是按照一级科目设置，用来分类、连续地记录经济业务的账簿。总分类账能够全面、总括地反映经济活动情况，并为会计报表的编制提供总括资料，因而各会计单位都要设置总分类账。

总分类账只提供价值指标，一般采用借、贷、余三栏式的订本账，其格式见表6-3。

表 6－3

总分类账

年		凭证号数	对应科目	摘　要	借　方	贷　方	借或贷	余　额
月	日							

总分类账，可以根据记账凭证逐笔进行登记，也可以通过一定的汇总方式，分期汇总登记，这取决于各单位规模大小、业务繁简和账务处理程序，运用会计科目不多的单位，也可以采用多栏式总账。多栏式总账，是将所有一级会计科目合设在一张表格式的账页上，根据记账凭证汇总表汇总后的数字定期登记。其格式见表 6－4。

表 6－4

总分类账

年　月

会计科目	期初余额		本期发生额						期末余额	
			借方			贷方				
	借方	贷方	银行业务	现金业务	转账业务	银行业务	现金业务	转账业务	借方	贷方

多栏式总账，可以清楚地反映单位经济业务的全貌，并便于进行全部账户的试算平衡。但在运用会计科目较多时，账页篇幅过大，不便于登记。

2. 明细分类账的设置和登记

明细分类账是按明细科目设置的，用以详细、连续、分类地登记各项经济业务的账簿，简称为明细账。明细账是对总账登记内容的补充，提供必要的详细的资料。各单位都在设置总账的基础上设置明细账。明细分类账可以根据原始凭证或原始凭证汇总表登记。在记账凭证列有明细项目时，也可以根据记账凭证登记。

明细分类账除主要以货币计量单位进行登记外，有的明细账还需要提供实物量指标。明细分类账的格式，应根据经济业务的特点以及实物管理的要求来设计，常采用的格式有三栏式、多栏式、数量金额式和平行式四种。

（1）三栏式明细：三栏式明细账和总账的格式基本相同，其基本结构为“借方”、“贷方”和“余额”三栏次。它适用于只需进行金额核算的经济业务，如“应收账款”、“应付账款”、“短期借款”、“实收资本”等账户的明细账户。总分类账簿使用的三栏式账簿与明细分类账使用的三栏式账簿的不同之处在于：前者为订本式账簿，后者一般为活页式账簿。三栏式账簿的格式，以“应收账款明细账”为例，见表 6－5。

表 6－5　　　　　应收账款明细账

单位名称：

年		记账凭证		摘　要	借　方	贷　方	借或贷	余　额
月	日	种类	号数					

（2）数量金额式明细账。数量金额式明细账，其基本结构为“收入”、“发出”和“结存”三栏次，每栏次下再分别设计“数量”、“单价”、“金额”三个小栏目，以分别登记实物的数量和金额。它适用于既要反映金额，又要反映数量的财产物资账户，如“原材料”、“库存商品”等账户的明细账户。其格式见表 6－6。

表 6－6　　　　　原材料明细账

类别：　　　　　　　　　　　　　　　存放地点：

品种或规格：　　　　　　　　　　　　计量单位：

储备定额：

年		记账凭证		摘要	收　入			发　出			结　存		
月	日	种类	号数		数量	单价	金额	数量	单价	金额	数量	单价	金额

（3）多栏式明细账。这种明细账是根据经济业务的特点和经营管理的要求，在一张账页上按有关明细科目或明细项目分设若干专栏，以便在同一张账页上集中反映有关明细核算资料。它一般适用于成本、费用、收入、利润等明细账户。“本年利润明细账”和“管理费用明细账”的一般格式见表 6－7 和表 6－8。

表 6－7　　　　　本年利润明细账

年		记账凭证		摘　要	借　方						贷　方						借或贷	余　额
月	日	种类	号数							合计						合计		

表6－8 管理费用明细账

年		记账凭证		摘　要	借　方						余　额
月	日	种类	号数		工资	福利费	折旧费				

（4）平行式明细账。平行式明细账亦称为横线登记式明细账，其结构特点是在账页的同一行内，记录某一项经济业务从发生到结束的全部事项，如物资采购明细账可在一行内记录采购材料业务的收料和付款情况。其格式见表6－9。

表6－9 物资采购明细账

物资类别：原材料

年		结算凭证	收料单号	收料日期	供应单位	摘　要	借　方				贷　方		
							实际成本				计划成本	成本差异	合计
月	日						买价	运费	其他	合计			

这种明细账借方一般按会计凭证的编号顺序逐日逐笔进行登记。同一类业务的借、贷方记录应在同一行内进行登记。同一行内借、贷方均有记录时，表示该经济业务已处理完毕。

以上各种明细账的设置和登记方法，应根据本单位经济业务的繁简和管理上的需要来确定。一般是根据原始凭证、原始凭证汇总表或记账凭证逐笔登记，也可以定期汇总登记。

（三）备查账的设置和登记

备查账可以为某些经济业务的内容提供必要的补充资料，格式一般不固定，根据实际需要自行设计。备查账的记录一般不列入本单位的会计报告。如以“租入固定资产登记簿”为例，其格式见表6－10。

表6－10 租入固定资产登记簿

固定资产名称及规格	租约合同号数	租出单位	租入日期	租　金	使用单位	归还日期

二、会计账簿的登记规则

（1）为了保证账簿记录的正确性，必须根据审核无误的会计凭证登记账簿，将会计凭证日期、凭证号数、经济业务内容摘要、金额和其他有关资料逐项过入账内。确保账簿记录的内容完整、数字准确、摘要清楚、登记及时。为了防止在登账中出现漏记和重记，便于查阅，应在记账凭证上注明所记账簿页数或以“√”为符号表明已登记入账。

（2）为了确保账簿记录的准确性，各种账簿必须按事先编写的号码顺序连续登记，不得跳行、隔页。如果不慎发生跳行、隔页，则要在空页、空行或空列处用红色笔对角线注销，并注明“此行空白”、“此列空白”或“此页空白”字样，并加盖记账人员印章。对各账簿的账页不得随意抽换和撕毁，以防作弊。

（3）为了保证账簿记录的连续性，每一张账页登记完毕转入下页时，应在最后一行结出本账页的发生额合计数和余额，并在“摘要”栏注明“过次页”字样，同时将本页发生额合计数和余额记入下一页第一行有关栏次，并在摘要栏内写明“承前页”字样。

对需要结计本月发生额的账户，结计“过次页”的本页合计数应为自本月初起至本页末止的发生额合计数；对需要结计本年累计发生额的账户，结计“过次页”的本页合计数应当为自年初起至本页止的累计数；对既不需要结计本月发生额也不需要结计本年累计发生额的账户，可以只将每页末的余额结转次页。

（4）为了使账簿记录清晰整洁，防止篡改，记账时必须使用蓝黑墨水或者碳素墨水书写，不能使用铅笔或圆珠笔（银行的复写账簿除外）。只有在结账、划线、改错和冲账时，才能改用红墨水书写。

（5）为了便于更正某些记账错误，账簿中书写的文字和数字上面要留有适当空格，不要书写满，一般应占格距的二分之一。

（6）凡需要结出余额的账户，结出余额后，应当在“借或贷”等栏内写明“借”或者“贷”等字样。没有余额的账户，应当在“借或贷”等栏内写“平”字，并在余额栏内用“Q”表示。现金日记账和银行存款日记账必须逐日结出余额。

（7）实行会计电算化的单位，总账和明细账应当定期打印。

发生收款和付款业务的，在输入收款凭证和付款凭证的当天必须打印出现金日记账和银行存款日记账，并将现金日记账余额与库存现金核对无误。

三、错账更正方法

在记账过程中，账簿记录发生错误，应按照规定的方法更正。更正错账的方法有划线更正法、红字更正法和补充登记法等。

（一）划线更正法

划线更正法是指在结账前发现账簿记录有错误而其所依据的记账凭证无错误，所采用的一种更正方法。具体更正的方法是：先将错误的文字或数字用一条单红线划去，表示注销；再在划线的上面写上正确的文字或数字，并在划线处加盖更正人印章，以示负责。在采用该方法更正错账、划掉错误数字时，应将整笔数字划掉，不能只局部划掉错误数字，并须保持被划去的数字或文字仍可清晰辨认。

【例6-1】如过账时把576.80元误记为578.60元，不能只划去其中的“8.60”改为“6.80”，而应把“578.60”全数用红线划去，并在其上方写“576.80”。

（二）红字更正法

红字更正法是指由于记账凭证错误而使账簿记录发生错误，而用红字冲销原记账凭证或冲销记账凭证金额大于应入账的正确金额之间的差额，更正账簿记录的一种方法。该错账更正法一般适用于以下两种情况：

（1）在登账后，如果发现账簿记录的错误是由于记账凭证所列的应借、应贷会计科目有错误而引起的，可采用红字更正法更正。更正的方法是：先用红字金额填制一张内容与错误记账凭证完全相同的记账凭证，并在“摘要”栏中写明“冲销某月某日第×号凭证错误”字样，同时据以用红字登记入账，以冲销原来的错误记录；然后，再用蓝字或黑字填制一张正确的记账凭证，在“摘要”栏中注明“更正某月某日第×号记账凭证错误”字样并据以登记有关账户。

【例6-2】ABC公司基本生产部门为生产A产品领用甲材料一批，计价1 800元，编制记账凭证时，误作如下记录，并据以登记入账。分录如下：

借：制造费用　　1 800
　贷：原材料　　1 800

当发现错账时，先按原会计分录用红字填制一张记账凭证，并据以登记入账，分录如下：

借：制造费用　　[1 800]
　贷：原材料　　[1 800]

然后，再用蓝字填制一张正确的记账凭证，并据以登记入账，分录如下：

借：生产成本　　1 800
　贷：原材料　　1 800

（2）在登记账簿后，如果发现账簿记录的错误是由于记账凭证所填金额大于应记金额而引起的，而应借、应贷的会计科目无误，也可采用红宁更正法予以更正。更正的方法是：将多记金额用红字填制一张记账凭证，而应借、应贷会计科目与原错误记账凭证相同，并在“摘要”栏中注明“冲销某月某日第×号凭证多记金额”字样，并据以登记入账，以冲销多记的金额。

【例6-3】ABC公司用银行存款归还购货款6 800元。编制记账凭证，误作如下记录，并已登记入账：

借：应付账款　　8 600
　贷：银行存款　　8 600

发现错账时，应当按多记的金额用红字填制记账凭证作如下会计分录，并登记入账，以冲销多记金额。

借：应付账款　　1 800
　贷：银行存款　　1 800

（三）补充登记账

补充登记法是指在记账后，发现记账凭证中应借、应贷会计科目并无错误，而是由于记账凭证所填金额小于应记金额引起的金额错误，用蓝字补充原记金额以调整账簿记录的一种更正方法。更正方法是：按少记的金额用蓝字填制一张应借、应贷会计科目与原错误记账凭证相同的记账凭证，在“摘要”栏中注明“补充某月某日第×号记账凭证少记金额”，并据以登记入账，以补充登记少记的金额。

【例6－4】ABC公司行政部门购买办公用品900元，用现金支付，编制记账凭证时，误作如下记录，并据以登记入账：

借：管理费用　　90

　贷：现金　　90

发现错记账时，按少记金额用蓝字填制记账凭证，并据以登记入账，补记少记金额，分录如下：

借：管理费用　　810

　贷：现金　　810

第三节　对账和结账

一、对账

对账，即核对账目，是指在会计核算中，为保证账簿记录的真实可靠，对账簿及其记录的有关数据进行检查和核对的工作。

在会计工作中，会计资料的取得需要经过多个环节，如填制和审核会计凭证、登记会计账簿等，由于不同环节由不同会计人员操作完成，有时难免发生差错、失误，影响会计资料的真实性、准确性，因而，在编制会计报表前，有必要核对各账簿记录，及时发现和纠正记账错误，确保账证相符、账账相符和账实相符，为会计报表的编制提供真实可靠的会计核算资料，为此每一个会计主体都应建立对账制度。对账工作是会计核算的重要内容。

对账按其范围可分为内部对账和外部对账；按其核对时间可分为平时对账和报告期末对账。一般来说，内部对账可按以下步骤进行：

（一）账证核对

账证核对，是指对各种账簿（总分类账、明细分类账、序时账）的记录与相关的会计凭证进行核对。因为登记会计账簿的依据是审核无误的会计凭证，所以，这种核对是在日常编制记账凭证和登记入账过程中进行的，使错误的账务处理得以发现与纠正。核对时，将会计凭证和账簿记录中会计科目、金额、记账方向、摘要内容等相互核对，保证会计凭证的内容与账簿记录相符。但期末如试算不平衡或发现其他问题，仍应进行针对性的复核或核对。

（二）账账核对

账账核对是指各种账簿的相关数字之间进行的核对。其核对内容包括：

（1）现金日记账、银行存款日记账的本期发生额及期末余额与现金、银行存款总分类账的相应数字核对相符。

（2）总分类账的全部账户的本期借方发生额合计数与其贷方发生额合计数、期末借方余额合计数与贷方余额合计数应分别对应相等。这种核对可通过编制总分类账户试算平衡表进行。

(3) 总分类账各账户的本期发生额合计数和期末余额与所属明细分类账户相应数字核对相符。这种核对可通过编制明细分类账户试算平衡表进行。

(4) 会计部门有关财产物资的明细分类账户的期末余额应与财产物资保管或使用部门的明细分类账的期末结存数核对相符。

(三) 账实核对

账实核对就是将账簿记录与各项财产物资和货币资金的实存数核对相符。账实是否相符一般要通过财产清查进行核对。主要核对内容有：

(1) 现金日记账的余额应与实际库存现金核对相符。

(2) 银行存款日记账账面余额与开户银行账目相核对。如有未达账项，应编制“银行存款余额调节表”进行调整。

(3) 各种应收、应付款项等明细账各账户的余额与其债权、债务相关单位或个人核对相符。

(4) 各种税金、预算交款账户的余额，应与监管机关核对相符。

(5) 财产物资明细分类账的结存数，应与清查盘点的实存数核对相符。

二、结账

结账是指在将本期内所发生的经济业务全部登记入账的基础上，按照规定的方法对该期内的账簿记录进行小结，结算出本期发生额合计和余额，并将其余额结转下期的会计核算工作。

为了能为正确编制会计报表提供账簿资料，按有关制度规定，单位均在一定期间的期末，进行结账工作。

(一) 结账工作的内容和要求

(1) 结账前，必须将本期内发生的各项经济业务全部登记入账，既不能提前结账，也不能将本期发生的业务延至以后期间登账。

(2) 实行权责发生制的单位，按照权责发生制的要求，进行账项调整的账务处理，并在此基础上，进行其他有关转账业务的账务处理，以计算确定本期的成本、费用、收入和财务成果。

(3) 结账时，计算、登记本期发生额和期末余额。

(4) 结账的标志是划红线，目的是突出有关数字，表示本期会计记录已经截止或结束，并将本期与下期的记录明显分开。

(二) 结账的种类

结账按照期间的不同，可分为月结、季结和年结。

1. 月结

月结是月终计算账户的该月发生额合计并结计月终余额的结账工作。具体操作为：在应结账账户最后一笔记录下空行的“摘要”栏内注明“月结”或“本月合计”字样，计算有关栏目发生额合计数和月末余额数，并在月结记录下面通栏划单红线。需要结出本年累计发生额的，应当在摘要栏内注明“本年累计”字样，并在下面通栏划单红线。

2. 季结

季结是季终计算账户的本季发生额合计并结计季终余额的结账工作。具体操作为：在季终月的“月结”行下的“摘要”栏内注明“本季合计”字样，并于有关栏目反映发生额合计数和季终余额数；在季结记录下划单红线。

3. 年结

年结是年终计算账户的本年发生额合计并结计年终余额的结账工作。具体操作为：在第四季度“季结”下一行的“摘要”栏内注明“年结”或“本年累计”字样，并于有关栏目反映发生额合计数和年终余额数；同时，在“本年累计”栏下划通栏双红线，表示“封账”。双红线的作用主要是突出合计数，分隔本年度与下年度记录。若年终有余额，移入双红线下一行的余额栏，在“摘要”栏中注明“结转下年”字样，同时将上年余额填入“余额”栏。具体做法见表6－11。

表6－11　　总　账

会计科目：应收账款

年		记账凭证		摘　要	借　方	贷　方	借或贷	余　额
月	日	种类	号数					
1	1			上年结转				
	10	科汇	1	1～10日				
	20	科汇	2	11～20日				
	31	科汇	3	21～31日				
	31			本月合计				
3	31			本月合计				
3	31			本季合计				
12	31			本月合计				
12	31			本季合计				
12	31			本年累计				
12	31			结转下年				

（三）结账的方法

（1）对不需要按月结计本期发生额的账户，如各项债权债务明细账和各项财产物资明细账等，每次记账以后，都要随时结出余额，每月最后一笔余额即为月末余额。

（2）现金、银行存款日记账和需要按月结计发生额的收入、费用等明细账户，每月结账时，应结出本月发生额和余额，在“摘要”栏内注明“本月合计”字样并在下面通栏划单红线。

（3）需要结计本年累计发生额的某些明细账户，每月结账时，应在“本月合计”行下结出自年初起至本月末止的累计发生额，登记在月份发生额下面，在“摘要”栏内注明

"本年累计"字样，并在下面再划通栏单红线。12 月末的"本年累计"就是全年累计发生额，在其下面划通栏双红线。

（4）总分类账账户平时只需结出月末余额。年终结账时，要将所有总分类账账户结出全年发生额和年末余额，在"摘要"栏内注明"本年合计"字样，并在合计数下通栏划双红线。

第四节　会计账簿的启用、更换和保管

一、账簿的启用

为了切实做好记账工作，保证会计核算工作的质量，必须按照一定的规则启用账簿。

（一）账簿的构成

无论什么类型的账簿，它们的基本构成相同，都具有以下基本内容：

（1）封面：标明单位和账簿名称。

（2）扉页：填列账簿的启用日期和截止日期、页数、册次、经管账簿人员一览表、会计主管、记账人员印章、账户目录等。

（3）账页：基本内容包括账户名称（一级科目或明细科目）、日期栏、凭证种类和号数、摘要栏、金额栏、总页次和分页次等。

（二）账簿的启用规则

（1）如果启用新会计账簿，应当在账簿封面上填明单位名称和账簿名称。

（2）账簿扉页上"账簿启用表"的内容包括：启用日期、账簿起止页数、记账人员和会计机构负责人、会计主管人员姓名、单位公章、个人印章。记账人员或主管人员更换时，必须办理交接手续，注明交接日期、交接人员和监交人员姓名、交接双方人员签章，以明确有关人员责任，维护会计工作的严肃性。"账簿启用表"格式和内容见表 6－12。

表 6－12　　账簿启用和经营人员一览表

单位名称：＿＿＿＿＿＿　　　　账簿页数：＿＿＿＿＿＿
账簿名称：＿＿＿＿＿＿　　　　启用日期：＿＿＿＿＿＿
账簿册数：＿＿＿＿＿＿　　　　记账人员（签章）
账簿号数：＿＿＿＿＿＿　　　　会计主管（签章）

移交日期			移交人员		接管日期			接管人员		会计主管	
年	月	日	姓名	盖章	年	月	日	姓名	盖章	姓名	盖章

（3）账簿第一页应设置账户目录，内容包括账户名称、各账户页数。其格式和内容见

表6－13。

表6－13 账簿目录（科目索引）

页　数	科　目	页　数	科　目

（4）启用订本账簿前，从第一页到最后一页顺序编定页数，不得跳页、缺号。活页式账簿所使用的账页，按顺序编号，定期装订成册，装订后按实际使用的账簿再编定页数和目录，注明每个账户的名称和页数。

二、账簿的更换

账簿的更换是指在会计年度终了，将上年旧账更换为次年新账。

在新会计年度开始时，单位应按规定对大部分账簿进行更换，建立新账。具体来说，总账和日记账以及大部分明细账，要每年更换一次。为了保持账簿资料的连续性，实际更换账簿时，应将旧账簿中各账户的余额直接记入新账簿的有关账户，同时在“摘要”栏内注明“上年结转”字样。在新旧账户之间转记余额，不需要填制记账凭证。

年度内如订本账簿记满需要更换新账时，同样按上述规定处理。

部分明细账，如固定资产明细账等，因年度内变化不多，年初可不必更换账簿。但在“摘要”栏内，要注明“结转下年”字样，以划分新旧年度之间的余额。第二年使用时，可直接在上年终了的双线下面记账。各备查账也可以连续使用。

三、账簿的保管

会计账簿登记后，将成为会计档案的组成部分之一，是各单位重要的经济资料，必须建立管理制度，妥善保管。账簿管理分为日常管理和归档保管两部分。

（一）日常账簿管理的要求

（1）各种账簿的管理要分类，指定专人管理，账簿经管人员既要负责本账簿的记账、对账、结账等工作，又要负责保证账簿安全。

（2）会计账簿未经会计负责人或有关人员允许，非经管人员不得随意翻阅查看会计账簿。

（3）会计账簿除需要与外单位核对，一般不能携带外出。对携带外出的账簿，会计负责人要指定专人管理，并办理手续如期归还。

（4）会计账簿不能随意交与他人管理，以保证账簿安全和防止任意篡改账簿。

（二）旧账归档保管

年度终了更换并启用新账簿后，对更换下来的旧账要整理装订，按规定可在财会部门保存一年。

归档前旧账整理工作包括：检查和补齐应办的手续，如改错盖章，注销空行、空页，余额转账等。活页账应抽出未使用的空白账页，再装订成册，并注明各账页号数。旧账装订完毕应由经办人员、装订人员、会计主管人员在封口处签章。

各账簿和会计凭证、会计报表一样，是重要会计资料、经济档案，必须按规定制度统一的保存年限妥善保管，不得丢失和任意销毁，保管期满，按照规定程序申报批准后方可销毁。

【本章小结】

本章阐述了设置会计账簿的意义、作用和原则；介绍了会计账簿的种类、内容、格式和用途；叙述了各种账簿设置与登记的规则，以及错账更正、对账和结账的方法，提出了账簿启用、更换与保管的要求。通过学习使学生掌握账簿的相关知识与技能。

【简答题】

1. 什么是账簿？设置账簿的作用是什么？
2. 如何对会计账簿进行分类？分类的结果是什么？
3. 什么叫日记账？现金、银行存款日记账如何进行登记？
4. 什么是分类账？明细分类账按其格式区分有几种？适用范围是什么？
5. 登记账簿的基本规则是什么？
6. 更正错账的基本方法有哪些？适用范围是什么？
7. 什么是对账？如何进行对账？
8. 什么是结账？如何进行结账？

【业务题】

习题一

一、目的：练习登记三栏式现金日记账和银行存款日记账的记账与结账。

二、资料：ABC公司200×年某月发生下列经济业务（现金日记账借方期初余额为970元，银行存款日记账借方期初余额为46 350元）：

1. 3日开出现金支票，从银行提现金2 600元。
2. 3日采购员王山出差预借差旅费800元，以现金支付。
3. 3日购买办公用品，支付现金200元。
4. 5日采购员王山报销差旅费，交回现金50元。
5. 6日开出转账支票支付宏克企业18 000元货款。
6. 6日收到华丰公司所欠货款，款项16 750元已存入银行。
7. 9日以银行存款支付广告费4 500元。
8. 16日以银行存款支付借款利息370元。
9. 26日以银行存款支付管理部门水电费1 700元。
10. 29日向光明公司购料一批，货款26 340元，开出转账支票一张。

三、要求：根据资料，登记三栏式现金日记账和银行存款日记账，并进行结账。

习题二

一、目的：练习总分类账和明细分类账的记账工作。

二、资料：ABC 公司 200×年 8 月份的有关资料如下：

1. 总账期初余额：原材料 140 000 元，应付账款 9 600 元。

2. 材料明细账期初余额：A 材料 100 000 千克，单价 0.9 元，金额 90 000 元；H 材料 50 000 件，单价 0.6 元，金额 30 000 元。

3. 应付账款明细账期初余额：甲公司 7 600 元，B 公司 2 000 元。

4. 8 月份发生经济业务如下：

（1）3 日购入 A 材料 500 千克，单价 0.9 元，购入 B 材料 1 000 件，单价 0.6 元，货款以银行存款支付。

（2）5 日以银行存款偿还前欠甲公司贷款 7 600 元。

（3）10 日向乙公司购入 A 材料 1 500 千克，单价 0.9 元。购入 B 材料 600 件，单价 0.6 元，货款尚未支付。

（4）18 日以银行存款支付前欠乙公司货款 2 000 元。

（5）19 日向甲公司购入 A 材料 300 千克，单价 0.9 元，货款尚未支付。

（6）生产车间生产产品领用 A 材料 80 000 千克，单价 0.9 元，B 材料 40 000 件，单价 0.6 元。

三、要求

1. 开设“原材料”、“应付账款”总账和明细账，并登记期初余额。

2. 编制 8 月份各项业务会计分录。

3. 分别登记“原材料”、“应付账款”总分类账和明细账并进行月结。

习题三

一、目的：练习错账更正方法。

二、资料：ABC 公司结账前核对账簿记录，发现下列经济业务的账簿记录有误：

1. 以银行存款偿还前欠贷款 36 000 元。原记账凭证的会计分录为：

借：应收账款	36 000	
贷：银行存款		36 000

2. 收到运输劳务收入 6 500 元存入银行。原记账凭证的会计分录为：

借：银行存款	8 500	
贷：其他业务收入		8 500

3. 采购员出差预借差旅费 480 元，用现金支付。原记账凭证会计分录为：

借：其他应收款	400	
贷：现金		400

三、要求：采用适当方法更正上述错账。

第七章　财务会计信息可靠性的保障手段：财产清查

【学习目标】

知识目标：理解财产清查的必要性和种类；掌握财产清查的基本知识和技能；掌握各种实物资产、货币资金和往来款项的清查方法；掌握财产清查结果的账务处理。

技能目标：掌握各种实物资产、货币资金和往来款项的清查方法；掌握财产清查结果的账务处理。

能力目标：能够运用本章所学的知识进行财产清查结果的账务处理。

【知识点】

财产清查的意义和种类；各种实物资产、货币资金和往来款项的清查方法；财产清查结果的账务处理。

【篇头案例】

"小李，上次你不是问我什么是财产清查吗？你觉得，造成账实不符的原因主要是什么啊？""我想，主要应该是做假账吧？""不完全是。的确，做假账会导致账实不符，然而，在实际工作中，由于种种原因，账簿的记录会经常发生与实际不符的情况。比如财产物资的自然损耗、自然灾害引起的非常损失、计量器的误差等；收发错误、不法分子的营私舞弊和贪污盗窃以及会计凭证或会计账簿的漏记、重记、错记或计算错误等。这些问题，都会导致账实不符。因此，企业必须定期或不定期地对财产进行清查，以保证会计资料的真实可靠，提高会计资料的质量，促进企业改善经营管理，保证各项财产的安全完整。""那到底什么是财产清查呢？""所谓财产清查，实质上就是对财产和负债进行的盘点和核对，以查明实存数和账面数是否相符的一种专门方法。"

第一节　财产清查概述

一、财产清查的概念

企业的资产是其拥有和控制的经济资源，从企业主体对资产客体的占有关系上看，企业的资产也就是企业的财产。为加强财产管理，企业财务会计系统必须保证有关财产物资信息资料的可靠性。

对于实物财产来说，其核算资料的真实性取决于两个方面：一即实物数量的真实性和计价的可靠性。实物数量的真实性也就是账实相符。但由于各种因素的影响，企业财产物资的账存数与实存数常常出现不符的状况，企业必须定期或不定期地对实物财产进行盘点，并与账存数进行核对，做到账实相符。

此外，现金、银行存款、应收账款等财产，以及各项负债也有可能发生账面数额与实际数额不相符的情况。因此，也需要通过盘点或核对账目的方式确定实际数，并与账面数进行核对，做到账实相符。

财产清查就是通过对实物资产、现金的实地盘点和对银行存款、债权债务的查对，来确定各项财产物资、货币资金、债权债务的实存数，并查明实存数和账存数是否相符的一种专门方法。

造成各种财产账实不符的原因主要有：①在收、发各项财产的过程中，由于计量、检验不准确而发生品种、数量或质量上的差错。在财产发生增减变动时，没有填制凭证登记入账；或者在填制凭证、登账时，发生计算上或登记上的差错。②在财产的保管过程中，受气候等自然因素的影响，发生数量或质量上的变化。③由于保管不善或工作人员失职发生的财产残损、变质与短缺，以及货币资金、债权债务的差错。④由于不法分子营私舞弊，贪污盗窃等而造成的财产物资损失。⑤因未达账项或拒付而引起单位之间账账不符等。

二、财产清查的意义

财产清查对于保证会计反映职能和监控职能的发挥具有重要的作用。

1. 有利于提高会计资料的质量，保证会计资料的真实性

通过财产清查，可查明各项财产的实存数与账存数的差异，以及发生差异的原因及责任，及时按照规定把账存数调整为实存数，从而达到账实相符，保证会计资料的准确可靠。

2. 有利于促进企业改善经营管理，挖掘资源潜力，加速资金周转

通过财产清查，可查明各种财产的结存和利用情况，可发现有无储备不足、积压、闲置等情况，以便采取措施，充分挖掘物资潜力，合理有效地利用企业的经济资源。

3. 有利于保护财产的安全与完整

通过财产清查，可查明各项财产有无短缺、毁损、变质、贪污盗窃等情况。对发现的问题要及时分析原因，追查责任。同时要吸取教训，改进管理工作，保证各项财产物资的安全与完整。

4. 有利于财经纪律和岗位责任制的贯彻执行

通过对各项财产物资、债权债务的清查，可以查明有关工作人员是否遵守财经纪律，是否遵守岗位责任制，做到发现问题，及时处理，以确保财经纪律和岗位责任制的贯彻执行。

三、财产清查的种类

财产清查工作可以按不同的标准进行分类，主要有以下几种：

（一）按照清查对象的范围分类

财产清查按照清查范围的不同，可分为全面清查和局部清查。

1. 全面清查

全面清查是指对企业所有的财产进行的清查、盘点与核对工作。清查的内容主要是各种财产物资、货币资金和债权债务。具体包括以下各项：

（1）固定资产、原材料、在产品、库存商品、在途物资、委托加工物资、受托代保管物资等。

（2）现金、银行存款、在途货币资金、股票、债券等。

（3）应收账款、应付账款、其他应收款、其他应付款、各种银行借款等。

全面清查范围广、工作量大，参加的部门人员多，一般在以下几种情况下，才需要进行全面清查：

（1）年终决算之前，要进行全面清查。

（2）单位撤销、合并或改变隶属关系，要进行全面清查。

（3）中外合资、国内联营时要进行全面清查。

（4）开展清产核资，要进行全面清查。

（5）单位主要负责人调离工作岗位，要进行全面清查。

2. 局部清查

局部清查是指根据管理的需要和依据有关规定，对单位的部分财产、负债进行的盘点和核对。局部清查的范围窄、工作量小，涉及的人员少。一般限于流动性较大又易于损耗的物资和比较贵重的财产。如企业的原材料、在产品、库存商品等，除年终全部清查外，还应在年内轮流盘点或重点抽查。需要进行局部清查的有：

（1）现金、现金应由出纳员在每日业务终了时进行清点，做到日清月结。

（2）银行存款、银行存款应由出纳员每月同银行核对一次。

（3）存货、存货应在年度内轮流盘点或重点抽查，对于贵重物资，每月应清查盘点一次。

（4）债权债务、债权债务每年至少核对一至两次。

（二）按照清查的时间分类

财产清查按照清查的时间不同，可分为定期清查和不定期清查。

1. 定期清查

定期清查是指根据管理制度的规定或预先计划安排的时间所进行的清查工作。一般是在月末、季末或年终结账前进行。它可以是全面清查，也可以是局部清查。

2. 不定期清查

不定期清查也称临时清查，是指事先无计划安排，而根据实际需要临时组织的清查工作。企业在下列情况下，需要进行不定期清查：

（1）更换财产物资保管人。

（2）财产发生灾害或意外损失。

（3）有关单位对企业进行审计查账。

（4）企业关、停、并、转、清产核资、破产清算。

不定期清查的范围，可以是全面清查也可以是局部清查。

第二节　财产清查的方法

由于企业财产种类较多，各有特点，清查采用的方法不尽相同。为完成清查任务，做好清查的准备工作，选择科学、合理的清查方法是非常重要的。

一、财产清查的程序和工作内容

财产清查的一般步骤及各步骤应进行的主要工作，可概括如下：

1. 成立清查组织

在清查工作量较大，尤其是进行全面清查时，企业单位应在总会计师或有关主管负责人的领导下，成立由财会部门牵头，有生产、技术、设备、供销等有关部门参加的财产清查领导小组，具体负责财产清查的组织和领导工作。其主要任务是：①拟订财产清查工作计划，确定财产清查的对象和范围、工作进度和参加人员及分工；②在清查过程中，掌握工作进度，解决财产清查工作中出现的问题；③清查工作结束后，负责写出财产清查工作的书面报告，对发生的财产盘盈盘亏提出处理意见。

2. 做好物质及业务上的准备工作

在清查前，财会部门和有关业务部门在清查领导小组的指导下，应做好以下几项准备工作：

（1）财会部门应将有关账簿登记齐全，结出余额，为账实核对提供正确的账簿资料。

（2）财产物资保管和使用部门应登记好所经管的各种财产物资明细账，并结出余额；同时将经管的各种财产物资挂上标签，标明品种、规格和结存数量，以备查对。

（3）财产清查小组应指定有关部门准备好计量器具、各种登记表格。

3. 实施财产清查

在做好各项准备工作以后，清查小组组织清查人员运用各种清查方法实施财产清查。

4. 财产清查工作结束

在财产清查工作结束后，根据清查结果，写出财产清查工作的书面报告并对盘盈盘亏问题提出处理意见。

二、实物财产的清查方法

实物财产的清查，就是确定实物财产的账存数量和实存数量，并将两者进行比较，以便查明两者是否相符。

（一）实物财产账存数的确定方法

确定各项实物财产账存数量的方法有两种：永续盘存制和实地盘存制。

1. 永续盘存制

永续盘存制，又称永续盘存法或账面盘存制，是指根据账簿记录直接计算账面结存数量的方法。在永续盘存制下，实物财产的增加和减少，平时都要根据会计凭证连续登记入账，随时根据账簿资料结出账面结存数。账面结存数的计算公式如下：

账面期末结存数量 = 账面期初结存数量 + 本期增加数量 − 本期减少数量

在永续盘存制下，由于账面上可以直接提供财产物资的发出数和结存数，因此，有利于财产物资的管理。但需要随时确定发出物资的数量和及时登记账簿，核算工作量较大。

由于账面结存数是根据账簿数据直接计量的，这样就需要定期进行盘点，以确定账存数与实存数是否相符。

2. 实地盘存制

实地盘存制又称实地盘存法，是指根据实地盘点或技术推算所确认的财产物资实存数量作为其账存数量的做法。在实地盘存制下，平时只根据会计凭证在账簿中登记财产物资的增加数，不登记减少数，到月末，对各项财产的物资进行盘点，将实存数作为账存数，然后，采用倒挤法计算本月各项财产物资的减少数。本期减少数的计算公式如下：

本期减少数 = 账面期初数 + 本期增加数 - 期末实际结存数

实地盘存制，核算工作量小，方法简单，但由于该方法平时不能提供财产物资的发出数和结存数，又由于该方法下的发出数是采用倒挤法计算出来，发出数可能是实际消耗数，也可能包含着非正常减少，因此，实地盘存制不利于财产物资的管理。

由于实地盘存制的最大缺陷是不利于财务物资的管理，因此，除对耗用量大、价值较低而又不便计量的财产物资采用外，对一般的财产物资应采用永续盘存制。

（二）实物财产实存数的确定方法

实物财产实存数的确认有实地盘点法和技术推算法。

1. 实地盘点法

实地盘点法，即到实物保管现场，通过点数、过磅、量尺等方法来确定实物的实存数量的方法，这是最常用的确认财产物资实存数的一种方法。除数量多、价值低而又不便于逐一清点或过磅的财产物资，均应采用该方法确认实存数。

2. 技术推算法

技术推算法，即将实物整理成近似某种几何体，然后测量出体积，据以计算出实物数量的方法。它是通过技术推算确定财产物资实存数的一种方法。

由于采用技术推算法确定的财产物资的实存数具有一定的误差，因此，该方法只限于用于大量成堆，难以逐一清点的财产物资，如对原煤、砂石等材料实存数的确定。

（三）实物财产账存数与实存数的核对

为了明确经济责任，财产保管人员必须在清查现场。清查盘点的结果，应及时记在“盘存单”上，由盘点人和财产保管人签名或盖章。“盘存单”是记录实物财产盘点结果的书面材料，也是反映财产实存数的原始凭证。

“盘存单”的一般格式如表 7－1 所示。

表 7－1　　盘存单

单位名称：　　　　　　　　　　编号：

盘点时间：　　　　财产类型：　　　　存放地点：

序　号	名　称	计量单位	数　量	单　价	金　额	备　注

盘点人：　　　　　　　　保管人员：

实物盘点后，应根据有关账簿资料和盘存单资料填制“实存账存对比表”，据以确定账实是否相符。“实存账存对比表”是在账实不符时调整账簿记录的依据，也是分析差异原因、查明责任的依据。该表的一般格式如表 7－2 所示。

表 7－2　　实存账存对比表

序号	类别及名称	计量单位	单位	实存		账存		实存与账存对比				备注
								盘盈		盘亏		
				数量	金额	数量	金额	数量	金额	数量	金额	

负责人：　　　　盘点人：

三、货币资金的清查方法

（一）库存现金的清查方法

库存现金的清查方法应采用实地盘点法。先确定库存现金的实有数，再与现金日记账的结余额进行核对，以查明账实是否相符。

为了明确经济责任，库存现金盘点时出纳员必须在场。现金盘点后，应根据盘点的结果及与现金日记账核对的情况，填制“现金盘点报告表”，作为现金实存数和处理盘盈盘亏的依据。“现金盘点报告表”应由盘点人和出纳员签名或盖章。该表的一般格式如表 7－3 所示。

表 7－3　　现金盘点报告表

单位名称：　　　　年　月　日

实存金额	库存金额	实存与账存对比		备注
		盘盈	盘亏	

负责人：　　　　盘点人：　　　　出纳员：

（二）银行存款的清查方法

银行存款的清查方法与实物和库存现金的清查方法不同，它是采取与银行核对账目的方法进行的。核对前应把截止到清查日所有银行存款的收付业务登记入账，然后与银行开具的记录本单位银行存款收、支、结余情况的对账单逐笔核对，如发生错账、漏账，应查清原因及时更正。但即使在双方记账均无差错的情况下，也往往会出现双方的余额不相一致的情况。这主要是由于未达账项引起的。

未达账项，是指企业与银行之间，由于凭证传递上的时间差，一方已收到结算凭证并已登记入账，而另一方尚未收到结算凭证因而尚未登记入账的款项。具体有以下四种情况：

（1）企业已收、银行未收的款项。如企业销售产品收到支票，送存银行后即可根据银行盖章退回的“进账单”回单联登记银行存款的增加，而银行则要等款项收妥后才能记增加，如果此时对账，就形成了企业已收款入账，银行尚未收款入账的款项。

（2）企业已付、银行未付的款项。如企业开出一张支票支付购料款，企业可根据支票存根、发票及收料单等记银行存款的减少，而这时银行由于未接到支付款项的凭证而尚未记银行存款减少，如果此时对账，就形成了企业已付款入账，银行尚未付款入账的款项。

（3）银行已收、企业未收的款项。如外地某单位给企业汇来货款，银行收到汇款单后，登记企业银行存款增加，企业由于未收到汇款凭证尚未记银行存款增加，如果此时对账，就形成了银行已收款入账，企业尚未收款入账的款项。

（4）银行已付、企业未付的款项。如银行代企业支付款项，银行已取得支付款项的凭证记银行存款的减少，企业由于未接到凭证尚未记银行存款减少，如果此时对账，就形成了银行已付款入账、企业尚未付款入账的款项。

存在未达账项时，在双方更正错账后，由企业编制“银行存款余额调节表”，以确定企业银行存款的实存数。

【例7－1】ABC公司20××年7月31日银行存款日记账的余额为650 000元，银行转来对账单的余额为870 000元，经过逐笔核对发现有下列未达账项：

①企业收到销货款30 000元，已记银行存款增加，银行尚未记账；

②企业支付购料款150 000元，已记银行存款减少，银行尚未记账；

③银行代收某公司汇来购货款210 000元，银行已登记存款增加，企业尚未记账；

④银行代企业支付购料款110 000元，银行已登记存款减少，企业尚未记账。

根据以上资料编制银行存款余额调节表如表7－4所示。

表7－4　　银行存款余额调节表

20××年7月31日　　单位：元

项　目	金　额	项　目	金　额
企业银行存款日记账余额	650 000	银行对账单余额	870 000
加：银行已收企业未收款	210 000	加：企业已收银行未收款	30 000
减：银行已付企业未付款	110 000	减：企业已付银行未付款	150 000
调节后的存款余额	750 000	调节后的存款余额	750 000

四、往来款项的清查方法

企业的往来款项，是指企业的各项应收、应付款项和暂收、暂付款项。

往来款项一般采取“询证核对法”进行清查，即通过证件与经济往来单位核对的方法。“询证核对法”亦称“函证法”。具体做法是：清查单位按每一个经济往来单位编制“往来款项对账单”，送往各经济往来单位。该单一式两联，一联为对方单位留存联；另一联为回联单。对方经过核对相符后，在回联单上加盖公章退回。如果经核对数字不相符，对方应在回联单上注明情况，或另抄对账单退回本单位。在收到对方回联单后，企业应填制“往来款项对账单”，其格式如表7－5所示。

表7－5 往来款项对账单

20××年 月 日 单位：元

明细分类账户		清查结果		核对不符原因分析			备注
名称	账面余额	核对相符金额	核对不符金额	未达账项金额	有争议款金额	其他原因	

对于经核对不符的往来项款，应积极查明原因，妥善处理。

第三节 财产清查结果的处理

财产清查后，应根据清查结果，认真总结财产管理和核算中的经验教训，对于需要调整账目的，还应按规定做好账目的调整工作。

一、财产清查后的主要工作内容

（一）核准数字，查明原因

对于根据清查结果和账面资料确定的财产物资的盘盈盘亏数以及各往来款项的差异数，应认真核算，查找原因，明确经济责任，提出处理意见。

（二）总结经验教训，提出整改措施

针对财产清查中发现的财产物资管理与核算方面的成绩和问题，应当认真总结，鼓励先进、鞭策后进、发扬优点、克服缺点，提高经营管理水平。对管理与核算方面出现的问题，要提出整改措施，进一步加强资财管理，保护企业财产的安全与完整。

（三）调整账目，做到账实相符

财产清查中发现的财产物资的实有数与账存数不一致，有两种情况：一是实有数大于账存数，称为盘盈；二是账存数大于实有数，称为盘亏。但无论盘盈还是盘亏，都应报请有关部门或企业领导审核，提出处理意见。财会部门根据批复意见，调整账目，做到账实相符。

二、财产清查结果的账务处理

为了反映和监督企业在财产清查中查明的各种财产的盘亏、毁损及处理情况，应设置“待处理财产损溢”账户。借方登记待处理财产物资的盘亏和毁损数，以及经批准处理的财产物资的盘盈数；贷方登记待处理财产物资的盘盈数，以及经批准处理的财产物资的盘

亏和毁损数。期末余额如在借方，表示尚待批准处理的财产物资盘亏和毁损数；如在贷方，表示尚待批准处理的财产物资的盘盈数。如期末前各项盘盈盘亏已全部处理，该账户应无余额。该账户应设置“待处理固定资产损溢”、“待处理流动资产损溢”两个明细账。

下面举例说明财产清查结果的账务处理方法。

【例7-2】ABC公司在财产清查中，发现甲材料盘盈1 000千克，价值8 000元。

材料盘盈应先调整账面记录，做到账实相符，根据“实存账存对比表”作会计分录如下：

借：原材料——甲材料　　8 000
　贷：待处理财产损溢——待处理流动资产损溢　　8 000

经查明甲材料的盘盈是由于计量不准造成的，经批准，直接冲减期间费用计入“管理费用”账户，根据批准文件作会计分录如下：

借：待处理财产损溢——待处理流动资产损溢　　8 000
　贷：管理费用　　8 000

【例7-3】ABC公司在清查盘点现金时，发现短缺800元，其中500元系由出纳员过失造成，300元系无法查明的其他原因造成。

财产清查中发现现金短缺应先调整账簿记录，做到账实相符，根据“库存现金盘点报告表”作会计分录如下：

借：待处理财产损溢——待处理流动资产损溢　　800
　贷：库存现金　　800

根据批准文件短缺现金应由出纳员赔偿500元，其余300元记入“管理费用”作会计分录如下：

借：其他应收款——应收现金短缺款　　500
　　管理费用　　300
　贷：待处理财产损溢——待处理流动资产损溢　　800

【例7-4】ABC公司在财产清查中，发现乙材料短缺和毁损价值7 000元。

在清查中发现盘亏材料，在报经批准前应先调整账面记录，使账实相符，根据“实存账存对比表”作会计分录如下：

借：待处理财产损溢——待处理流动资产损溢　　7 000
　贷：原材料——乙材料　　7 000

上述盘亏的材料，报批准后予以转销。材料盘亏，报经董事会批准分别作如下处理：

材料短缺的2 000元由过失人赔偿；5 000元材料短缺是由于经营不善造成的，列入“管理费用”。

根据上述处理意见，作会计分录如下：

借：其他应收款——应收材料短缺　　2 000
　　管理费用　　5 000
　贷：待处理财产损溢——待处理流动资产损溢　　7 000

【例7-5】ABC公司在财产清查中发现短缺设备一台，原价1 800元，已提折旧200元。

发现盘亏固定资产，报经批准前应先调整账面记录。应作会计分录如下：

借：待处理财产损溢——待处理固定资产损溢　　1 600

　　累计折旧　　200

　贷：固定资产　　1 800

经董事会批准盘亏设备列“营业外支出”处理。根据批准文件作会计分录如下：

借：营业外支出　　1 600

　贷：待处理财产损溢 ——待处理固定资产损溢　　1 600

【本章小结】

财产清查就是通过对实物资产、现金的实地盘点和对银行存款、债权债务的查对，来确定各项财产物资、货币资金、债权债务的实存数，并查明实存数和账存数是否相符的一种专门方法。本章主要介绍了财产清查的意义、种类；财产清查的方法；财产清查结果的会计处理等。

【简答题】

1. 什么是财产清查？财产清查的意义是什么？
2. 如何对财产清查工作进行分类？
3. 什么是永续盘存制和实地盘存制？
4. 财产清查的方法有哪些？适用范围如何？
5. 什么是未达账项？为什么会发生未达账项？

【业务题】

一、目的：练习财产清查的基本业务会计处理。

二、资料：ABC 公司 20××年财产清查中发生下列业务：

1. 盘盈甲材料 100 千克，单位成本 8 元。经查明该材料盘盈的原因为计量差错。
2. 盘亏乙材料 50 千克，单位成本 8 元。经查明该材料盘亏的原因为自然损耗。
3. 企业盘亏设备一台，原价 2 000 元，已提折旧 800 元。

三、要求：编制上列经济业务的会计分录。

第八章　财务会计信息的输出系统：财务报告

【学习目标】

知识目标：理解财务报告的作用、财务报告的相关概念和内容。

技能目标：了解资产负债表、利润表的编制方法。

能力目标：具有阅读和初步分析财务报告的能力。

【知识点】

财务报告概念、作用与内容；资产负债表概念、作用、内容与编制方法；利润表概念、作用、内容与编制方法。

【篇头案例】

广东美的电器股份有限公司是一家主要从事家用电器的制造和销售的企业，主要产品包括空调、风扇、电饭煲等，公司注册及办公地址是广东省佛山市顺德区北滘镇蓬莱路，公司公开发行股票并在深圳证券交易所上市交易（股票代码：000527）。公司财务报告等信息在《中国证券报》、《证券时报》、《上海证券报》等媒体披露，在公司证券部备有年报供股东查询，并在国际互联网披露，网址：http：//www. cninfo. com. cn。美的电器2008年度财务报告列示的主要会计数据如表8－1所示。

表8－1　　主要会计数据

单位：（人民币）元

项　目	期末余额	年初余额	本期金额	上期金额
资　产	8 530 413 040. 18	6 425 838 903. 82		
负　债	5 311 239 619. 01	3 395 921 316. 60		
所有者权益	3 219 173 421. 17	3 029 917 587. 22		
营业收入			323 660 282. 09	258 889 913. 69
营业成本			63 407 018. 85	43 128 853. 43
净利润			693 249 185. 95	549 422 963. 65

问题：与上期末相比，美的电器财务状况有何变化？与上期相比，美的电器经营业绩有何变化？

财务会计的主要目标在于：对外提供一个会计主体的财务状况、经营成果和现金流量等财务会计信息，以帮助财务会计报告使用者进行经济决策。会计主体的财务会计信息主要是通过财务报告提供的，财务报告是财务会计系统的信息输出系统。本章主要介绍财务报告的构成和基本财务报表的编制方法。

第一节 财务报告概述

一、财务报告的概念

《企业会计准则（2006）——基本准则》第一章第四条将“财务会计报告”与“财务报告”视为等同的概念。《企业会计准则讲解（2006）》对此进行了说明，我国现行有关法律、行政法规中使用的是“财务会计报告”术语，但从国际范围来看“财务报告”是一个比较通用的术语，为了兼顾两者，企业会计准则中基本准则采用了“财务会计报告”概念，但在所有具体准则中使用了“财务报告”概念。因此，财务报告概念特指财务会计报告，两者不作区分，有别于管理会计报告。

《企业会计准则（2006）——基本准则》第十章第四十四条对财务报告定义如下：财务会计报告是指企业对外提供的反映企业某一特定日期的财务状况和某一会计期间的经营成果、现金流量等会计信息的文件。

根据财务报告的定义，财务报告具有以下几层含义：一是财务报告应当是对外报告，其服务对象主要是投资者、债权人等外部使用者，专门为了内部管理需要的、有特定目的的报告不属于财务报告的范畴；二是财务报告应当综合反映企业的生产经营状况，包括某一时点的财务状况和某一时期的经营成果与现金流量等信息，以勾画出企业整体和全貌；三是财务报告必须形成一个系统的文件，不应是零星的或不完整的信息。

二、财务报告的内容

财务报告包括会计报表及其附注和其他应当在财务报告中披露的相关信息和资料。会计报表至少应当包括资产负债表、利润表、现金流量表、所有者权益变动表等。会计报表及其附注又合称为财务报表。因此，财务报告由两部分组成：一是财务报表；二是其他应当在财务报告中披露的相关信息和资料。

财务报表是财务报告的核心内容，是对企业财务状况、经营成果和现金流量的结构性表述，至少包括“四表一注”。四表数据来自会计主体的账簿资料，是对账簿数据的重新分类和汇总，必须有可靠凭证作为原始凭证，数据处理过程遵循会计准则。附注是财务报表的重要组成部分，提供四表数据的列报基础、会计政策等基础性信息，并对四表中的汇总数据作出适当的明细说明。“四表一注”的内容应当经过注册会计师审计。由于当代企业经营管理处于日趋复杂和快速变化的内外部环境，财务报表所容纳的财务会计信息具有相对的滞后性和程式化特点，一些新出现的与财务报告使用者决策相关的信息如果不能在财务报表中反映，就要以独立的项目包括在财务报告中及时地向外报告。

财务报告的各个组成部分是相互联系的，它们从不同的角度说明企业的财务状况、经营成果和现金流量等情况。要全面理解和掌握企业的经营管理活动，应当将“四表一注”等财务报告的内容进行有机联系。

三、财务报告的目标

企业编制财务报告（又称财务会计报告）的目标是向财务报告使用者提供与企业财务状况、经营成果和现金流量等有关的会计信息，反映企业管理层受托责任履行情况，有助于财务会计报告使用者作出经济决策。财务报告使用者主要包括投资者、债权人、政府及其有关部门、企业商业伙伴和社会公众等。具体而言，财务报告有如下目标：

（一）有助于所有者、债权人和潜在投资者合理地进行投资决策和维护其自身利益

企业外部的所有者、债权人和潜在投资者可以通过企业财务报告所提供的信息，了解企业的财务状况、经营成果和现金流量情况，分析企业的赢利能力和偿债能力，作为投资、信贷或转移投资等决策的依据。

（二）有助于政府经济管理部门进行宏观调控和管理

政府作为社会经济的管理者，承担宏观经济调控和管理的职能。政府宏观经济管理部门可以通过对企业的财务报表提供的资料进行汇总分析，分析和考核国民经济总体的运行情况，为政府进行国民经济宏观调控和进行宏观经济决策提供依据。国家有关部门还可利用会计报表提供的信息，对有关政策的科学性作出评价，为政府有关部门科学地制定和修订政策提供依据。

（三）有助于供应链上的商业伙伴进行商业决策

当代企业竞争不仅表现为单个企业之间的竞争，同时表现为供应链之间的竞争。企业必须考虑选择合适的供应商和客户以构成有竞争力的供应链。商业伙伴的财务信息成为企业进行授信及均衡利润等商业决策的基础信息之一。

（四）有助于企业自身加强和改善经营管理

企业管理当局通过财务报告，可以全面、系统地了解企业的生产经营情况、财务状况和现金流动情况，检查、分析企业财务计划的完成情况和有关方针政策的执行情况，及时总结经验、发现问题与纠正问题，不断改善经营管理工作，提高经营管理水平。

四、财务报表的分类

可以按照不同的标准对财务报表进行分类。主要的分类方法有以下几种：

（一）按财务报表反映的内容分类

财务报表按照反映的内容不同，可以分为反映企业财务状况的财务报表和反映企业经营成果的财务报表。反映企业财务状况的财务报表有资产负债表和现金流量表。资产负债表是反映企业在特定时日资产、负债及所有者权益情况的报表；现金流量表是反映一定期间现金流量情况及其变动原因的报表。反映企业经营成果的财务报表有利润表，利润表反映企业一定时期的收入、费用和最终经营成果。

（二）按财务报表编报的期间分类

财务报表按照编报的期间不同，可以分为中期财务报表和年度财务报表两类。中期财务报表是以短于一个会计年度的报告期间为基础编制的财务报表，包括月报、季报和半年报三种。年度财务报表是年度终了编制的财务报表。一般而言，月报要求简明及时，年报

要求全面完整，季报提供信息详略程度介于月报和年报之间，半年报则比年报提供的资料略为简化。

（三）按财务报表编制的主体分类

财务报表按编制主体的不同，可以分为个别财务报表、汇总财务报表和合并财务报表。个别财务报表的编制主体是特定法人主体，以企业财务报表来说，个别财务报表是企业根据其账簿资料编制的，用以反映个别企业的财务状况和经营成果的财务报表；汇总财务报表的编制主体是企业的主管部门或上级机关，是对所属企业报送的个别财务报表进行简单汇总而形成的财务报表；合并财务报表的编制主体是企业集团的母公司，是母公司在母公司和子公司个别财务报表的基础上，对企业集团内部交易相抵后编制的财务报表，用以反映企业集团的财务状况、经营成果和现金流量情况。

五、财务报表列报的基本要求

财务报表是财务会计信息的主要载体，财务报表“列报”是指交易和事项在报表中的“列示”和在附注中的“披露”，即财务会计信息在资产负债表等表内反映称为“列示”，在附注中反映称为“披露”。为了满足财务会计信息质量要求，根据《〈企业会计准则第30号——财务报表列报〉应用指南》的规定，财务报表列报应遵循以下基本要求：

（一）遵循各项会计准则进行确认和计量

企业应当根据实际发生的交易和事项，遵循各项具体会计准则的规定进行确认和计量，并在此基础上编制财务报表。企业应当在附注中对遵循企业会计准则编制的财务报表作出声明，只有遵循了企业会计准则的所有规定时，财务报表才应当被称为“遵循了企业会计准则”。

企业不应以在附注中披露代替对交易和事项的确认与计量，也就是说，企业采用的不恰当的会计政策，不得通过在附注中披露等其他形式予以更正，企业应当对交易和事项进行正确的确认和计量。

（二）披露列报基础

持续经营是会计的基本前提，是会计确认、计量及编制财务报表的基础，企业会计准则规范的是持续经营条件下企业对所发生交易和事项确认、计量及报表列报；相反，如果企业经营出现了非持续经营，致使以持续经营为基础编制财务报表不再合理的，企业应当采用其他基础（如破产企业的资产采用可变现净值计量、负债按照其预计的结算金额计量等不符合会计准则规范的处理方法）编制财务报表。在非持续经营情况下，企业应当在附注中声明财务报表未以持续经营为基础列报，披露未以持续经营为基础的原因以及财务报表的编制基础。

在编制财务报表的过程中，企业管理层应当对企业持续经营的能力进行评价，判断企业是否处于持续经营或非持续经营的状态。

（三）依据重要性原则设计列报项目

财务报表是通过对大量的交易或其他事项进行处理而生成的，这些交易或其他事项按其性质或功能汇总归类而形成财务报表中的项目。关于项目在财务报表中是单独列报还是合并列报，应当依据重要性原则来判断。总的原则是，如果某项目单个看不具有重要性，则可将其与其他项目合并列报；如具有重要性，则应当单独列报。所谓重要性，是指如果某项目的省略或错报会影响使用者据此作出经济决策的，则该项目就具有重要性。具体而言，应当遵循以下几点：

（1）性质或功能不同的项目，应当在财务报表中单独列报，但不具有重要性的项目除外。比如，“存货”和“固定资产”单独列报。

（2）性质或功能类似的项目，一般可以合并列报，其所属类别具有重要性的，应当按其类别在财务报表中单独列报。比如，原材料、低值易耗品等项目合并为“存货”项目列报。

（3）项目单独列报的原则不仅适用于报表，还适用于附注。某些项目对报表而言不具重要性，但是对附注而言具有重要性，则其要在附注中单独列报。

（4）无论是财务报表列报准则规定的单独列报项目，还是其他具体会计准则规定单独列报的项目，企业都应当予以单独列报。

（四）保持列报的一致性

可比性是会计信息的一项重要质量要求，目的是使同一企业不同期间和同一期间不同企业的财务报表相互可比。为此，财务报表项目的列报应当在各个会计期间保持一致，不得随意变更，这一要求不仅针对财务报表中的项目名称，还包括财务报表项目的分类、排列顺序等方面。

当会计准则要求改变，或企业经营业务的性质发生重大变化后、变更财务报表项目的列报能够提供更可靠、更相关的会计信息时，可以改变列报的财务报表项目。

（五）财务报表项目金额不得随意抵消

财务报表项目应当以总额列报，资产和负债、收入和费用不能相互抵消，即不得以净额列报，但企业会计准则另有规定的除外。比如，企业应付款不得与应收款相互抵消，收入和费用不得相互抵消。

以下两种情况不属于抵消，可以以净额列示：①资产项目应当按扣除减值准备后的净额列示；②非日常活动产生的损益应当以同一交易形成的收入扣减费用后的净额列示。

（六）列报比较信息

企业在列报当期财务报表时，至少应当提供所有列报项目上一可比会计期间的比较数据，以及与理解当期财务报表相关的说明，目的是向报表使用者提供对比数据，提高信息在会计期间的可比性，以反映企业财务状况、经营成果和现金流量的发展趋势，提高报表使用者的判断与决策能力。

在财务报表项目的列报确需发生变更的情况下，企业应当对上期比较数据按照当期的列报要求进行调整，并在附注中披露调整的原因和性质，以及调整的各项目金额。但是，在某些情况下，对上期比较数据进行调整不是切实可行的，则应当在附注中披露不能调整的原因。

（七）财务报表表首的列报要求

财务报表一般分为表首、正表两部分，其中，在表首部分应当概括说明下列基本信息：①编制企业的名称；②编制资产负债表日，编制利润表、现金流量表、所有者权益变动表的会计期间；③人民币金额单位，如元、万元等；④财务报表是合并财务报表的，应当予以标明。

（八）企业至少应当编制年度财务报表

企业至少应当编制年度财务报表。根据《会计法》的规定，会计年度自公历1月1日起至12月31日止。因此，在编制年度财务报表时，可能存在年度财务报表涵盖的期间短于一年的情况，比如企业在年度中间开始设立等，在这种情况下，企业应当披露年度财务报表的实际涵盖期间及其短于一年的原因，并应当说明由此引起财务报表项目与比较数据不具可比性这一事实。

六、财务会计报告的报送

财务会计信息具有时效性。为了有利于报告使用者作出相关决策，财务会计信息应被及时送达。我国的《公司法》、《证券法》等法律法规对财务会计信息的报送时间作出了规定。

根据《公司法》第一百六十六条规定，有限责任公司应当依照公司章程规定的期限将财务会计报告送交各股东。股份有限公司的财务会计报告应当在召开股东大会年会的20天前置备于本公司，供股东查阅；公开发行股票的股份有限公司必须公告其财务会计报告。

根据《证券法》第六十五、六十六条规定，上市公司和公司债券上市交易的公司，应当在每一会计年度的上半年结束之日起两个月内，向国务院证券监督管理机构和证券交易所报送包括公司财务会计报告在内的中期报告，应当在每一会计年度结束之日起四个月内，报送年度报告，并予公告。

根据中国证券监督管理委员会2007年1月文件《上市公司信息披露管理办法》第十九、二十条的规定，上市公司应当披露的定期报告包括年度报告、中期报告和季度报告。凡是对投资者作出投资决策有重大影响的信息，均应当披露。年度报告中的财务会计报告应当经具有证券、期货相关业务资格的会计师事务所审计。年度报告应当在每个会计年度结束之日起4个月内，中期报告应当在每个会计年度的上半年结束之日起2个月内，季度报告应当在每个会计年度第3个月、第9个月结束后的1个月内编制完成并披露。第一季度季度报告的披露时间不得早于上一年度年度报告的披露时间。

财务会计信息在依法公开披露之前不得泄密。

第二节 资产负债表

一、资产负债表概念

根据《企业会计准则（2006）——基本准则》的定义，资产负债表是指反映企业在某一特定日期的财务状况的会计报表。

资产负债表主要包括以下含义：

（1）资产负债表反映企业在“某一特定日期”的财务状况，“某一特定日期”是一个静态的时间概念，可以理解为时间坐标上的任一点。因此，资产负债表是静态的财务报表。比如，年度资产负债表上标示的资产负债表日是“××××年度12月31日”，表明该资产负债表反映的是某年12月31日的财务状况。

（2）资产负债表主要提供有关企业“财务状况”方面的信息，即某一企业在某一特定日期（可理解为某一时点）的资产、负债、所有者权益等会计要素项目的金额。

二、资产负债表的作用

资产负债表提供的企业在某一特定日期的财务状况信息具有以下主要作用：

（1）提供某一日期企业资产的总额及其结构，表明企业拥有或控制的资源及其分布情况，使用者可以一目了然地从资产负债表上了解企业在某一特定日期所拥有的资产总量及其结构，使用者据此分析企业生产经营能力。

（2）提供某一日期的负债总额及其结构，表明企业未来需要用多少资产或劳务清偿债务以及清偿时间，使用者据此分析企业的债务负担。

（3）反映所有者所拥有的权益，使用者据此分析资本保值、增值的情况以及对负债的保障程度。

（4）提供进行财务分析的基本资料，使用者据此进行财务比率的计算，进一步分析企业的变现能力、偿债能力和资金周转能力，判断企业的财务弹性。

（5）提供财务状况的比较信息，使用者据此分析企业财务状况的变动情况并预测企业财务状况的未来发展趋势。

三、一般企业资产负债表的列示格式

（一）账户式与报告式资产负债表

资产负债表正表的列示格式一般有两种：报告式资产负债表和账户式资产负债表。

报告式资产负债表是上下结构，将资产、负债、所有者权益项目垂直排列，因此又称垂直式资产负债表。

账户式资产负债表是左右结构，根据“资产＝负债＋所有者权益”这一平衡公式展开，按照“T”形账户的形式设计，把表分为左右两方，将资产项目列在表的左方，负债和所有者权益项目列在表的右方，左方的资产总额等于右方的负债和所有者权益总额。根据财务报表列报准则的规定，资产负债表采用账户式结构。

（二）列示资产负债表的比较信息

根据财务报表列报准则的规定，企业需要提供比较资产负债表，以便报表使用者通过比较不同时点资产负债表的数据，掌握企业财务状况的变动情况及发展趋势。所以，资产负债表各项目再分为“年初余额”和“期末余额”两栏分别填写。

（三）资产负债表的具体格式

根据《〈企业会计准则第30号——财务报表列报〉应用指南》的规定，一般企业资产负债表的列示格式如表8－2所示。金融企业因业务特殊，其资产负债表格式与此不同。

四、一般企业资产负债表的列示方法

（一）资产负债表各项目的列示说明

表 8－2　　　　资产负债表

会企 01 表

编制单位：　　　　____年____月____日　　　　单位：元

资　产	期末余额	年初余额	负债和所有者权益（或股东权益）	期末余额	年初余额
流动资产：			流动负债：		
货币资金			短期借款		
交易性金融资产			交易性金融负债		
应收票据			应付票据		
应收账款			应付账款		
预付账款			预收款项		
应收利息			应付职工薪酬		
应收股利			应交税费		
其他应收款			应付利息		
存货			应付股利		
一年内到期的非流动资产			其他应付款		
其他流动资产			一年内到期的非流动负债		
流动资产合计			其他流动负债		
非流动资产：			流动负债合计		
可供出售金融资产			非流动负债：		
持有至到期投资			长期借款		
长期应收款			应付债券		
长期股权投资			长期应付款		
投资性房地产			专项应付款		
固定资产			预计负债		
在建工程			递延所得税负债		
工程物资			其他非流动负债		
固定资产清理			非流动负债合计		
生产性生物资产			负债合计		
油气资产			所有者权益（或股东权益）：		

（续上表）

资　产	期末余额	年初余额	负债和所有者权益（或股东权益）	期末余额	年初余额
无形资产			实收资本（或股本）		
开发支出			资本公积		
商誉			减：库存股		
长期待摊费用			盈余公积		
递延所得税资产			未分配利润		
其他非流动资产			所有者权益（或股东权益）合计		
非流动资产合计					
资产总计			负债和所有者权益（或股东权益）总计		

（1）资产项目的列示说明。

“货币资金”项目，反映企业库存现金、银行结算户存款、外埠存款、银行汇票存款、银行本票存款、信用卡存款、信用证保证金存款等的合计数。本项目应根据“库存现金”、“银行存款”、“其他货币资金”账户的期末余额合计填列。

“交易性金融资产”项目，反映企业持有的以公允价值计量且其变动计入当期损益的为交易目的所持有的债券投资、股票投资、基金投资、权证投资等金融资产。本项目应根据“交易性金融资产”账户的期末余额填列。

“应收票据”项目，反映企业因销售商品、提供劳务等而收到的商业汇票，包括银行承兑汇票和商业承兑汇票。本项目应根据“应收票据”账户的期末余额，减去“坏账准备”科目中有关应收票据计提的坏账准备期末余额后的金额填列。

“应收账款”项目，反映企业因销售商品、提供劳务等经营活动应收取的款项。本项目应根据“应收账款”账户及“预收账款”账户所属各明细账户的期末借方余额合计数，减去“坏账准备”科目中有关应收账款计提的坏账准备期末余额后的金额填列。如“应收账款”账户所属明细账户期末有贷方余额的，应在资产负债表“预收款项”项目内反映。

“预付账款”项目，反映企业按照购货合同规定预付给供应单位的款项等。本项目应根据“预付账款”账户及“应付账款”账户所属明细账户的期末借方余额合计数，减去“坏账准备”账户中有关预付账款计提的坏账准备期末余额后的金额填列。如“预付账款”账户所属明细账户期末有贷方余额的，应在资产负债表“应付账款”项目内反映。

“应收利息”项目，反映企业应收取的债券投资等的利息。本项目应根据“应收利息”账户的期末余额，减去“坏账准备”账户中有关应收利息计提的坏账准备期末余额后的金额填列。

“应收股利”项目，反映企业应收取的现金股利和应收取其他单位分配的利润。本项目应根据“应收股利”账户的期末余额，减去“坏账准备”账户中有关应收股利计提的坏账准备期末余额后的金额填列。

“其他应收款”项目，反映企业除应收票据、应收账款、预付账款、应收股利、应收利息等经营活动以外的其他各种应收、暂付的款项。本项目应根据“其他应收款”账户的期末余额，减去“坏账准备”账户中有关其他应收款计提的坏账准备期末余额后的金额填列。

“存货”项目，反映企业期末在库、在途和在加工中的各种存货的可变现净值。本项目应根据“材料采购”、“原材料”、“低值易耗品”、“库存商品”、“周转材料”、“委托加工物资”、“委托代销商品”、“生产成本”等账户的期末余额合计数，减去“受托代销商品款”、“存货跌价准备”账户期末余额后的金额填列。材料采用计划成本核算，以及库存商品采用计划成本或售价核算的企业，还应按加或减材料成本差异、商品进销差价后的金额填列。

“一年内到期的非流动资产”项目，反映企业将于一年内到期的非流动资产项目金额。本项目应根据有关账户的期末余额填列。

“其他流动资产”项目，反映企业除货币资金、交易性金融资产、应收票据、应收账款、存货等流动资产以外的其他流动资产。本项目应根据有关科目的期末余额填列。

“可供出售金融资产”项目，反映企业持有的以公允价值计量的可供出售的股票投资、债券投资等金融资产。本项目应根据“可供出售金融资产”账户的期末余额，减去“可供出售金融资产减值准备”账户的期末余额后的金额填列。

“持有至到期投资”项目，反映企业持有的以摊余成本计量的持有至到期投资。本项目应根据“持有至到期投资”账户的期末余额，减去“持有至到期投资减值准备”账户期末余额后的金额填列。

“长期应收款”项目，反映企业融资租赁产生的应收款项、采用递延方式具有融资性质的销售商品和提供劳务等产生的长期应收款项等。本项目应根据“长期应收款”账户的期末余额，减去相应的“未实现融资收益”账户和“坏账准备”账户所属相关明细账户期末余额后的金额填列。

“长期股权投资”项目，反映企业持有的对子公司、联营企业和合营企业的长期股权投资。本项目应根据“长期股权投资”账户的期末余额，减去“长期股权投资减值准备”账户期末余额后的金额填列。

“投资性房地产”项目，反映企业持有的投资性房地产。企业采用成本模式计量投资性房地产的，本项目应根据“投资性房地产”账户的期末余额，减去“投资性房地产累计折旧”和“投资性房地产减值准备”账户期末余额后的金额填列；企业采用公允价值模式计量投资性房地产的，本项目应根据“投资性房地产”账户的期末余额填列。

“固定资产”项目，反映企业各种固定资产原价减去累计折旧和累计减值准备后的净额。本项目应根据“固定资产”账户的期末余额，减去“累计折旧”和“固定资产减值准备”账户的期末余额后的金额填列。

“在建工程”项目，反映企业期末各项未完工程的实际支出，包括交付安装的设备价值、未完建筑安装工程已耗用的材料、工资和费用支出、预付出包工程的价款等的可收回金额。本项目应根据“在建工程”账户的期末余额，减去“在建工程减值准备”账户的期末余额后的金额填列。

“工程物资”项目，反映企业尚未使用的各项工程物资的实际成本。本项目应根据“工程物资”账户的期末余额填列。

“固定资产清理”项目，反映企业因出售、毁损、报废等原因转入清理但尚未清理完毕的固定资产的净值，以及固定资产清理过程中所发生的清理费用和变价收入等各项金额的差额。本项目应根据“固定资产清理”账户的期末借方余额填列。如“固定资产清理”账户期末为贷方余额，以“－”号填列。

“生产性生物资产”项目，反映企业持有的生产性生物资产。本项目应根据“生产性生物资产”账户的期末余额，减去“生产性生物资产累计折旧”和“生产性生物资产减值准备”账户期末余额后的金额填列。

“油气资产”项目，反映企业持有的矿区权益和油气井及相关设施的原价减去累计折耗和累计减值准备后的净额。本项目应根据“油气资产”账户的期末余额，减去“累计折耗”账户期末余额和相应减值准备后的金额填列。

“无形资产”项目，反映企业持有的无形资产，包括专利权、非专利技术、商标权、著作权、土地使用权等。本项目应根据“无形资产”账户的期末余额，减去“累计摊销”和“无形资产减值准备”账户期末余额后的金额填列。

“开发支出”项目，反映企业开发无形资产过程中能够资本化形成无形资产成本的支出部分。本项目应根据“开发支出”账户中所属的“资本化支出”明细账户期末余额填列。

“商誉”项目，反映企业合并中形成的商誉的价值。本项目应根据“商誉”账户的期末余额，减去相应减值准备后的金额填列。

“长期待摊费用”项目，反映企业已经发生但应由本期和以后各期负担的分摊期限在一年以上的各项费用。长期待摊费用中在一年内（含一年）摊销的部分，应在资产负债表“一年内到期的非流动资产”项目填列。本项目应根据“长期待摊费用”账户的期末余额减去将于一年内（含一年）摊销的数额后的金额填列。

“递延所得税资产”项目，反映企业确认的可抵扣暂时性差异产生的递延所得税资产。本项目应根据“递延所得税资产”账户的期末余额填列。

“其他非流动资产”项目，反映企业除长期股权投资、固定资产、在建工程、工程物资、无形资产等资产以外的其他非流动资产。本项目应根据有关账户的期末余额填列。

（2）负债项目的列示说明。

“短期借款”项目，反映企业向银行或其他金融机构等借入的期限在一年以下（含一年）的各种借款。本项目应根据“短期借款”账户的期末余额填列。

“交易性金融负债”项目，反映企业承担的以公允价值计量且其变动计入当期损益的为交易目的所持有的金融负债。本项目应根据“交易性金融负债”账户的期末余额填列。

“应付票据”项目，反映企业购买材料、商品和接受劳务供应等而开出、承兑的商业汇票，包括银行承兑汇票和商业承兑汇票。本项目应根据“应付票据”账户的期末余额填列。

“应付账款”项目，反映企业因购买材料、商品和接受劳务供应等经营活动应支付的款项。本项目应根据“应付账款”账户及“预付账款”账户所属各明细账户的期末贷方余额合计数填列。如“应付账款”账户所属明细账户期末有借方余额的，应在资产负债表“预付账款”项目内填列，而“预付账款”账户所属有关明细账户期末有贷方余额的，应在本项目内反映。

“预收款项”项目，反映企业按照购货合同规定预付给供应单位的款项。本项目应根据“预收账款”账户及“应收账款”账户所属各明细账户的期末贷方余额合计数填列。如“预收账款”账户所属有关明细账户有借方余额的，应在资产负债表“应收账款”项目内填列；而“应收账款”账户所属明细账户有贷方余额的，应包括在本项目内。

“应付职工薪酬”项目，反映企业根据有关规定应付给职工的工资、职工福利、社会保险费、住房公积金、工会经费、职工教育经费、非货币性福利、辞退福利等各种薪酬。外商投资企业按规定从净利润中提取的职工奖励及福利基金，也在本项目列示。本项目应根据“应付职工薪酬”账户期末贷方余额填列。如“应付职工薪酬”账户期末为借方余额，以“-”号填列。

“应交税费”项目，反映企业按照税法规定计量应交纳的各种税费，包括增值税、消费税、营业税、所得税、资源税、土地增值税、城市维护建设税、房产税、土地使用税、车船使用税、教育费附加、矿产资源补偿费等。企业代扣代交的个人所得税，也通过本项目列示。本项目应根据“应交税费”账户的期末贷方余额填列。如“应交税费”账户期末为借方余额，以“-”号填列。

“应付利息”项目，反映企业按照规定应当支付的利息，包括分期付息到期还本的长期借款应支付的利息、企业发行的企业债券应支付的利息等。本项目应根据“应付利息”账户的期末贷方余额填列。

“应付股利”项目，反映企业分配的现金股利或利润。企业分配的股票股利，不通过本项目列示。本项目应根据“应付股利”账户的期末余额填列。

“其他应付款”项目，反映企业除应付票据、应付账款、预收账款、应付职工薪酬、应付股利、应付利息、应交税费等经营活动以外的其他各项应付、暂收的款项。本项目应根据“其他应付款”账户的期末余额填列。

“一年内到期的非流动负债”项目，反映企业非流动负债中将于资产负债表日后一年内到期部分的金额，如将于一年内偿还的长期借款。本项目应根据有关科目的期末余额填列。

“其他流动负债”项目，反映企业除短期借款、交易性金融负债、应付票据、应付账款、应付职工薪酬、应交税费等流动负债以外的其他流动负债。本项目应根据有关账户的期末余额填列。

“长期借款”项目，反映企业向银行或其他金融机构借入的期限在一年以上（不含一年）的各项借款。本项目应根据“长期借款”账户的期末余额填列。

“应付债券”项目，反映企业为筹集长期资金而发行的债券本金和利息。本项目应根据“应付债券”账户的期末余额填列。

“长期应付款”项目，反映企业除长期借款和应付债券以外的其他各种长期应付款项。本项目应根据“长期应付款”账户的期末余额，减去相应的“未确认融资费用”账户期末余额后的金额填列。

"专项应付款"项目，反映企业取得政府作为企业所有者投入的具有专项或特定用途的款项。本项目应根据"专项应付款"账户的期末余额填列。

"预计负债"项目，反映企业确认的对外提供担保、未决诉讼、产品质量保证、重组义务、亏损性合同等预计负债。本项目应根据"预计负债"账户的期末余额填列。

"递延所得税负债"项目，反映企业确认的应纳税暂时性差异产生的所得税负债。本项目应根据"递延所得税负债"账户的期末余额填列。

"其他非流动负债"项目，反映企业除长期借款、应付债券等负债以外的其他非流动负债。本项目应根据有关账户的期末余额减去将于一年内（含一年）到期偿还数后的余额填列。非流动负债各项目中将于一年内（含一年）到期的非流动负债，应在"一年内到期的非流动负债"项目内单独反映。

（3）所有者权益项目的列示说明。

"实收资本"项目，反映企业各投资者实际投入的资本总额。本项目应根据"实收资本"账户的期末余额填列。

"资本公积"项目，反映企业资本公积的期末余额。本项目应根据"资本公积"账户的期末余额填列。

"库存股"项目，反映企业持有尚未转让或注销的本公司股份金额。本项目应根据"库存股"账户的期末余额填列。

"盈余公积"项目，反映企业盈余公积的期末余额。本项目应根据"盈余公积"账户的期末余额填列。

"未分配利润"项目，反映企业尚未分配的利润。本项目应根据"本年利润"账户和"利润分配"账户的余额计算填列。未弥补的亏损，在本项目内以"－"号反映。

（二）"年初余额"栏的列示方法

资产负债表的"年初余额"栏内各项数字，应根据上年末资产负债表"期末余额"栏内所列数字填列。如果本年度资产负债表规定的各个项目的名称和内容同上年度不相一致，应对上年年末资产负债表各项目的名称和数字按照本年度的规定进行调整，填入本表"年初余额"栏内。

（三）"期末余额"栏的列示方法

资产负债表的"期末余额"栏内各项数字，一般应根据资产、负债、所有者权益类等账户的期末余额填列。主要包括以下方式：

（1）根据总账账户的余额填列。资产负债表中的有些项目，可直接根据有关总账账户的余额填列。如"交易性金融资产"、"短期借款"、"应付票据"、"应付职工薪酬"等项目；有些项目则根据几个总账账户的余额计算填列，如"货币资金"项目等。

（2）根据有关明细账户的余额计算填列。如"应付账款"、"应收账款"项目等。

（3）根据总账账户和明细账户余额分析计算填列。如"长期借款"项目等。

（4）根据有关账户余额减去其备抵账户余额后的净额填列。如"应收账款"、"长期股权投资"等项目。

（5）综合运用上述填列方法分析填列。如"存货"等项目。

五、资产负债表编制举例

［例 8－1］A 公司 20××年 12 月 31 日有关账户的余额如表 8－3 所示。根据上述所给资料，可以编制该企业 20××年 12 月 31 日的资产负债表（期末数栏），如表 8－4 所示。

表 8－3 账户余额表

20××年 12 月 31 日 单位：元

账户名称	借方余额	账户名称	贷方余额
库存现金	8 000	短期借款	820 000
银行存款	1 500 000	应付票据	243 900
其他货币资金	700 000	应交税费	20 400
应收票据	150 000	应付职工薪酬	160 200
应收账款	1 600 000	预收账款	1 380 000
－A 公司	2 000 000	－G 公司	2 000 000
－B 公司	－400 000	－H 公司	－620 000
坏账准备	－8 500	应付账款	4 500 000
－应收账款	－8 000	－E 公司	5 000 000
－其他应收款	－500	－F 公司	－500 000
预付账款	205 800	其他应付款	100 000
－C 公司	300 000		
－D 公司	－94 200		
其他应收款	15 000	长期借款	5 000 000
		其中一年内到期	800 000
在途物资	108 500	实收资本	13 000 000
原材料	1 200 000	盈余公积	1 000 000
包装物	225 400	利润分配（未分配利润）	926 200
低值易耗品	156 800		
库存商品	840 000		
长期股权投资	1 508 200		
固定资产	21 409 000		
累计折旧	－3 401 000		
在建工程	105 400		
无形资产	707 500		
长期待摊费用	120 600		
合　计	27 150 700	合　计	27 150 700

表 8－4　　资产负债表

会企 01 表

编制单位：A 公司　　20××年 12 月 31 日　　单位：元

资　产	期末余额	年初余额（略）	负债和所有者权益	期末余额（略）	年初余额
流动资产：			流动负债：		
货币资金	2 208 000		短期借款	820 000	
交易性金融资产			交易性金融资产		
应收票据	150 000		应付票据	243 900	
应收账款	2 612 000		应付账款	5 094 200	
预付账款	800 000		预收账款	2 400 000	
应收利息			应付职工薪酬	160 200	
应收股利			应交税费	20 400	
其他应收款	14 500		应付利息		
存货	2 530 700		应付股利		
一年内到期的非流动资产			其他应付款	100 000	
其他流动资产			一年内到期的非流动负债	800 000	
流动资产合计	8 315 200		其他流动负债		
非流动资产：			流动负债合计	9 638 700	
可供出售金融资产			非流动负债：		
持有至到期投资			长期借款	4 200 000	
长期应收款			应付债券		
长期股权投资	1 508 200		长期应付款		
投资性房地产			专项应付款		
固定资产	18 008 000		预计负债		
在建工程	105 400		递延所得税负债		
工程物资			其他非流动负债		
固定资产清理			非流动负债合计	4 200 000	
生产性生物资产			负债合计	13 838 700	
油气资产			所有者权益：		
无形资产	707 500		实收资本	13 000 000	
开发支出			资本公积		
商誉			减：库存股		
长期待摊费用	120 600		盈余公积	1 000 000	

（续上表）

资　产	期末余额	年初余额（略）	负债和所有者权益	期末余额（略）	年初余额
递延所得税资产			未分配利润	926 200	
其他非流动资产			所有者权益合计	14 926 200	
非流动资产合计	20 449 700				
资产总计	28 764 900		负债和所有者权益合计	28 764 900	

第三节　利润表

一、利润表概念

根据《企业会计准则（2006）——基本准则》的定义，利润表是指反映企业在一定会计期间的经营成果的会计报表。

利润表定义主要包括以下内容：

（1）利润表反映企业在“一定会计期间”的经营成果，“一定会计期间”是一个动态的时间概念，可以理解为时间坐标上的某一时间区间。因此，利润表是动态的财务报表。比如，年度利润表上标示的一定会计期间是“××××年度”，表明该利润表反映的是某会计年度的经营成果。

（2）利润表主要提供有关企业“经营成果”方面的信息，即提供企业在一定会计期间的收入、费用、利得和损失等项目的金额，并计算出本期利润。

二、利润表的作用

利润表反映企业一定会计期间的经营成果，其主要作用表现为：

（1）通过利润表，使用者可获知企业一定会计期间收入的实现情况，如营业收入、投资收益、营业外收入的具体金额及占比；也可以获知当期费用的耗费情况，如营业成本、营业税金及附加、期间费用等项目金额及占比。

（2）通过分析利润表所反映企业经营业绩的主要来源和构成，使用者据此判断净利润的质量及其风险，有助于使用者预测净利润的持续性，从而作出正确的决策。

（3）使用者通过分析利润表提供的比较数据，判断企业利润的变化情况并预测其今后的获利能力。

（4）利润表提供财务分析的基本数据，使用者据此计算财务比率，进一步判断和评价企业的经营成果，考核企业经营管理者的工作业绩。

三、一般企业利润表的列示格式

（一）多步式利润表列示格式

收入、费用是利润表的基本要素，由于各项收入与各项费用的相互联系、相互配比的方式不同，从而形成不同结构的利润表。利润表的列示格式主要有两种，即单步式利润表和多步式利润表。单步式利润表是将当期全部收入列在一起，然后将所有的费用列在一起，两者相减得出当期净损益。这种利润表的内容有“营业收入和收益”、“营业费用和损失”、“净利润”三部分，以“营业收入和收益”减去“营业费用和损失”，即可一步计算出当期“净利润”。单步式利润表的优点是收入和费用归类清楚，经营成果的确认比较直观，报表编制方法简单；缺点是对收入和费用的性质不加区分，简单归类，不能揭示利润中各要素之间的内在联系，提供的资料不便于对企业经营成果进行分析与评价。

多步式利润表是通过对当期的收入、费用等项目按性质加以归类，按利润形成的主要环节列示一些中间性利润指标，分步计算当期净利润。财务报表列报准则规定按多步式利润表列示企业利润。多步式利润表计算利润的步骤如下：

1. 计算营业利润

营业利润 = 营业收入 – 营业成本 – 营业税金及附加 – 销售费用 – 管理费用 – 财务费用 – 资产减值损失 + 公允价值变动收益（ – 公允价值变动损失） + 投资收益（ – 投资损失）

2. 计算利润总额

利润总额 = 营业利润 + 营业外收入 – 营业外支出

3. 计算净利润

净利润 = 利润总额 – 所得税费用

4. 计算每股收益

普通股或潜在普通股已公开交易的企业，以及正处于公开发行普通股或潜在普通股过程中的企业，计算每股收益。

多步式利润表的优点是按利润的性质分步计算利润，反映了净利润各构成要素之间的内在联系，便于报表使用者进行盈利分析和预测企业的赢利能力。

（二）列示利润表的比较信息

根据财务报表列报准则的规定，企业需要提供比较利润表，以使报表使用者通过比较不同期间利润的实现情况，判断企业经营成果的未来发展趋势。因此，利润表应就各项目再分为“本期金额”和“上期金额”两栏分别填列。

（三）利润表的具体列示格式

根据《〈企业会计准则第30号——财务报表列报〉应用指南》的规定，一般企业利润表的列示格式如表8–5所示。金融企业因业务特殊，其利润表与此不同。

四、一般企业利润表的列示方法

（一）利润表各项目的列示说明

（1）“营业收入”项目，反映企业经营主要业务和其他业务所确认的收入总额。

表 8－5　　利润表

会企 02 表

编制单位：　　　　____年____月　　　　单位：元

项　目	本期金额	上期金额
一、营业收入		
减：营业成本		
营业税金及附加		
销售费用		
管理费用		
财务费用		
资产减值损失		
加：公允价值变动收益（损失以“－”号填列）		
投资收益（损失以“－”号填列）		
其中：对联营企业和合营企业的投资收益		
二、营业利润（亏损以“－”号填列）		
加：营业外收入		
减：营业外支出		
其中：非流动资产处置损失		
三、利润总额（亏损总额以“－”号填列）		
减：所得税费用		
四、净利润（净亏损以“－”号填列）		
五、每股收益：		
（一）基本每股收益		
（二）稀释每股收益		

本项目应根据“主营业务收入”、“其他业务收入”账户的发生额分析加总填列。

（2）“营业成本”项目，反映企业经营主要业务和其他业务所发生的成本总额。本项目应根据“主营业务成本”、“其他业务成本”账户的发生额分析加总填列。

（3）“营业税金及附加”项目，反映企业经营业务应负担的消费税、营业税、城市建设维护税、资源税、土地增值税和教育费附加等。本项目应根据“营业税金及附加”账户的发生额分析填列。

（4）“销售费用”项目，反映企业在销售商品过程中发生的包装费、广告费等费用和为销售本企业商品而专设的销售机构的职工薪酬、业务费等经营费用。本项目应根据“销售费用”账户的发生额分析填列。

（5）“管理费用”项目，反映企业为组织和管理生产经营发生的管理费用。本项目应根据“管理费用”账户的发生额分析填列。

（6）“财务费用”项目，反映企业筹集生产经营所需资金等而发生的筹资费用。本项目应根据“财务费用”账户的发生额分析填列。

（7）“资产减值损失”项目，反映企业各项资产发生的减值损失。本项目应根据“资产减值损失”账户的发生额分析填列。

（8）“公允价值变动损益”项目，反映企业应当计入当期损益的资产或负债公允价值变动收益。本项目应根据“公允价值变动损益”账户的发生额分析填列，如为公允价值变动净损失，本项目以“－”号填列。

（9）“投资收益”项目，反映企业以各种方式对外投资所取得的收益。本项目应根据“投资收益”账户的发生额分析填列；如为投资损失，本项目以“－”号填列。

（10）“营业利润”项目，反映企业实现的营业利润。如为亏损，本项目以“－”号填列。

（11）“营业外收入”项目，反映企业发生的与经营业务无直接关系的各项收入。本项目应根据“营业外收入”账户的发生额分析填列。

（12）“营业外支出”项目，反映企业发生的与经营业务无直接关系的各项支出。本项目应根据“营业外支出”账户的发生额分析填列。

（13）“利润总额”项目，反映企业实现的利润。如为亏损，本项目以“－”号填列。

（14）“所得税费用”项目，反映企业应当从当期利润总额中扣除的所得税费用。本项目应根据“所得税费用”账户的发生额分析填列。

（15）“净利润”项目，反映企业实现的净利润。如为亏损，本项目以“－”号填列。

（16）“基本每股收益”和“稀释每股收益”项目，反映普通股股东每持有一股所能享有的企业利润或需承担的企业亏损。根据企业净利润、普通股股数等计算填列。

（二）“本期金额”栏及“上期金额”栏的填列

利润表“本期金额”栏，反映各项目的本期发生数，一般应根据损益类科目的发生额分析填列；利润表“上期金额”栏内各项数字应根据上年该期利润表“本期金额”栏内所列数字填列。如果上年该期利润表规定的各个项目的名称和内容与本期利润表不相一致，应对上年该期利润表各项目的名称和数字按本期的规定进行调整，填入利润表“上期金额”栏。

五、利润表编制举例

［例 8－2］ABC 公司 20××年 12 月份有关损益类账户的发生额如下：（单位：元）

账户名称	借方发生额	贷方发生额
主营业务收入		1 980 000
投资收益		100 000
其他业务收入		200 000
营业外收入		4 000
主营业务成本	1 000 000	

（续上表）

账户名称	借方发生额	贷方发生额
其他业务成本	100 000	
营业税金及附加	95 000	
销售费用	60 000	
管理费用	100 000	
财务费用	4 000	
营业外支出	5 000	
所得税费用	200 600	

根据上述资料可以编制该公司12月份的利润表，如表8－6所示。

表8－6　　利润表

会企02表

编制单位：ABC公司　　20××年12月　　单位：元

项　目	本期金额	上期金额（略）
一、营业收入	2 180 000	
减：营业成本	1 100 000	
营业税金及附加	95 000	
销售费用	60 000	
管理费用	100 000	
财务费用	4 000	
资产减值损失	0	
加：公允价值变动收益	0	
投资收益	100 000	
其中：对联营企业和合营企业的投资		
二、营业利润	921 000	
加：营业外收入	4 000	
减：营业外支出	5 000	
三、利润总额	920 000	
减：所得税费用	200 600	
四、净利润	719 400	
五、每股收益：		
（一）基本每股收益		
（二）稀释每股收益		

第四节 现金流量表

一、现金流量表概念

根据《企业会计准则（2006）——基本准则》的定义，现金流量表是指反映企业在一定会计期间的现金和现金等价物流入和流出的会计报表。

上述定义中包括几个重要概念：现金、现金等价物、现金流量。

（一）现金概念

现金流量表所说的现金概念包括企业库存现金以及可以随时用于支付的存款。不能随时用于支付的存款不属于现金。具体而言，包括“库存现金”、“银行存款”和“其他货币资金”，其中不能随时用于支付的银行存款不应视为现金流量表中的“现金”，如不能随时支取的定期存款等不应作为现金，提前通知金融机构便可支取的定期存款则应包括在现金范围内。

（二）现金等价物概念

现金等价物，是指企业持有的期限短、流动性强、易于转换为已知金额的现金、价值变动风险很小的投资。其中，“期限短”一般是指从购买日起3个月内到期。例如，可在证券市场上流通的3个月内到期的短期债券等。

现金等价物虽然不是现金，但其支付能力与现金的差别不大，可视为现金。例如，企业为保证支付能力，手持必要的现金，为了不使现金闲置，可以购买短期债券，在需要现金时，随时可以变现。现金等价物定义包含了判断一项投资是否属于现金等价物的四个条件：期限短；流动性强；易于转换为已知金额的现金；价值变动风险很小。其中，期限短、流动性强，强调了变现能力，而易于转换为已知金额的现金、价值变动风险很小，则强调了支付能力的大小。现金等价物通常包括3个月内到期的短期债券投资。权益性投资变现的金额通常不确定，因而不属于现金等价物。

不同企业现金及现金等价物的范围可能不同。企业应当根据现金流量表准则及其指南的规定，结合自身经营特点等具体情况，确定现金及现金等价物的范围，一经确定不得随意变更。如果发生变更，应当按照会计政策变更处理。

（三）现金流量概念

现金流量指企业在一定会计期间现金和现金等价物的流入和流出。企业销售商品、提供劳务、出售固定资产、向银行借款等取得现金，形成企业的现金流入；购买原材料、接受劳务、购建固定资产、对外投资、偿还债务等而支付现金，形成企业的现金流出。在现金流量表中，现金及现金等价物被视为一个整体，企业现金与现金等价物形式的转换不会产生现金流入和流出。例如，企业从银行提取现金，是企业现金存放形式的转换，不构成现金流量；再如，企业用现金购买3个月内到期的国库券也不构成现金流量。

二、现金流量表的作用

现金流量表以“现金”（含现金等价物，下同）为编制基础，有别于资产负债表和利润表等其他报表以“应计制”为编制基础，其目的是为财务报表使用者提供企业在一定会计期间内现金流入和流出的信息，以便于报表使用者了解和评价企业获取现金能力，并据以预测未来的现金流量，弥补其他报表在反映企业现金运动方面的不足。具体而言，现金流量表的作用表现在以下几个方面：

（一）有助于评价企业支付能力、偿债能力和周转能力

现金是企业生产经营的润滑剂，是企业的血液，企业的现金流量很大程度上决定着企业生存和发展的能力。一个有利润的企业如果没有现金净流入，就不会有企业生产经营必需的支付能力和偿债能力；反之，一个亏损却有现金净流入的企业，尽管其赢利能力不佳，但短期内该企业仍可以持续经营下去，等待时机再扭亏为盈。另外，通过分析企业现金流量，可以决断企业资金周转能力，从而判断企业生产经营的效率和效果。

（二）有助于分析企业收益质量及影响现金净流量的因素

企业产生的现金净流入，可能是不同的原因造成的。如果是在经营活动中产生的现金净流入说明企业收益质量良好，产品销售产生的现金流入较多，赊销的情况可能较少；如果是投资活动中产生的现金净流入，说明企业在收缩投资规模，可能会影响其未来的生产经营能力；如果是筹资活动中产生的现金净流入，说明企业可能要债台高筑，或者增加了资本。

（三）有助于预测企业未来现金流量

现金流量表可以提供企业经营活动、投资活动、筹资活动中产生的现金流入和流出数据，使用者据此预测企业未来现金流量。比如，分析其固定资产投资判断其未来的生产能力，进而预测其销售量；分析其长短期借款，预测其未来偿还债务所需的现金流出。预测企业未来现金流量可判断其未来持续经营能力。

总之，通过分析现金流量表，辨明其现金流入流出的方向和结果，有助于投资者对企业生产经营的总体质量作出合理的判断，不至于被以“应计制”为基础编制的报表所迷惑。

三、一般企业现金流量表的列示格式

根据企业业务活动的性质和现金流量的来源，现金流量表准则将企业一定期间产生的现金流量分为三类：经营活动现金流量、投资活动现金流量和筹资活动现金流量。现金流量表按直接法列示。所谓直接法，是指按现金收入和现金支出的主要类别直接反映企业经营、投资和筹资活动产生的现金流量。

根据《〈企业会计准则第30号——财务报表列报〉应用指南》的规定，一般企业现金流量表的具体列示格式如表8-7所示。金融企业因业务特殊，其现金流量表格式与此不同。

表 8 - 7 现金流量表

会企 03 表

编制单位： 年 月 单位：元

项 目	本期金额	上期金额
一、经营活动产生的现金流量：		
销售商品、提供劳务收到的现金		
收到的税费返还		
收到其他与经营活动有关的现金		
经营活动现金流入小计		
购买商品、接受劳务支付的现金		
支付给职工以及为职工支付的现金		
支付的各项税费		
支付其他与经营活动有关的现金		
经营活动现金流出小计		
经营活动产生的现金流量净额		
二、投资活动产生的现金流量：		
收回投资收到的现金		
取得投资收益收到的现金		
处置固定资产、无形资产和其他长期资产收回的现金净额		
处置子公司及其他营业单位收到的现金净额		
收到其他与投资活动有关的现金		
投资活动现金流入小计		
购建固定资产、无形资产和其他长期资产支付的现金		
投资支付的现金		
取得子公司及其他营业单位支付的现金净额		
支付其他与投资活动有关的现金		
投资活动现金流出小计		
投资活动产生的现金流量净额		
三、筹资活动产生的现金流量：		
吸收投资收到的现金		
取得借款收到的现金		
收到其他与筹资活动有关的现金		
筹资活动现金流入小计		
偿还债务支付的现金		
分配股利、利润或偿付利息支付的现金		

（续上表）

项　目	本期金额	上期金额
支付其他与筹资活动有关的现金		
筹资活动现金流出小计		
筹资活动产生的现金流量净额		
四、汇率变动对现金及现金等价物的影响		
五、现金及现金等价物净增加额		
加：期初现金及现金等价物余额		
六、期末现金及现金等价物余额		

【本章小结】

财务报告是指企业对外提供的反映企业某一特定日期的财务状况和某一会计期间的经营成果、现金流量等会计信息的文件。财务报告的各个组成部分是相互联系的，它们从不同的角度说明企业的财务状况、经营成果和现金流量等情况。财务报告是财务会计信息系统的输出结果，它是由财务报表和其他应当在财务报告中披露的相关信息和资料构成，其中财务报表是核心内容，是对企业财务状况、经营成果和现金流量的结构性表述，至少包括“四表一注”。四表是指资产负债表、利润表、现金流量表和所有者权益变动表，一注是指上述四表的附注，附注是财务报表的重要组成部分。“四表一注”具有相对规范的格式、内容和编制方法。资产负债表是指反映企业在某一特定日期的财务状况的会计报表。利润表是指反映企业在一定会计期间的经营成果的会计报表。现金流量表是指反映企业在一定会计期间的现金和现金等价物流入和流出的会计报表。所有者权益变动表是反映构成所有者权益的各组成部分当期的增减变动情况的报表。附注是财务报表不可或缺的组成部分，是对在资产负债表、利润表、现金流量表和所有者权益变动表等报表中列示项目的文字描述或明细资料，以及对未能在这些报表中列示项目的说明等。

【简答题】

1. 什么是财务会计报告？其基本内容是什么？
2. 什么是财务报表？如何对财务报表进行分类？
3. 试述资产负债表的概念、结构和编制方法。
4. 试述利润表的概念、结构和编制方法。

【业务题】

习题一

一、目的：练习资产负债表的编制。

二、资料：ABC 公司 20××年 8 月末各账户总账余额和部分明细账余额资料如下：

单位：元

账户名称	借方余额	贷方余额
库存现金	500	
银行存款	80 000	
应收账款	10 000	
其中：A 公司	11 000	
B 公司		1 000
其他应收款	1 500	
原材料	300 000	
生产成本	51 000	
库存商品	60 000	
固定资产	505 000	
累计折旧		120 000
短期借款		60 000
应付账款		12 000
预收账款		8 000
其中：C 公司		10 000
D 公司	2 000	
其他应付款		3 000
应付职工薪酬		4 000
应交税费		6 000
本年利润		160 000
利润分配	120 000	
实收资本		725 000
盈余公积		3 000
总账余额合计	1 128 000	1 128 000

三、要求：根据以上资料编制企业 8 月末资产负债表（只填列“期末余额”栏）。

习题二

一、目的：练习利润表的编制。

二、资料：ABC公司20××年8月各损益类账户发生额资料如下：

单位：元

账户名称	借方发生额	贷方发生额
主营业务收入		820 000
其他业务收入		35 000
营业外收入		2 000
主营业务成本	510 000	
营业税金及附加	50 000	
其他业务成本	32 000	
销售费用	60 000	
管理费用	48 000	
财务费用	30 000	
营业外支出	5 000	
所得税费用	40 000	
合　计	775 000	857 000

三、要求：根据以上资料编制企业8月份利润表（只填列“本期金额”栏）。

第九章 财务会计系统运行方式：会计核算组织程序

【学习目标】

知识目标：了解财务会计系统运行方式的概念，掌握各种财务会计系统运行方式的特点、基本步骤、会计凭证和会计账簿的设置要求、优缺点及适用范围。

技能目标：熟练掌握记账凭证和科目汇总表财务会计系统运行方式及各种财务会计系统运行方式的主要区别。

能力目标：具有运用本章所学知识帮助企业合理地选择财务会计系统运行方式的能力。

【知识点】

各种财务会计系统运行方式的特点、基本步骤、优缺点及适用范围。

【篇头案例】

小李会计本科毕业后，应聘在一家刚开业的小型化工企业做会计，他遵循从凭证到账簿再到报表的账务处理程序，且根据一张一张的记账凭证直接登记各类明细账和总分类账，可三年后，他发现登记账簿的工作量大得令他心生厌烦，甚至见到账本就头痛。于是，他拨通了昔日老师的电话，诉说他的痛苦。老师给他回忆上课的内容，他恍然大悟……

本书第三章已对财务会计系统的构成和基本运行方式作了说明，但财务会计系统的各项构成要素及其相互联系并不是单一的，而是多样化的。由于财务会计系统的各构成要素及其相互联系的多样性，财务会计系统的运行方式也呈现出多样性。本章主要阐述手工财务会计系统下的各种运行方式，介绍各种运行方式的优点和缺点，以便于自觉地选择和改进财务会计系统的运行方式。

第一节 财务会计系统运行方式概述

一、财务会计系统运行方式的概念

会计凭证、会计账簿和财务会计报告是财务会计系统的构成要素，它们并不是彼此孤立的，而是以一定的形式结合起来，构成一个完整的运行体系，即财务会计系统运行方式。财务会计系统运行方式，是指在会计循环中，会计主体把会计凭证、会计账簿和记账程序相互结合的方式。财务会计系统运行方式亦称会计核算形式或账务处理程序。

会计循环是指一个会计主体在一定的会计期间内，从经济业务发生取得或填制会计凭证起，到登记账簿、编制财务会计报告为止的一系列处理程序。它是按照划分的会计期间，周而复始进行的会计核算工作的内容。会计循环过程的内容主要包括：①根据原始凭证填制记账凭证；②根据记账凭证登记日记账、明细分类账和总分类账；③根据分类账的记录，编制结账（调整）前试算表；④按照权责发生制的要求，编制调整分录并予以过账；⑤编制结账分录并登记入账，结清损益类账户和利润账户；⑥根据全部账户数据资料，编制结账后试算表；⑦根据账户的数据资料，编制财务会计报告，主要包括资产负债表和利润表等。以上七个环节全面地反映了一个会计主体在一定会计期间内的会计核算工作的全部内容，构成了一个完整的会计循环。其中前三个环节属于会计主体日常的会计核算工作内容，后四个环节属于会计主体在会计期末的会计核算工作内容。会计循环的过程如图9－1 所示。

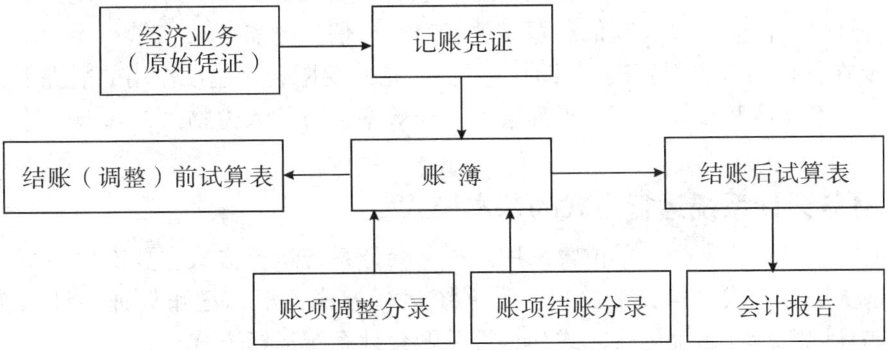

图 9－1　会计循环过程示意图

记账程序是指从填制会计凭证、登记会计账簿到编制财务会计报告的步骤和方法。会计凭证、会计账簿和财务会计报告是会计用以记录、归类、汇总和储存会计信息的载体。在实务中所使用的会计凭证、会计账簿和会计报表种类繁多，格式各不相同。一个特定的会计主体应当根据选定的业务处理程序和方法，选择一定种类和格式的会计凭证、会计账簿和会计报表。因而，不同的会计主体，由于它们所采用的会计凭证、会计账簿和会计报告的种类及格式的不同，对其所发生的经济业务的具体账务处理，特别是如何在有关的总分类账户中进行登记，就有着不同的做法，即形成不同的财务会计运行方式。

二、确定财务会计系统运行方式的意义

系统论认为，任何系统都是由一定的要素构成，要素之间的功能耦合形成系统的结构，系统的结构决定系统功能。而系统的功效最终受到各子系统的功效、系统的结构、环境因素及系统控制的协调能力等因素的影响。因此，为了发挥财务会计系统的职能作用，提高其运作效率和降低运行成本，企业或单位应当科学、合理地设置会计凭证、会计账簿及会计报表的种类和格式；确定各种凭证之间、各种账簿之间、各种报表之间的相互关系；确定各种凭证、账簿及各种报表的填制方法和登记程序。选择科学、合理的财务会计系统运行方式，对于提高会计工作的质量和效率，及时正确地编制会计报表，提供全面、

正确、及时、清晰的会计信息，满足企业单位内外信息使用者的需要，以及简化会计工作，节省人力和物力有着重要的意义。

三、设计与选择财务会计系统运行方式的基本要求

不同种类和格式的会计凭证、账簿组织及与之相适应的记账程序相结合，构成不同的财务会计系统运行方式。为了保证会计核算质量，提高会计核算工作的效率，节约会计核算的成本，充分发挥会计在经济管理中的作用，企业在设计和选择财务会计系统运行方式时必须考虑以下基本要求：

（1）要适应本单位的经济活动的特点、规模的大小和业务的繁简情况，以利于会计工作的合理分工和岗位责任制的建立。

（2）要能及时、准确、全面、系统地提供会计核算资料，满足单位微观经济管理和国家宏观经济管理的需要，以及其他利益相关者对会计信息的需要。

（3）要在保证核算资料正确、及时、完整和充分发挥会计监控作用的前提下，尽可能地简化会计工作程序和核算手续，提高会计工作效率，节约人力物力，降低会计成本。

四、财务会计系统运行方式的基本模式

在长期实践中，我国会计单位曾采用的财务会计系统运行方式主要有以下五种：记账凭证会计系统运行方式；科目汇总表会计系统运行方式；汇总记账凭证会计系统运行方式；多栏式日记账会计系统运行方式和日记总账会计系统运行方式。

上述各种会计系统运行方式既有区别又有许多共同点。其区别主要表现在登记总分类账的依据和方法不同，其共同点表现在不同的会计系统运行方式通常都包括以下几个基本步骤：经济业务发生或完成后，取得或填制原始凭证；分析经济业务，根据复式记账法原理，填制记账凭证；根据记账凭证登记库存现金日记账和银行存款日记账；根据记账凭证和原始凭证或原始凭证汇总表登记明细分类账；对账；根据分类账及有关资料编制财务会计报告。

第二节　记账凭证会计系统运行方式

一、记账凭证会计系统运行方式的特点

如前所述，各种会计系统运行方式有其个性，也有其共性，它们的个性或特点主要体现在总分类账的登记依据和登记方法上。记账凭证会计系统运行方式的特点是：直接根据记账凭证，逐笔登记总分类账。记账凭证会计系统运行方式是最基本的会计系统运行方式，它是其他运行方式的基础。

二、记账凭证会计系统运行方式下会计凭证和账簿的设置

1. 会计凭证的设置

在记账凭证会计系统运行方式下，记账凭证主要采用通用记账凭证，对于收付款业务量大的企业也可以采用收款凭证、付款凭证和转账凭证等专用记账凭证。

2. 会计账簿的设置

记账凭证会计系统运行方式下，需要设置库存现金日记账、银行存款日记账、总分类账和明细分类账。库存现金日记账、银行存款日记账和总分类账均可采用三栏式；明细分类账可以根据需要采用三栏式、数量金额式或多栏式。

三、记账凭证会计系统运行方式的基本步骤

在记账凭证会计系统运行方式下，对经济业务进行账务处理要经过以下六个基本步骤：

（1）经济业务发生后，根据原始凭证或原始凭证汇总表填制记账凭证。

（2）根据记账凭证（或收付款凭证）逐笔登记库存现金日记账和银行存款日记账。

（3）根据记账凭证（或转账凭证）及所附的原始凭证（或原始凭证汇总表）逐笔登记各种明细分类账。

（4）根据各种记账凭证逐笔登记总分类账。

（5）月末，将库存现金日记账、银行存款日记账的余额，以及各总分类账所属的明细分类账余额之和，分别与总分类账中相应账户的余额进行核对。

（6）根据总分类账和明细分类账提供的数据资料编制会计报表。

记账凭证会计系统运行方式的账务处理步骤如图 9－2 所示。

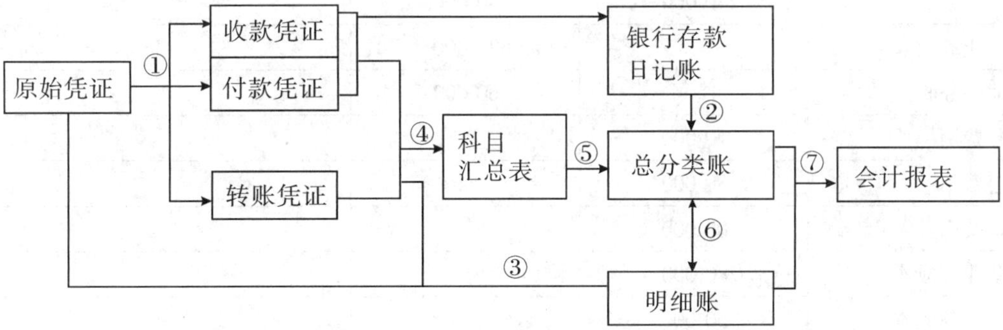

图 9－2 记账凭证会计系统运行方式的账务处理步骤示意图

四、记账凭证会计系统运行方式的优缺点和适用范围

记账凭证会计系统运行方式的运行程序简单明了。总分类账的登记方法简单，易于理解，便于掌握，且总分类账中账户间的对应关系清晰，并能够比较详细地反映经济业务的

发生情况。但总分类账要根据记账凭证逐笔进行登记，登记总分类账的工作量较大，因而它适用于规模小且经济业务量较少的会计主体。正因为这样，其记账凭证也可使用通用记账凭证，以避免凭证种类的繁多而造成工作方面的不便及成本的增加。

第三节　科目汇总表会计系统运行方式

一、科目汇总表会计系统运行方式的特点

科目汇总表会计系统运行方式的主要特点是：定期把会计期间内所有的记账凭证按相同科目（账户）加以汇总，编制一张包括全部账户的科目汇总表，并依据科目汇总表上的汇总数字登记总分类账。科目汇总表是对记账凭证的汇总，因而也称为记账凭证汇总表。

二、科目汇总表的编制方法

科目汇总表是根据记账凭证按照相同的账户进行归类，定期汇总每一账户的借方和贷方发生额编制而成的。其汇总时间要根据企业经济业务量的多少而定，一般每 10 天、每 15 天或每月编制一次。科目汇总表的格式，如表 9－1 所示：

表 9－1　科目汇总表

20××年 6 月 11 日至 20 日　科汇字第 02 号

会计科目	借方发生金额	贷方发生金额	过　账
库存现金	40 000	10 000	
银行存款	250 000	200 000	
应收账款	240 000	140 000	
主营业务收入		570 000	
其他业务收入		60 000	
财务费用	10 000		
销售费用	50 000		
管理费用	80 000		
主营业务成本	280 000		
其他业务成本	30 000		
合　计	980 000	980 000	

（一）科目汇总表的编制方法

第一步，把一定时期内的所有记账凭证按照相同科目归类，编制科目汇总表工作底稿。

第二步，计算每一个会计科目的本期借方发生额和本期贷方发生额。

第三步，将每一个会计科目的本期借方发生额和本期贷方发生额填入科目汇总表相关栏目内。

第四步，计算科目汇总表中所有会计科目的借方发生额合计数和贷方发生额合计数，进行试算平衡。

（二）科目汇总表编制举例

【例9－1】ABC公司为其20××年9月1日至10日发生的经济业务编制的会计分录如下：

现收1　借：库存现金　2 000
　　　　贷：营业外收入　2 000

现收2　借：库存现金　5 000
　　　　贷：其他应收款　5 000

现付1　借：管理费用　2 000
　　　　贷：库存现金　2 000

现付2　借：销售费用　2 000
　　　　贷：库存现金　2 000

银收1　借：银行存款　100 000
　　　　贷：应收账款　100 000

银收2　借：银行存款　117 000
　　　　贷：主营业务收入　100 000
　　　　　　应交税费　17 000

银付1　借：销售费用　10 000
　　　　贷：银行存款　10 000

银付2　借：库存现金　10 000
　　　　贷：银行存款　10 000

银付3　借：材料采购　10 000
　　　　　　应交税费　1 700
　　　　贷：银行存款　11 700

银付4　借：应付职工薪酬　30 000
　　　　贷：银行存款　30 000

转1　借：原材料　10 000
　　　　贷：材料采购　10 000

转2　借：管理费用　1 000
　　　　贷：其他应收款　1 000

20××年9月1日至10日的科目汇总表的编制方法如下：

第一步，把这一时期内的所有记账凭证按相同科目进行汇总，编制科目汇总表工作底稿，如表9－2所示。

表9－2　**科目汇总表工作底稿**

20××年9月1日至10日

库存现金

现收1	2 000	现付1	2 000
现收2	5 000	现付2	2 000
银付2	10 000		
合计	17 000	合计	4 000

银行存款

银收1	100 000	银付1	10 000
银收2	117 000	银付2	10 000
		银付3	11 700
		银付4	30 000
合计	217 000	合计	61 700

原材料

转1	10 000		
合计	10 000	合计	0

管理费用

现付1	2 000		
转2	1 000		
合计	3 000	合计	0

（续上表）

其他应收款

		现付 2	5 000
		转 2	1 000
合计	0	合计	6 000

销售费用

现付 2	2 000		
银付 1	10 000		
合计	12 000	合计	0

材料采购

银付 3	10 000		
		转 1	10 000
合计	10 000	合计	10 000

应收账款

		银收 1	100 000
合计		合计	100 000

应交税费

		银收 2	17 000
银付 3	1 700		
合计	1 700	合计	17 000

主营业务收入

		银收 2	100 000
合计	0	合计	100 000

营业外收入

		现收 1	2 000
合计	0	合计	2 000

应付职工薪酬

银付 4	30 000		
合计	30 000	合计	0

第二步，根据科目汇总表工作底稿编制科目汇总表，如表 9－3 所示。

表 9－3

科目汇总表

20××年 9 月 1 日至 10 日　　　　科汇字第 01 号

会计科目	借方发生金额	贷方发生金额	过　账
库存现金	17 000	4 000	
银行存款	217 000	61 700	
应收账款	0	100 000	
其他应收款	0	6 000	
材料采购	10 000	10 000	
原材料	10 000	0	
主营业务收入		100 000	
营业外收入		2 000	
销售费用	12 000		
管理费用	3 000		
应付职工薪酬	30 000		
应交税费	1 700	17 000	
合　计	300 700	300 700	

编制科目汇总表的作用是可以对总分类账进行汇总登记。根据科目汇总表登记总分类账时，只需要将科目汇总表中有关各科目的本期借、贷方发生额合计数，分次或月末一次记入相应总分类账的借方或贷方即可。这样，可以大大减少登记总分类账的工作量。值得注意的是，科目汇总表的编号以“科汇字第×号”按月连续编号。

三、科目汇总表会计系统运行方式下会计凭证和账簿的设置

科目汇总表会计系统运行方式下会计凭证和账簿的设置与记账凭证会计系统运行方式下的会计凭证和账簿的设置基本相同。记账凭证一般采用收款凭证、付款凭证和转账凭证等专用凭证。库存现金日记账、银行存款日记账和总分类账均可采用三栏式账户，明细分类账根据需要可以采用三栏式、数量金额式或多栏式账户。

四、科目汇总表会计系统运行方式的基本步骤

在科目汇总表会计系统运行方式下，对经济业务的账务处理包括以下几个基本步骤：

（1）根据原始凭证或原始凭证汇总表填制记账凭证。

（2）根据记账凭证（或收付款凭证）逐笔登记库存现金日记账和银行存款日记账。

（3）根据记账凭证（或转账凭证）及所附的原始凭证（或原始凭证汇总表）逐笔登记各种明细分类账。

（4）根据记账凭证定期按每一科目的借方和贷方发生额汇总，编制科目汇总表。

（5）根据科目汇总表登记总分类账。

（6）月末，将库存现金日记账、银行存款日记账的余额，以及各总分类账所属的明细分类账余额之和，分别与总分类账中相应账户的余额进行核对。

（7）根据总分类账和明细分类账提供的数据资料编制会计报表。

科目汇总表会计系统运行方式的账务处理步骤如图9－3所示。

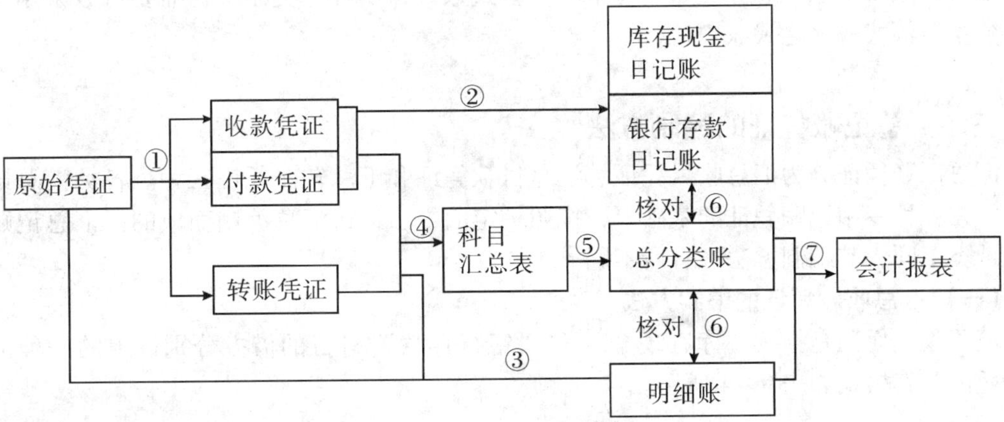

图9－3 科目汇总表会计系统运行方式的财务处理步骤示意图

五、科目汇总表会计系统运行方式的优缺点和适用范围

科目汇总表会计系统运行方式的特点是根据科目汇总表的汇总数字登记总分类账。因而，该运行方式可以大大减少登记总分类账的工作量，手续非常简便；同时科目汇总表本身又具有试算平衡的作用，可以及时发现账务处理过程中的错误。但是，由于科目汇总表在汇总每一账户的本期借方发生额和贷方发生额时不考虑对应账户，因此，科目汇总表和总分类账，都不能反映账户之间的对应关系，无法反映经济业务的来龙去脉，不利于进行经济活动的分析和检查，这样就降低了总分类账的分析作用。也正因为这样，能反映账户对应关系的科目汇总表工作底稿就成为一项重要的会计资料，应作为科目汇总表的附件与科目汇总表一起装订成册，以便进行账目的查对和分析。科目汇总表会计系统运行方式一般适用于规模和经济业务量较大、记账凭证较多的手工会计的单位。

第四节　汇总记账凭证会计系统运行方式

一、汇总记账凭证会计系统运行方式的特点

汇总记账凭证会计系统运行方式的主要特点是：定期把会计期间的所有记账凭证汇总编制成汇总记账凭证，然后据以登记总分类账。所以汇总记账凭证会计系统运行方式与其他运行方式的区别之处，就在于将记账凭证汇总编制成汇总记账凭证，根据汇总记账凭证登记总分类账。

二、汇总记账凭证会计系统运行方式下会计凭证和账簿的设置

在汇总记账凭证会计系统运行方式下，记账凭证应采用收款凭证、付款凭证和转账凭证三种格式，且需定期编制汇总收款凭证、汇总付款凭证、汇总转账凭证；库存现金日记账、银行存款日记账和总分类账均可采用三栏式账户；明细分类账根据需要可以采用三栏式、数量金额式或多栏式账户。

三、汇总记账凭证的编制方法

汇总记账凭证分为汇总收款凭证、汇总付款凭证和汇总转账凭证三种。各类汇总记账凭证是在各种专用记账凭证的基础上，按照一定的方法进行汇总编制而成的。汇总记账凭证的种类不同，其编制方法也有所不同。

（一）汇总收款凭证的编制方法

汇总收款凭证是指按“库存现金”和“银行存款”科目的借方分别设置的一种汇总记账凭证。其格式如表9－4所示。

表 9－4　　汇总收款凭证

借方科目：库存现金　　20××年9月

贷方科目	金额				总账页数	
	1～10 日凭证 1～6 号	11～20 日凭证 7～10 号	21～30 日凭证 11～15 号	合　计	借方	贷方
主营业务收入	36 000	64 000	100 000	200 000	11	13
其他业务收入	2 000	3 000	1 000	6 000	3	3
应收账款	40 000	20 000	10 000	70 000	7	9
合　计	78 000	87 000	111 000	276 000	—	—

汇总收款凭证的编制方法是：定期将需要进行汇总的收款凭证，按其对应的贷方科目进行归类，计算出每一个贷方科目的发生额合计，填入汇总收款凭证中。一般 5 天或 10 天汇总一次，月终计算出每个贷方科目发生额合计数，据以登记总分类账。需要注意的是，为了更好地编制汇总收款凭证，日常编制收款凭证时，会计分录最好是一借一贷或一借多贷。

（二）汇总付款凭证的编制方法

汇总付款凭证是指按“库存现金”、“银行存款”科目的贷方分别设置的一种汇总记账凭证。其格式如表 9－5 所示。

表 9－5　　汇总付款凭证

贷方科目：银行存款　　20××年9月

借方科目	金额				总账页数	
	1～10 日凭证 1～6 号	11～20 日凭证 7～10 号	21～30 日凭证 11～15 号	合计	借方	贷方
原材料	10 000	20 000	40 000	70 000	12	18
管理费用	5 000	8 000	12 000	25 000	15	10
销售费用	10 000	5 000	6 000	21 000	17	19
合　计	25 000	33 000	58 000	116 000	—	—

汇总付款凭证的编制方法是：定期将需要汇总的付款凭证，按其对应的借方科目进行归类，计算出每一个借方科目的发生额合计，填入汇总付款凭证相应栏目中。一般 5 天或 10 天汇总一次，月终计算出每一个借方科目发生额合计数，并据以登记总分类账。需要注意的是，为了更好地编制汇总付款凭证，日常编制付款凭证时，会计分录最好是一借一贷或多借一贷。

（三）汇总转账凭证的编制方法

汇总转账凭证是指按转账凭证的每一贷方科目分别设置的一种汇总记账凭证。其格式如表 9－6 所示。

表 9-6　　　　汇总转账凭证

贷方科目：原材料　　　　20××年9月

借方科目	金　额				总账页数	
	1~10日凭证 1~6号	11~20日凭证 7~10号	21~30日凭证 11~15号	合计	借方	贷方
生产成本	8 000	12 000	20 000	40 000	15	12
管理费用	1 000	5 000	4 000	10 000	15	10
制造费用	2 000	5 000	6 000	13 000	12	8
合　计	11 000	22 000	30 000	63 000	—	—

汇总转账凭证的编制方法是：定期按需要汇总的转账凭证的每一贷方科目设置汇总记账凭证，按其对应的借方科目进行归类，计算出每一个借方科目的发生额合计，填入汇总转账凭证相应栏目中。一般5天或10天汇总一次，月终时计算出每一个借方科目发生额合计数，并据以登记总分类账。同样，为了更好地编制汇总转账凭证，日常编制转账凭证时，会计分录最好是一借一贷或多借一贷。

四、汇总记账凭证会计系统运行方式的基本步骤

（1）根据原始凭证或原始凭证汇总表填制各种专用记账凭证。

（2）根据收付款专用记账凭证登记库存现金日记账和银行存款日记账。

（3）根据收付款专用记账凭证和转账凭证及所附的原始凭证（或原始凭证汇总表）登记各种明细分类账。

（4）定期根据收款凭证、付款凭证和转账凭证汇总编制汇总收款凭证、汇总付款凭证和汇总转账凭证。

（5）月末，根据各种汇总记账凭证的全月合计数，据以登记总分类账。

（6）月末，将库存现金日记账、银行存款日记账的余额，以及各总分类账所属明细分类账余额之和，分别与总分类账中有关账户的余额进行核对。

（7）根据总分类账和明细分类账提供的数据编制会计报表。

汇总记账凭证会计系统运行方式的账务处理步骤如图9-4所示。

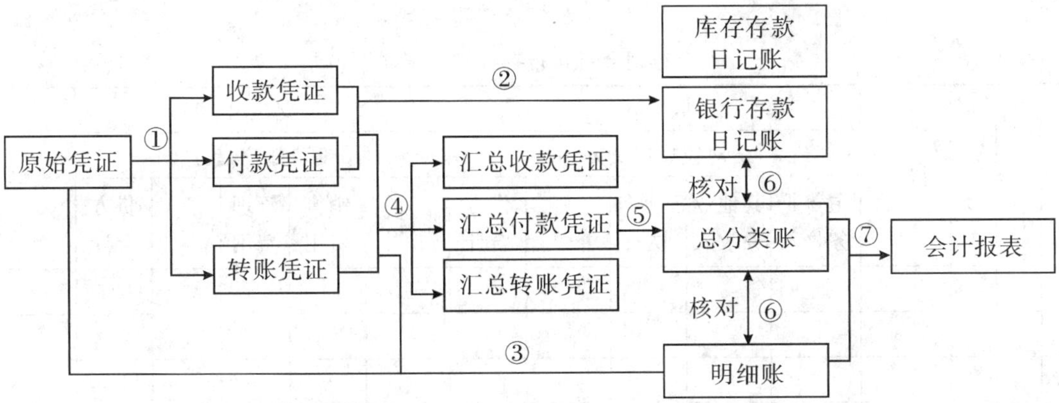

图9-4 汇总记账凭证会计系统运行方式的账务处理步骤示意图

五、汇总记账凭证会计系统运行方式的优缺点和适用范围

汇总记账凭证会计系统运行方式的特点是根据汇总记账凭证登记总分类账，该运行方式可以减轻登记总分类账的工作量，同时由于汇总记账凭证是按照科目对应关系归类、汇总编制的，能够明确地反映账户之间的对应关系，便于分析检查经济活动的发生情况。但是，汇总付款凭证、汇总转账凭证都是按每一贷方科目归类汇总，不考虑经济业务的性质，不利于会计核算工作的分工，而且编制汇总记账凭证的工作量也较大，容易出错且不易发现错误。该种运行方式适用于规模较大、业务量较多的大型企业。但在大型企业实行会计电算化后，此方法已不使用。

第五节　多栏式日记账会计系统运行方式

一、多栏式日记账会计系统运行方式的特点

多栏式日记账会计系统运行方式的主要特点是，库存现金日记账和银行存款日记账均采用多栏式，既反映库存现金或银行存款的收付款业务，又反映对应科目的增减业务。月末时，有关收付款业务根据库存现金日记账、银行存款日记账的合计数登记总分类账，转账业务根据转账凭证逐笔登记总分类账或编制转账凭证科目汇总表，根据转账凭证科目汇总表登记总分类账。

二、多栏式日记账会计系统运行方式下会计凭证和账簿的设置

在多栏式日记账会计系统运行方式下，记账凭证应采用收款凭证、付款凭证和转账凭证三种格式；总分类账采用三栏式；明细分类账根据需要可以采用三栏式或数量金额式或多栏式；库存现金日记账和银行存款日记账采用多栏式。多栏式库存现金日记账或多栏式银行存款日记账的格式，如表9-7所示。

表 9－7　　库存现金（银行存款）日记账

年		凭证号	摘要	收入					支出					余额
				对应账户贷方					对应账户借方					
月	日			主营业务收入	其他业务收入	营业外收入		借方合计	原材料	销售费用	管理费用		贷方合计	

三、多栏式日记账会计系统运行方式的基本步骤

（1）根据原始凭证或原始凭证汇总表填制收款凭证、付款凭证和转账凭证。

（2）根据收款凭证和付款凭证逐日逐笔地登记多栏式库存现金日记账和多栏式银行存款日记账。

（3）根据收付款凭证和转账凭证及所附的原始凭证（或原始凭证汇总表）登记各种明细分类账。

（4）月末，收付款业务根据多栏式库存现金日记账和多栏式银行存款日记账登记总分类账，转账业务根据转账凭证逐笔登记总分类账，或者首先编制转账凭证科目汇总表，根据转账凭证科目汇总表登记总分类账。

（5）月末，将各明细分类账余额之和，分别与总分类账中有关账户的余额进行核对。

（6）根据总分类账和明细分类账提供的数据编制会计报表。

多栏式日记账会计系统运行方式的账务处理步骤，如图 9－5 所示。

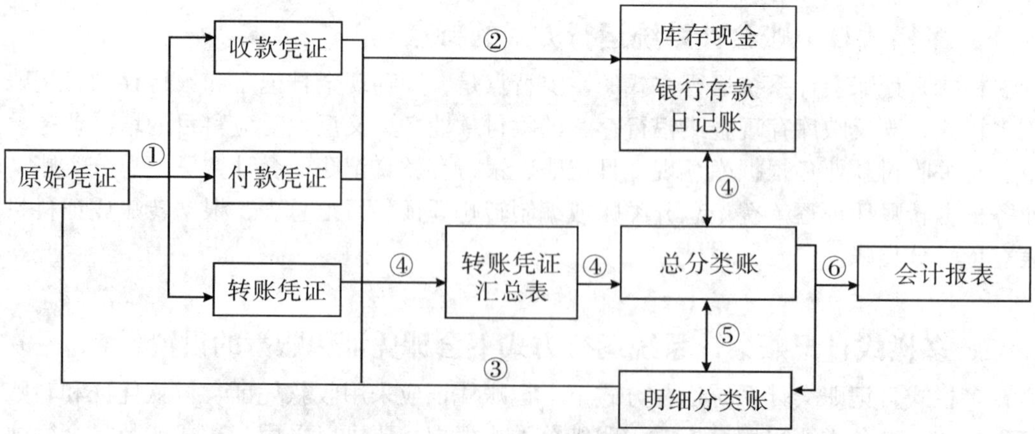

图 9－5　科目汇总表会计系统运行方式的账务处理步骤示意图

四、多栏式日记账会计系统运行方式的优缺点和适用范围

多栏式日记账会计系统运行方式的优点是根据多栏式日记账提供的汇总后的有关账户的数据登记总分类账，简化了总分类账的记账工作，如再根据转账凭证科目汇总表登记总分类账，则可进一步简化总分类账的记账工作；同时，日记账中既能反映货币资金的收入和支出合计数，又能反映与其相对应的各个账户发生额合计，其对应账户栏可反映货币资金的来龙去脉。其缺点是在业务较复杂、会计科目设置较多的企业里，日记账的专栏过多，账页庞大，不便于记账。该会计系统运行方式适用于业务量不多、货币资金收付款业务较多的手工会计核算的单位。

第六节　日记总账会计系统运行方式

一、日记总账会计系统运行方式的特点

日记总账会计系统运行方式是指设置日记总账，根据经济业务发生所填制的各种专用记账凭证直接逐日逐笔登记日记总账，并根据日记总账和明细分类账定期编制会计报表的会计系统运行方式。日记总账是一种兼具日记账簿和分类账簿两种功能的联合账簿，它把所有总账科目集中反映在一张账页上。日记总账会计系统运行方式的特点是：设置日记总账，根据记账凭证逐日逐笔登记日记总账。

二、日记总账会计系统运行方式下会计凭证和账簿的设置

在日记总账会计系统运行方式下，会计凭证一般采用收款凭证、付款凭证和转账凭证等专用记账凭证。库存现金日记账和银行存款日记账采用三栏式账户，明细分类账根据需要可以采用三栏式、数量金额式或多栏式账户，且需要设置日记总账。日记总账的账页设计为多栏式，即按经济业务发生可能涉及的所有会计账户分设专栏，且集中列示在同一张账页上，每一账户具体又分设借方和贷方两栏。日记总账的格式如表 9－8 所示。

表 9－8　　日记总账

20××年		记账凭证	摘要	发生总额	银行存款		材料采购		应交税费		（略）
月	日				借方	贷方	借方	贷方	借方	贷方	
9	1		月初余额		80 000		30 000			21 700	
9	10	银付 5	购材料	11 700		11 700	10 000		1 700		
9	12	银付 7	交税费	10 000		10 000			10 000		
			（略）								
9	30		本月合计	2 127 000	20 000	55 000	20 000	30 000	11 700		
9	30		月末余额		45 000		30 000			10 000	

三、日记总账会计系统运行方式的基本步骤

在日记总账会计系统运行方式下的账务处理要经过以下六个基本步骤：

（1）经济业务发生后，根据原始凭证或原始凭证汇总表填制有关的专用记账凭证。

（2）根据收款凭证或付款凭证逐笔登记库存现金日记账和银行存款日记账。

（3）根据各记账凭证及所附的原始凭证（或原始凭证汇总表）逐笔登记各种明细分类账。

（4）根据各种记账凭证逐笔登记日记总分类账。

（5）月末，将库存现金日记账、银行存款日记账的余额，以及各总分类账所属的明细分类账余额之和，分别与日记总账中相应账户的余额进行核对。

（6）根据日记总账和明细分类账提供的数据资料编制会计报表。

日记总账会计系统运行方式的账务处理步骤如图 9－6 所示。

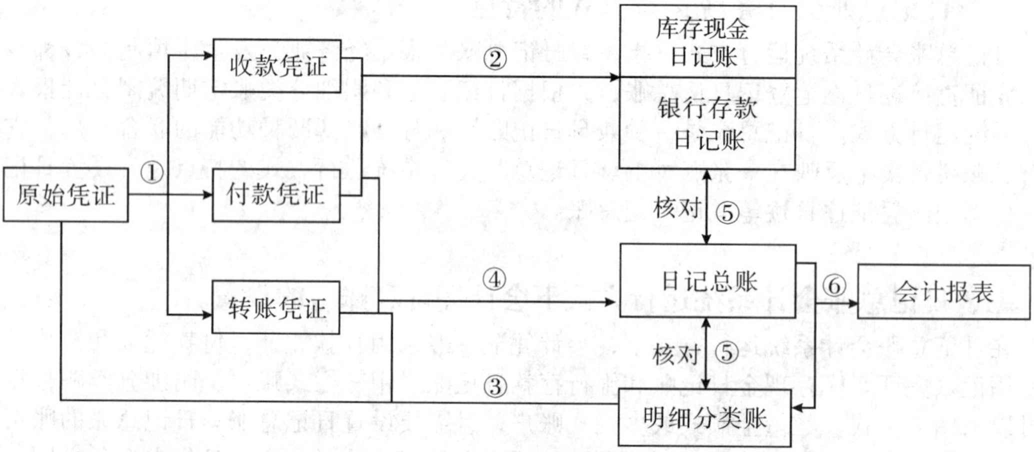

图 9－6　日记总账会计系统运行方式的账务处理步骤示意图

四、日记总账会计系统运行方式的优缺点和适用范围

日记总账会计系统运行方式的优点有：

（1）可以清晰地反映各会计账户之间的对应关系，便于进行会计检查和会计分析。在日记总账会计系统运行方式下，对于发生的每一笔经济业务要根据记账凭证逐笔在日记总账中相应栏次的同一行进行登记，可以清晰地反映经济业务的全貌及各会计账户之间的对应关系。

（2）可以简化总分类账的登记手续。在日记总账会计系统运行方式下，日记账和总分类账的登记结合在一起，直接根据记账凭证逐日逐笔登记总分类账，且将所有的会计账户都集中在一张账页上，而不是分设在各个账簿中，因而，可以大大简化登记总分类账的手续。

（3）各总账账户余额已集中反映在一张账页上，没有必要另外编制总账科目余额表，可直接与明细账余额表进行核对。

日记总账会计系统运行方式的缺点主要有：

（1）增加了登记日记总账的工作量。在日记总账会计系统运行方式下，日记总账的登记是直接根据记账凭证逐日逐笔登记的，如果企业业务量大，编制的会计凭证较多，日记总账的登记工作量也就较大。

（2）不便于记账分工。当企业经济业务涉及的会计科目多时，日记总账的账页势必要设计得很宽很长，导致登账时容易串行，企业会计人员较多时，也不便于记账上的分工。因此，日记总账会计系统运行方式适用于规模小、经济业务少、涉及会计科目少的手工会计核算的单位。

【本章小结】

本章阐述了五种主要的财务会计系统运行方式，即记账凭证会计系统运行方式、科目汇总表会计系统运行方式、汇总记账凭证会计系统运行方式、多栏式日记账会计系统运行方式和日记总账会计系统运行方式的基本特点、会计凭证和会计账簿的设置要求、一般步骤、优缺点及适用范围等。记账凭证会计系统运行方式的特点是直接根据记账凭证，逐笔登记总分类账。它是最基本的会计系统运行方式，是其他运行方式的基础。科目汇总表会计系统运行方式的特点是定期把会计期间内所有的记账凭证按相同科目（账户）加以汇总，编制一张包括全部账户的科目汇总表，并依据科目汇总表上的汇总数字登记总分类账。汇总记账凭证会计系统运行方式的特点是定期把会计期间的所有记账凭证汇总编制成汇总记账凭证，然后据以登记总分类账。多栏式日记账会计系统运行方式的特点是库存现金日记账和银行存款日记账均采用多栏式，既反映库存现金或银行存款的收付款业务，又反映对应科目的增减业务。日记总账会计系统运行方式的特点是设置日记总账，根据记账凭证逐日逐笔登记日记总账。该运行方式可以清晰地反映各会计账户之间的对应关系，可以简化总分类账的登记手续，不必另外编制总账科目余额表。

上述对各种财务会计运行方式的评价鉴于手工会计核算的角度认识的。在中型会计单位采用电算化后，一些适用于手工会计核算的会计运行方式已被淘汰。

【简答题】

1. 什么是财务会计系统运行方式？
2. 财务会计系统运行方式有哪几种？其主要区别是什么？
3. 试述记账凭证会计系统运行方式的特点、一般步骤、优缺点及适用范围。
4. 怎样编制科目汇总表？科目汇总表的主要作用是什么？
5. 试述科目汇总表会计系统运行方式的特点、一般步骤、优缺点及适用范围。

第十章　财务会计系统的运行：模拟练习

【学习目标】

知识目标：掌握科目汇总表会计系统运行方式的特点、基本步骤、优缺点及适用范围。

技能目标：熟练掌握科目汇总表会计系统运行方式的程序和方法。

能力目标：能够正确处理科目汇总表会计系统运行方式的企业账务流程。

上一章详细地介绍了手工财务会计系统的主要运行方式。本章作为财务会计系统运行方式的模拟实习课，通过对科目汇总表会计系统运行方式的模拟，使学生在亲自动手操作中了解财务会计系统的结构，掌握手工会计系统的运行程序。

一、资料

（一）ABC 公司 2009 年 11 月 30 日总分类账和有关明细分类账的余额如表 10－1 所示。

表 10－1　　总分类账及有关明细账账户余额表

单位：ABC 公司　　2009 年 11 月 30 日　　单位：元

会计科目	总分类账户		明细分类账户	
	借方余额	贷方余额	借方余额	贷方余额
库存现金	1 000			
银行存款	1 600 000			
应收账款	80 000			
丙公司			50 000	
丁公司			30 000	
原材料	85 000			
甲材料			45 000	
乙材料			40 000	
生产成本	33 000			
A 产品			18 000	
B 产品			15 000	
库存商品	95 000			
A 产品			60 000	
B 产品			35 000	

（续上表）

会计科目	总分类账户		明细分类账户	
	借方余额	贷方余额	借方余额	贷方余额
预付账款	6 000			
固定资产	4 000 000			
累计折旧		400 000		
应付职工薪酬		38 205		
应交税费		50 000		
长期借款		100 000		
本年利润		561 795		
实收资本		4 450 000		
盈余公积		200 000		
利润分配		100 000		
合　计	5 900 000	5 900 000		

（二）A 公司 2009 年 12 月份发生下列经济业务

（1）2 日，从伟业公司购入甲材料 10 000 千克，每千克 10 元，价款 100 000 元，增值税款 17 000 元。材料已验收入库，款项已由银行存款支付（银付 1201 号）。

（2）5 日，从伟业公司购入乙材料 7 000 千克，每千克 15 元，价款 105 000 元，增值税款 17 850 元。材料已验收入库，款项已由银行存款支付（银付 1202 号）。

（3）6 日，销售 A 产品 50 件，单价 1 500 元，价款 75 000 元，增值税销项税额12 750 元。款项已收回存入银行（银收 1201）。

（4）10 日，企业耗用材料，根据发出材料汇总表分配结转材料费用。发出材料汇总表的格式如表 10－2 所示（转 1201 号）。

表 10－2　　**发出材料汇总表**

2009 年 12 月 10 日　　单位：元

应借科目		应贷科目：原材料				金额合计
		甲材料		乙材料		
		数量（千克）	金　额	数量（千克）	金　额	
生产成本	A 产品	4 000	40 000	3 900	58 500	98 500
	B 产品	2 500	25 000	1 900	28 500	53 500
	小　计	6 500	65 000	5 800	87 000	15 200
制造费用		200	2 000	2 000	30 000	32 000
管理费用		1 000	10 000			10 000
合　计		7 700	77 000	7 800	117 000	194 000

（5）11 日，销售 B 产品 100 件，单价 1 000 元，货款 100 000 元，增值税销项税额 17 000 元。款项已收回存入银行（银收 1202）。

（6）13 日，以银行存款支付广告费 6 000 元（银付 1203）。

（7）15 日，计算和分配本月职工薪酬见表 10 - 3 所示（转字 1202）。

表 10 - 3　　职工薪酬分配表

2009 年 12 月 15 日　　单位：元

应借科目		应付职工薪酬
生产成本	A 产品	45 030
	B 产品	25 878
	小　计	70 908
制造费用		22 800
管理费用		28 500
合　计		122 208

（8）20 日，通过银行发放工资 122 208 元（银付 1204 号）。

（9）21 日，以银行存款支付本月水电费 10 732 元（银付 1205 号），其中生产 A 产品耗用 2 360 元，生产 B 产品耗用 1 372 元，生产车间照明耗用 4 500 元，行政管理部门耗用 2 500 元。

（10）22 日，销售给丙公司 A 产品 140 件，单价 1 500 元，货款 210 000 元，增值税销项税额 35 700 元，货款尚未收回（转 1203 号）。

（11）23 日，销售给丁公司 B 产品 60 件，单价 1 000 元，货款 60 000 元，增值税销项税额 10 200 元，货款尚未收回（转 1204 号）。

（12）24 日，以银行存款支付销售产品运费 2 000 元（银付 1206 号）。

（13）25 日，以现金支付行政部门办公用品款 100 元（现付 1201 号）。

（14）27 日，收到丙公司前欠货款 250 000 元，已存入银行（银收 1203 号）。

（15）28 日，行政人员报差旅费 300 元，以现金支付（现付 1202 号）。

（16）29 日，以银行存款支付生产车间设备修理费 3 060（银付 1207 号）。

（17）31 日，摊销应由本月负担的生产车间工具摊销费 4 000 元（转 1205 号）。

（18）31 日，计提本月固定资产折旧费 20 000 元，其中生产车间折旧费为 12 000 元，行政管理部门折旧费为 8 000 元（转 1206 号）。

（19）31 日，本月发生制造费用 77 360 元，其中应分配给 A 产品 51 110 元、B 产品 26 250元（转 1207 号）。

（20）31 日，月末，结转完工入库产品成本（转 1208 号），A 产品完工 200 件，B 产品完工 150 件，产品成本情况如表 10 - 4 所示。

表 10－4　　产成品成本计算表

2009 年 12 月 31 日　　单位：元

项目		直接材料费	直接人工费	燃料及动力费	制造费用	合计
A 产品	总成本	100 000	45 600	2 400	52 000	200 000
	单位成本	500	228	12	260	1 000
B 产品	总成本	52 500	25 650	1 350	2 500	105 000
	单位成本	350	171	9	170	700

（21）31 日，计算本年经营性长期借款利息 5 000 元（转 1209 号）。

（22）31 日，结转本月产品销售成本 302 000 元，其中 A 产品销售 190 件，销售成本 190 000 元，B 产品销售 160 件，销售成本 112 000 元（转 1210 号）。

（23）31 日，计算出本月应交城市维护建设税 6 700 元，教育费附加 2 800 元（转 1211 号）。

（24）31 日，将本月主营业务收入 445 000 元，转入“本年利润”账户的贷方（转 1212 号）。

（25）31 日，将本月主营业务成本 302 000 元、营业税金及附加 9 500 元、营业费用 8 000 元、管理费用 49 400 元和财务费用 5 000 元，转入“本年利润”账户的借方（转 1213 号）。

（26）31 日，计算出本月应交所得税 23 463 元（转 1214 号），并结转本月所得税费用（转 1215 号）。

（27）31 日，进行利润分配，本年应计提法定盈余公积 122 000 元，应对投资者分配利润 350 000 元（转 1216 号）。

（28）31 日，计算未分配利润：将本年实现的净利润 609 432 元由“本年利润”账户转入“利润分配”账户“未分配利润”明细账户的贷方；将提取的盈余公积 122 000 元和投资者应分配利润 350 000 元，分别由“利润分配”有关明细账转入“利润分配”账户“未分配利润”明细账户的借方（转 1217 号、1218 号）。

（29）31 日，以银行存款交纳税金 60 000 元，其中增值税 40 000 元，所得税 20 000 元（银付 1208 号）。

（三）A 公司 12 月份发生的经济业务对应的原始凭证

1－1

××省增值税专用发票　　NO：____

（教学用）

开票日期：2009 年 12 月 2 日　　税（09）第 1 版（4）

购货单位	名称	A 公司			纳税人登记号																			
	地址、电话				开户银行及账号									085878										
商品或劳务名称		计量单位	数量	单价	金额									税率（%）	税额									
					百	十	万	千	百	十	元	角	分		百	十	万	千	百	十	元	角	分	
甲材料		千克	10 000	10.00		1	0	0	0	0	0	0	0	17%			1	7	0	0	0	0	0	
合计						1	0	0	0	0	0	0	0				1	7	0	0	0	0	0	
价税合计（大写）		人民币拾壹万柒仟元整												￥117 000.00										
销货单位	名称	伟业公司			纳税人登记号																			
	地址、电话				开户银行及账号									0133688										

第二联：发货票

收款人：　　开票单位（未盖章无效）

1－2

××银行普通支票存根

支票号码

科　　目

对方科目

签发日期 2009 年 12 月 1 日

收款人：伟业公司
金　额：117 000.00
用　途：购料
备　注：

单位主管　　会计

复　　核　　记账

××银行普通支票　　支票号码：

签发日期：贰零零玖年壹拾贰月贰日　　开户行名称：珠江办

收款人：伟业公司　　签发人账号：085878

人民币（大写）	拾壹万柒仟元整	千	百	十	万	千	百	十	元	角	分
			￥	1	1	7	0	0	0	0	0

本支票付款期十天

用途　购料　　科目（付）

上列款项请从我账户内支付　　对方科目（收）

转账日期　年　月　日

复核　　记账

身份证号码　　签发人盖章

注：虚线部分已付出

1-3

A 公司材料入库验收单

类别	原料及主要材料
发票编号	

验收日期：2009 年 12 月 2 日

编号	6
来源	伟业公司

品 名	规 格	单 位	数 量		实际价格			
			来料数	实际数	单 价	总 价	运杂费	合 计
甲材料		千克	10 000	10 000	10.00	100 000		100 000
合计						100 000		100 000

第三联：会计记账联

供销主管　　验收保管　　采购　　制单

2-1

××省增值税专用发票

NO：____

（教学用）

开票日期：2009 年 12 月 5 日　　税（09）第 1 版（4）

购货单位	名 称	A 公司			纳税人登记号																	
	地址、电话				开户银行及账号					085878												
商品或劳务名称		计量单位	数量	单价	金 额									税率（%）	税 额							
					百	十	万	千	百	十	元	角	分		百	十	万	千	百	十	元	角	分
乙材料		千克	7 000	15.00		1	0	5	0	0	0	0	0	17%			1	7	8	5	0	0	0
合 计						1	0	5	0	0	0	0	0				1	7	8	5	0	0	0
价税合计（大写）		人民币拾贰万贰仟捌佰伍拾元整													¥122 850.00							
销货单位	名 称	伟业公司			纳税人登记号																	
	地址、电话				开户银行及账号					019753621												

第二联：发货票

收款人：　　开票单位（未盖章无效）

2－2

××银行普通支票存根
支票号码
科　　目
对方科目
签发日期 2009 年 12 月 5 日

收款人：伟业公司
金　额：122 850.00
用　途：购料
备　注：

单位主管　　会计
复　核　　记账

××银行普通支票　　支票号码：
签发日期：贰零零玖年壹拾贰月伍日　　开户行名称：珠江办
收款人：伟业公司　　签发人账号：085878

人民币（大写）	拾贰万贰仟捌佰伍拾元整	千	百	十	万	千	百	十	元	角	分
			¥	1	2	2	8	5	0	0	0

本支票付款期十天

用途　购料　　科目（付）
上列款项请从我账户内支付　对方科目（收）
转账日期　年　月　日
复核　　记账
身份证号码　　签发人盖章

注：虚线部分已付出

2－3

A 公司材料入库验收单

类别	原料及主要材料
发票编号	

验收日期：2009 年 12 月 5 日

编号	6
来源	伟业公司

品　名	规　格	单　位	数　量		实际价格			
			来料数	实际数	单　价	总　价	运杂费	合　计
乙材料		千克	7 000	7 000	15.00	105 000		105 000
合　计						105 000		105 000

第三联：会计记账联

供销主管　　验收保管　　采购　　制单

3－1

××省增值税专用发票

NO：____

（教学用）

开票日期：2009年12月6日　　　　税（09）第1版（6）

购货单位	名称	大众公司				纳税人登记号																			
	地址、电话					开户银行及账号								35667											
商品或劳务名称	计量单位	数量	单价	金额									税率（%）	税额											
				百	十	万	千	百	十	元	角	分		百	十	万	千	百	十	元	角	分			
A产品	件	50	1 500.00			7	5	0	0	0	0	0	17%			1	2	7	5	0	0	0			
合计						7	5	0	0	0	0	0				1	2	7	5	0	0	0			
价税合计（大写）	人民币捌万柒仟柒佰伍拾元整													￥87 750.00											
销货单位	名称	A公司				纳税人登记号																			
	地址、电话					开户银行及账号								085878											

第四联：记账联—售货方记账

收款人：　　　　开票单位（未盖章无效）

3－2

××银行进账单（回单）①

2009年12月2日

（教学用）

第　号

付款人	全称	大众公司	收款人	全称	A公司									
	账号	35667		账号	085878									
	开户银行	东街分理处		开户银行	珠江办事处									
人民币（大写）	捌万柒仟柒佰拾元整				千	百	十	万	千	百	十	元	角	分
							￥	8	7	7	5	0	0	0
票据种类	银行本票													
票据张数	1													
单位主管　会计　复核　记账			收款人开户行盖章											

此联是收款人开户银行交给收款人的回单

4－1

发出材料汇总表

2009 年 12 月 10 日　　　　单位：元

应借科目		应贷科目：原材料				
		甲材料		乙材料		金额合计
		数量（千克）	金额	数量（千克）	金额	
生产成本	A 产品	4 000	40 000	3 900	58 500	98 500
	B 产品	2 500	25 000	1 900	28 500	53 500
	小　计	6 500	65 000	5 800	87 000	152 000
制造费用		200	2 000	2 000	30 000	32 000
管理费用		1 000	10 000			10 000
合计		7 700	77 000	7 800	117 000	194 000

5－1

××省增值税专用发票

NO：____

（教学用）

开票日期：2009 年 12 月 11 日　　　　税（09）第 1 版（6）

购货单位				
购货单位	名　称	万家公司	纳税人登记号	
	地址、电话		开户银行及账号	45566

商品或劳务名称	计量单位	数量	单价	金额 百	十	万	千	百	十	元	角	分	税率（10%）	税额 百	十	万	千	百	十	元	角	分
B 产品	件	100	1 000. 00		1	0	0	0	0	0	0	0	17%			1	7	0	0	0	0	0
合　计					1	0	0	0	0	0	0	0				1	7	0	0	0	0	0

价税合计（大写）	人民币拾壹万柒仟元整	¥117 000. 00

销货单位				
销货单位	名　称	A 公司	纳税人登记号	
	地址、电话		开户银行及账号	085878

第四联：记账联－售货方记账

收款人：　　　　开票单位（未盖章无效）

5－2

××银行进账单（回单）①

2009年12月11日　　（教学用）

第　号

<table>
<tr><td rowspan="3">付款人</td><td>全　称</td><td>万家公司</td><td rowspan="3">收款人</td><td>全　称</td><td colspan="10">A公司</td></tr>
<tr><td>账　号</td><td>45566</td><td>账　号</td><td colspan="10">085878</td></tr>
<tr><td>开户银行</td><td>东街分理处</td><td>开户银行</td><td colspan="10">珠江办事处</td></tr>
<tr><td rowspan="2">人民币
（大写）</td><td colspan="3" rowspan="2">拾壹万柒仟元整</td><td></td><td>千</td><td>百</td><td>十</td><td>万</td><td>千</td><td>百</td><td>十</td><td>元</td><td>角</td><td>分</td></tr>
<tr><td></td><td></td><td>¥</td><td>1</td><td>1</td><td>7</td><td>0</td><td>0</td><td>0</td><td>0</td><td>0</td></tr>
<tr><td>票据种类</td><td>支票</td><td colspan="13" rowspan="3">收款人开户行盖章</td></tr>
<tr><td>票据张数</td><td>1</td></tr>
<tr><td colspan="2">单位主管　会计　复核　记账</td></tr>
</table>

此联是收款人开户银行交给收款人的回单

6－1

××银行普通支票存根

支票号码

科　　目

对方科目

签发日期2009年12月13日

收款人：珠江电视台
金　额：6 000.00
用　途：广告费
备　注：

单位主管　　会计

复　　核　　记账

××银行普通支票　　支票号码：

签发日期：贰零零玖年壹拾贰月拾叁日　　开户行名称：珠江办

收款人：珠江电视台　　签发人账号：085878

<table>
<tr><td rowspan="2">人民币
（大写）</td><td rowspan="2">拾壹万柒仟元整</td><td>千</td><td>百</td><td>十</td><td>万</td><td>千</td><td>百</td><td>十</td><td>元</td><td>角</td><td>分</td></tr>
<tr><td></td><td>¥</td><td>1</td><td>1</td><td>7</td><td>0</td><td>0</td><td>0</td><td>0</td><td>0</td></tr>
</table>

本支票付款期十天

用途　广告费　　科目（付）

上列款项请从我账户内支付　对方科目（收）

转账日期　年　月　日

复核　　记账

身份证号码　　签发人盖章

注：虚线部分已付出。

6－2

广州市行政事业性收费收据（3）　　（教学用）

2009 年 12 月 13 日　　穗行事费　NO：

交款单位	A 公司	支付方式	转账支票									
人民币（大写）	陆仟元整		千	百	十	万	千	百	十	元	角	分
						¥	6	0	0	0	0	0
收费项目	电视广告费	许可证号码										
收费标准		计费基数										
上记款项依据　发（字）年　第　号　等上级文件规定收讫无误收款单位专用章：电视台	会计主管人员		出纳人		收款人		交款人					

此联给交费单位做报销依据

使用规定：①凡经批准并已领取收费许可证的收费单位，均应使用市财政局制发的本收费收据。

②本收据复写一式四联，不得涂改，如写错，不得撕毁，要保留存查。

7－1

职工薪酬分配表

2009 年 12 月 15 日　　单位：元

应借科目		应付职工薪酬
生产成本	A 产品	45 030
	B 产品	25 878
	小　计	70 908
制造费用		22 800
管理费用		28 500
合　计		122 208

8－1

××银行广州市分行
现金支票存根
支票号码　330008
科　　目
对方科目
签发日期 2009 年 12 月 20 日

收款人：A 公司	
金　额：122 208.00	
用　途：发工资	
备　注：	

单位主管　　会计
复　核　　记账

29

××银行广州市分行现金支票　　贴对号单处　出纳对号单　30008

签发日期：贰零零玖年壹拾贰月贰拾日

开户行名称：

收款人：A 公司　　签发人账号：085878

人民币（大写）	千	百	十	万	千	百	十	元	角	分
拾贰万贰仟贰佰零捌元整		¥	1	2	2	2	0	8	0	0

本支票付款期十天

用途 发工资

上列款项请从我账户内支付

（请收款人在背面盖章）

签发人　盖章

科目（付）　附

对方科目（收）　件

付讫日期：　年　月　日

出纳　复核　记账　审票　张

支票号码　　30008

8－2 **工资支付专用凭证（第三联，单位留底）**

账号：085878　　2009 年 12 月 20 日　　编号：

<table>
<tr><td colspan="2">收款单位（或收款人）名称</td><td>A 公司</td><td>开户银行</td><td colspan="8">珠江办事处</td></tr>
<tr><td rowspan="2">支付金额</td><td colspan="3" rowspan="2">人民币（大写）拾贰万贰仟贰佰零捌元整</td><td>十</td><td>万</td><td>千</td><td>百</td><td>十</td><td>元</td><td>角</td><td>分</td></tr>
<tr><td>1</td><td>2</td><td>2</td><td>2</td><td>0</td><td>8</td><td>0</td><td>0</td></tr>
<tr><td colspan="3" rowspan="2">工资所属月份　本次职工人数　人
1. 标准工资（基本工资）　元
2. 附加工资　元
3. 粮食补助　元
4. 副食品价格补贴　元
5. 奖金　元
6. 国家规定的津贴　元
7. 本次领取的计划内临时工　人　元</td><td>备注</td><td colspan="8" rowspan="2">当即发放工资</td></tr>
<tr><td></td></tr>
</table>

9－1 **委托收款凭证（付款通知）**　　委托号码 47465

委托日期　2009 年 12 月 21 日　　到期 12 月 22 日

<table>
<tr><td rowspan="3">付款人</td><td>全　称</td><td colspan="2">A 公司</td><td rowspan="3">收款单位</td><td>全　称</td><td colspan="10">供电局</td></tr>
<tr><td>账或号地址</td><td colspan="2">085878</td><td>账号或地址</td><td colspan="10">001197</td></tr>
<tr><td>开户银行</td><td colspan="2">珠江办事处</td><td>开户银行</td><td colspan="10">南街办事处</td></tr>
<tr><td colspan="2" rowspan="2">金额</td><td colspan="4" rowspan="2">人民币（大写）壹万零柒佰叁拾贰元整</td><td>千</td><td>百</td><td>十</td><td>万</td><td>千</td><td>百</td><td>十</td><td>元</td><td>角</td><td>分</td></tr>
<tr><td></td><td></td><td>¥</td><td>1</td><td>0</td><td>7</td><td>3</td><td>2</td><td>0</td><td>0</td></tr>
<tr><td colspan="2">款项性质</td><td>业务收入</td><td colspan="2">合同号码</td><td colspan="2"></td><td colspan="4">附寄单证张数</td><td colspan="5">2</td></tr>
<tr><td colspan="3">备注
特约</td><td colspan="2"></td><td colspan="11">根据协议上列款项已由付款单位账户付出。
付款人开户行盖章
12 月 21 日</td></tr>
</table>

此联是付款人开户银行交给付款人的回单

单位主管　　会计　　复核　　记账

9－2

××省增值税专用发票

NO：___

（教学用）

开票日期：2009 年 12 月 21 日　　　　税（09）第 2 版（4）

购货单位	名称	A 公司		纳税人登记号		
	地址、电话			开户银行及账号		085878

商品或劳务名称	计量单位	数量	单价	金额									税率（%）	税额								
				百	十	万	千	百	十	元	角	分		百	十	万	千	百	十	元	角	分
电	瓦时	26 830	0.40		¥	1	0	7	3	2	0	0	略									
合　计							6	1	6	7	8	0					1	0	4	8	5	2
价税合计（大写）	人民币壹万零柒佰叁拾贰元整																¥10 732.00					

销货单位	名称	供电局		纳税人登记号		
	地址、电话			开户银行及账号		001197

收款人：　　　　开票单位（未盖章无效）

第二联：发货票

9－3

外购动力费分配表

2009 年 12 月

产品、部门、项目	单　位	用电数量	单　价	金　额
生产车间			0.40	
A 产品	度	5 900		2 360.00
B 产品	度	3 430		1 372.00
车间照明用电	度	11 250		4 500.00
管理部门	度	6 250		2 500.00
合　计	度	26 830	0.40	10 732.00

10－1

××省增值税专用发票

NO：____

（教学用）

开票日期：2009年12月22日　　　　税（09）第1版（6）

购货单位	名　称	丙公司	纳税人登记号	
	地址、电话		开户银行及账号	301089

商品或劳务名称	计量单位	数量	单价	金额									税率（%）	税额								
				百	十	万	千	百	十	元	角	分		百	十	万	千	百	十	元	角	分
A产品	件	140	1 500.00		2	1	0	0	0	0	0	0	17%			3	5	7	0	0	0	0
合　计																						

价税合计（大写）	人民币贰拾肆万伍仟柒佰元整			¥245 700.00
销货单位	名　称	A公司	纳税人登记号	
	地址、电话		开户银行及账号	085878

第四联：记账联—售货方记账

收款人：　　　　开票单位（未盖章无效）

10－2

托收款凭政（回单）

托收号码 010350

委托日期　2009年12月22日

付款人	全　称	丙公司	收款人	全　称	A公司
	账号或地址	301089		账　号	085878
	开户银行	中大信用社		开户银行	珠江办事处　行号

托收金额	人民币（大写）	千	百	十	万	千	百	十	元	角	分
	贰拾肆万伍仟柒佰元整		¥	2	4	5	7	0	0	0	0

附　件		商品发运情况	合同名称号码
附寄单证张数或册数	3		

备注 电划	款项收妥日期 年　月　日	付款人开户行盖章 12月22日

此联是收款人开户银行交给收款人的回单

单位主管　　会计　　复核　　记账

11－1

××省增值税专用发票

NO：____

（教学用）

开票日期：2009 年 12 月 22 日　　　　税（09）第 1 版（6）

购货单位	名　称	丁公司	纳税人登记号	
	地址、电话		开户银行及账号	58866

商品或劳务名称	计量单位	数量	单价	金额									税率（%）	税额								
				百	十	万	千	百	十	元	角	分		百	十	万	千	百	十	元	角	分
B 产品	件	60	1 000.00			6	0	0	0	0	0	0	17%			1	0	2	0	0	0	0
合　计																						

价税合计（大写）	人民币（大写）柒万零贰佰元整	￥70 200.00

销货单位	名　称	A 公司	纳税人登记号	
	地址、电话		开户银行及账号	085878

收款人：　　　　开票单位（未盖章无效）

第二联：记账联—售货方记账

11－2

托收款凭证（回单）

托收号码 01236

委托日期　2009 年 12 月 22 日

付款人	全　称	丁公司	收款人	全　称	A 公司
	账号或地址	58866		账　号	085878
	开户银行	柏雅信用社		开户银行	珠江办事处　行号

托收金额	人民币（大写）柒万零贰佰元整	千	百	十	万	千	百	十	元	角	分
				￥	7	0	2	0	0	0	0

附　件		商品发运情况	合同名称号码
附寄单证张数或册数	2		

备注 电划	款项收妥日期 年　月　日	付款人开户行盖章 12 月 22 日

单位主管　　会计　　复核　　记账

此联是收款人开户银行交给收款人的回单

12－1

火车货物运费结算单

2009 年 12 月 24 日　　　　第　　号

发货单位：A 公司		说明：
收货单位：丁公司		由发货单位负担
承运单位：铁路分局		里程：350 千米
货物件数：8 000Kg	运费：2 000.00 元	人民币（大写）贰仟元整

交收货单位

（有关人员盖章）

12－2

××银行普通支票存根

支票号码

科　　目

对方科目

签发日期 2009 年 12 月 24 日

收款人：铁路分局
金　额：2 000.00
用　途：付运费
备　注：

单位主管　　会计

复　　核　　记账

××银行普通支票　　支票号码：

签发日期：贰零零玖年壹拾贰月贰拾肆日　开户行名称：珠江办

收款人：铁路分局　　签发人账号：085878

人民币（大写）		千	百	十	万	千	百	十	元	角	分
	贰仟元整				¥	2	0	0	0	0	0

本支票付款期十天

用途　付运费　　科目（付）

上列款项请从我账户内支付　对方科目（收）

转账日期　　年　　月　　日

复核　　记账

身份证号码　　签发人盖章

13－1

商品流通企业商品销售统一发票

发　货　票　　　　NO

（教学用）

购货单位：A 公司　　2009 年 12 月 25 日　　税（09）第 3 版（5）

商品名称	规　格	等级	单位	数量	单　价	金额 十	万	千	百	十	元	角	分
记录簿			本	10	10.00				1	0	0	0	0
合计金额（大写）	人民币壹佰元整							¥	1	0	0	0	0
结　算方　式		开户银行 / 账　号		备注	现金收讫								

② 发货票

收款单位（盖章有效）　珠江商场　　收款人　　　开票人：

13－2　　**办公用品发放表**

	厂　部	生产车间	机修车间	供汽车间	合　计
领用金额	100.00				100.00
领用人签名	李××				

14－1　　**××银行进账单（收账通知）**　　1　（教学用）

2009年12月27日　　第　号

付款人	全　称	丙公司	收款人	全　称	A公司
	账　号	301089		账　号	085878
	开户银行	中大信用社		开户银行	珠江办事处
人民币（大写）		贰拾伍万元整		千百十万千百十元角分	¥25000000
票据种类	银行支票				
票据张数	1				
单位主管　会计　复核　记账			收款人开户行盖章		

收账通知

15－1　　**出差旅费报销表**

单位：人事科　　2009年12月28日　填

月	日	时间	出发地	月	日	时间	到达地	车（船）费	卧铺费	夜补行助车	市交内通费	宿费	会议费	出差补助		合计
														天数	金额	
12			广州				江峰	150								150
12			江峰				广州	150								150
合　计								300								300

出差参加产品任务：订货会	报销金额 人民币（大写）：叁佰元零角零分	报销金额：300
备注：	经授权费人　负责人　出差人　李江泽　李　文	预借金额：0 结余或超支：0

15－2

收 据

第二联 支款通知 现金付讫 NO：

2009 年 12 月 28 日

今收到 财务科
人民币叁佰元整
系 付差旅费

单位盖章： 会计： 出纳： 经手人：李泽

16－1

××银行普通支票存根

支票号码

科 目

对方科目

签发日期 2009 年 12 月 29 日

收款人：工程队
金 额：3 060.00
用 途：支付修理费用
备 注：

单位主管 会计

复 核 记账

××银行普通支票 支票号码：

签发日期：贰零零玖年壹拾贰月贰拾玖日 开户行名称：珠江办

收款人：工程队 签发人账号：085878

人民币（大写）	叁仟零陆拾元整	千	百	十	万	千	百	十	元	角	分
					¥	3	0	6	0	0	0

本支票付款期十天

用途 修理费用 科目（付）

上列款项请从我账户内支付 对方科目（收）

转账日期 年 月 日

复核 记账

身份证号码 签发人盖章

17－1

预付账款分配表

2009 年 12 月 31 日

摊销项目	本月摊销额	应分配部门
低值易耗品摊销	3 000	基本生产车间

会计主管 审核 制表

18－1

固定资产折旧计算表

2009年12月31日

月折旧 分类 / 部门	房屋建筑		机器设备		其他设备		合计
	0.3%		0.8%		0.4%		
	原值	折旧额	原值	折旧额	原值	折旧额	
基本车间	800 000	2 400	1 200 000	9 600			12 000
管理行政	1 000 000	3 000	200 000	1 600	850 000	3 400	8 000
合计	1 800 000	5 400	1 400 000	11 200	850 000	3 400	20 000

19－1

基本生产车间制造费用分配表

2009年12月31日

产品	生产工时	分配率	应分配金额（元）
A产品	51 110	1	51 110
B产品	26 250	1	26 250
合计	77 360	1	77 360

20－1

产成品成本计算表

单位：元

项目		直接材料费	直接人工费	燃料及动力费	制造费用	合计
A产品	总成本	100 000	45 600	2 400	52 000	200 000
	单位成本	500	228	12	260	1 000
B产品	总成本	52 500	25 650	1 350	25 500	105 000
	单位成本	350	171	9	170	700

20－2

产品入库汇总表

编报单位：成品仓库　　　　2009年12月

编号	品名	规格	单位	数量	备注
	A产品		件	200	
	B产品		件	150	

主管　　　　记账　　　　保管

21－1

内部转账单

2009年12月31日

子目或户名	摘　要	金　额
利　息	计提本年度利息	5 000
合　计		5 000

会计　　　记账　　　复核　　　制单

22－1

产品销售汇总表

2009年12月31日

编　号	品　名	规　格	单　位	数　量	金额（元）
	A产品		件	190	190 000
	B产品		件	160	112 000

会计　　　记账　　　复核　　　制单

23－1

增值税附加税费计算表

项　目	基　数	征收率	金　额	备　注
城乡维护建设税	略	7%	6 700	
教育费附加	略	2%	2 800	
合　计			9 500	

注：其他附税费略。以增值税应纳税额作为计算基数

24－1

内部转账单

NO　　　转账日期　2009年12月31日

摘　要	转账项目	金　额
结转到本年利润账户	主营业务收入	445 000
合　计		445 000

（有关人员盖章）

25－1

内部转账单

NO　　　　转账日期　　2009 年 12 月 31 日

摘　要	转账项目	金　额
结转到本年利润账户	主营业务成本	302 000
结转到本年利润账户	营业税金及附加	9 500
结转到本年利润账户	销售费用	8 000
结转到本年利润账户	管理费用	49 400
结转到本年利润账户	财务费用	5 000
合　计		373 900

26－1

经营性质：国有　　**所得税纳税申报表**　　税征表 3－7

所属行业　　所属时间：　2009 年 12 月　　金额：列至角分

纳税人名称	A 公司	税务微机编号		开户银行	××银行珠江办	账 号	085878

项　目	申报数	规定数	项　目	申报数	核定数	调整说明
营业收入	445 000					
减：营业成本（商品进价额）	302 000					
营业税金及附加	9 500					
销售费用	8 000					
管理费用	49 400					
财务费用	5 000					
加：投资收益	－					
营业利润	71 100					
营业外收支净额（支大于收以“－”号）	－		计税所得额	71 100		
利润总额	71 100		乘：适用税率（%）	33		
加：	－					
			应纳所得税额	23 463		
			按规定减征所得税额	－		

（续上表）

减	-		已纳所得税额	-		
			应补（退）所得税额	-		
缴款书字号	开票日期：　年　月　日		入库日期：　年　月　日			开票人：

申报业户（章）　　　　财务负责人（签章）　　　　申报日期　2009 年 12 月 31 日

注：只计算所得税，不计算“两金”。

27－1

税后利润计算表

2009 年 12 月 31 日

项　目	金　额	备　注
税前利润	71 100	
减：应交所得税额	23 463	
税后利润	47 637	

制表　　　　　　　　　　复核

27－2

利润分配计算表

2009 年 12 月 31 日

一、税后利润（略）		
二、分配项目	分 配 比 例	分 配 金 额（元）
1. 提取盈余公积金	20%	122 000
2. 向投资者分配利润		350 000
其中：国有资产管理局	投资比例　　%	（略）
大山公司	投资比例　　%	
分配合计		472 000

28－1

内部转账单

NO　　　　　　　　转账日期　　　　××年12月31日

摘　要	转账项目	金　额
结转到利润分配－未分配利润账户	本年利润	609 432
合　计		609 432

（有关人员盖章）

28－2

内部转账单

NO　　　　　　　　转账日期　　　　2009年12月31日

摘　要	转账项目	金　额
结转到利润分配－未分配利润账户	利润分配－提取盈余公积	122 000
结转到利润分配－未分配利润账户	利润分配－应付利润	350 000
合　计		472 000

（有关人员盖章）

29－1

税别：增值税　　　　**广州市国税局**　　　　穗缴通字：3649

预算科目	款	
	项	

工商税收转账通用缴款书　　　　隶属关系：

填发日期：2009 年 12 月 31 日　　　　经济类型：

<table>
<tr><td rowspan="3">收款单位</td><td>全　称</td><td colspan="3"></td><td rowspan="3">缴款人或单位</td><td>全　称</td><td colspan="3">A 公司</td></tr>
<tr><td>预算级次</td><td colspan="3"></td><td>地　址</td><td></td><td>电话</td><td></td></tr>
<tr><td>收款金库</td><td></td><td>账号</td><td></td><td>开户银行</td><td>珠江办事处</td><td>账号</td><td>085878</td></tr>
<tr><td colspan="2">税款所属时期</td><td colspan="3">年　季　月　日</td><td colspan="2">税款限缴日期</td><td colspan="3">年　月　日</td></tr>
</table>

<table>
<tr><td rowspan="2">类别名称</td><td rowspan="2">单位</td><td rowspan="2">数量</td><td rowspan="2">单位税额</td><td rowspan="2">计税金额</td><td rowspan="2">税率（%）</td><td rowspan="2">应征税额</td><td rowspan="2">减已缴税额</td><td colspan="9">入库税额</td></tr>
<tr><td>百</td><td>十</td><td>万</td><td>千</td><td>百</td><td>十</td><td>元</td><td>角</td><td>分</td></tr>
<tr><td>增值税</td><td></td><td></td><td></td><td></td><td>17%</td><td>40 000.00</td><td></td><td></td><td></td><td>4</td><td>0</td><td>0</td><td>0</td><td>0</td><td>0</td><td>0</td></tr>
<tr><td></td><td></td><td></td><td></td><td></td><td></td><td></td><td></td><td></td><td></td><td></td><td></td><td></td><td></td><td></td><td></td><td></td></tr>
<tr><td></td><td></td><td></td><td></td><td></td><td></td><td></td><td></td><td></td><td></td><td></td><td></td><td></td><td></td><td></td><td></td><td></td></tr>
<tr><td colspan="8">总计金额人民币（大写）肆万元整</td><td></td><td>¥</td><td>4</td><td>0</td><td>0</td><td>0</td><td>0</td><td>0</td><td>0</td></tr>
<tr><td colspan="3">缴款单位盖章</td><td colspan="5">上列款项已收妥并划转收款单位账户
（收款银行盖章）　年　月　日</td><td colspan="9">备　注</td></tr>
<tr><td colspan="8">附注：所得税速算扣除数：　　　增值税扣除税额：</td><td colspan="9"></td></tr>
</table>

第一联——收据。由银行收款盖章后退缴款单位

此联签发人存查

（本缴款书无银行收讫章无效）　　　　逾期不缴按税法规定加收滞纳金

29 – 2　　　　　　　　　　　　　　　　　　　　　　　　103

税别：增值税　　　　广州市地方税务局　　　　穗缴通字：3649

项算科目	款	
	项	

工商税收转账通用缴款书　　隶属关系：

填发日期：2009 年 12 月 31 日　　经济类型：

收款单位	全　称				缴款人或单位	全　称	A 公司											
	预算级次					地　址		电话										
	收款金库		账号			开户银行	珠江办事处	账号	085878									
税款所属时期	年　季　月　日				税款限缴日期		年　月　日											
类别名称	单位	数量	单位税额	计税金额	税率（%）	应征税额	减已缴税　额	入库税额										
								百	十	万	千	百	十	元	角	分		
增值税					33%	20 000				2	0	0	0	0	0	0		
总计金额人民币（大写）贰万元整									¥	2	0	0	0	0	0	0		
缴款单位盖章	上列款项已收妥并划转收款单位账户（收款银行盖章）　年　月　日							备　注										
附注：所得税速算扣除数：　增值税扣除税额：																		

（本缴款书无银行收讫章无效）　　逾期不缴按税法规定加收滞纳金

第一联——收据。由银行收款盖章后退缴款单位　此联签发人存查

二、核算程序及要求

（一）根据大信有限责任公司 12 月份发生的会计事项的原始凭证，填列以下收款凭证、付款凭证和转账凭证。各记账凭证的格式如表 10 – 5 至表 10 – 35 所示。

表 10 – 5　　　　**付款凭证**

贷方科目＿＿＿＿＿＿　　2009 年 12 月　日　　字第　号

摘　要	借方科目	明细科目	金　额
附件　张			

表 10－6

付款凭证

贷方科目________________　　2009 年 12 月　日　　字第　号

摘　要	借方科目	明细科目	金　额
附件　张			

表 10－7

收款凭证

借方科目________________　　2009 年 12 月　日　　字第　号

摘　要	贷方科目	明细科目	金　额
附件　张			

表 10－8

转账凭证

2009 年 12 月　日　　转字第　号

摘　要	总账科目	明细科目	借方金额	贷方金额
合　计				

表 10－9

收款凭证

借方科目________________　　2009 年 12 月　日　　字第　号

摘　要	贷方科目	明细科目	金　额
附件　张			

表 10－10

付款凭证

贷方科目______________　　2009 年 12 月　日　　字第　号

摘　要	贷方科目	明细科目	金　额
附件　张			

表 10－11

转账凭证

贷方科目______________　　2009 年 12 月　日　　转字第　号

摘　要	总账科目	明细科目	借方金额	贷方金额
合　计				

表 10－12

付款凭证

贷方科目______________　　2009 年 12 月　日　　字第　号

摘　要	借方科目	明细科目	金　额
附件　张			

表 10－13

付款凭证

贷方科目______________　　2009 年 12 月　日　　字第　号

摘　要	借方科目	明细科目	金　额
附件　张			

表 10－14

转账凭证

2009 年 12 月　日　　　　转字第　号

摘　要	总账科目	明细科目	借方金额	贷方金额
合　计				

表 10－15

转账凭证

2009 年 12 月　日　　　　转字第　号

摘　要	总账科目	明细科目	借方金额	贷方金额
合　计				

表 10－16

付款凭证

贷方科目________　　2009 年 12 月　日　　　　字第　号

摘　要	借方科目	明细科目	金　额
附件　张			

表 10－17

付款凭证

贷方科目________　　2009 年 12 月　日　　　　字第　号

摘　要	借方科目	明细科目	金　额
附件　张			

表 10 - 18

收款凭证

借方科目________ 2009 年 12 月 日 字第 号

摘 要	贷方科目	明细科目	金 额
附件 张			

表 10 - 19

付款凭证

贷方科目________ 2009 年 12 月 日 字第 号

摘 要	借方科目	明细科目	金 额
附件 张			

表 10 - 20

付款凭证

贷方科目________ 2009 年 12 月 日 字第 号

摘 要	借方科目	明细科目	金 额
附件 张			

表 10 - 21

转账凭证

2009 年 12 月 日 转字第 号

摘 要	总账科目	明细科目	借方金额	贷方金额
合 计				

表 10－22

转账凭证

2009 年 12 月　日　　　　转字第　号

摘　要	总账科目	明细科目	借方金额	贷方金额
合　计				

表 10－23

转账凭证

2009 年 12 月　日　　　　转字第　号

摘　要	总账科目	明细科目	借方金额	贷方金额
合　计				

表 10－24

转账凭证

2009 年 12 月　日　　　　转字第　号

摘　要	总账科目	明细科目	借方金额	贷方金额
合　计				

表 10－25

转账凭证

2009 年 12 月　日　　　　转字第　号

摘　要	总账科目	明细科目	借方金额	贷方金额
合　计				

表 10－26

转账凭证

2009 年 12 月　日　　　　转字第　号

摘　要	总账科目	明细科目	借方金额	贷方金额
合　计				

表 10－27

转账凭证

2009 年 12 月　日　　　　转字第　号

摘　要	总账科目	明细科目	借方金额	贷方金额
合　计				

表 10－28

转账凭证

2009 年 12 月　日　　　　　　　　转字第　号

摘　要	总账科目	明细科目	借方金额	贷方金额
合　计				

表 10－29

转账凭证

2009 年 12 月　日　　　　　　　　转字第　号

摘　要	总账科目	明细科目	借方金额	贷方金额
合　计				

表 10－30

转账凭证

2009 年 12 月　日　　　　　　　　转字第　号

摘　要	总账科目	明细科目	借方金额	贷方金额
合　计				

表 10－31

转账凭证

2009 年 12 月　日　　　　转字第　号

摘　要	总账科目	明细科目	借方金额	贷方金额
合　计				

表 10－32

转账凭证

2009 年 12 月　日　　　　转字第　号

摘　要	总账科目	明细科目	借方金额	贷方金额
合　计				

表 10－33

转账凭证

2009 年 12 月　日　　　　转字第　号

摘　要	总账科目	明细科目	借方金额	贷方金额
合　计				

表 10－34

转账凭证

2009 年 12 月　日　　　　转字第　号

摘　要	总账科目	明细科目	借方金额	贷方金额
合　计				

表 10－35

付款凭证

贷方科目________　　2009 年 12 月　日　　　　字第　号

摘　要	借方科目	明细科目	金　额
附件　张			

（二）根据所编制的库存现金收款凭证和库存现金付款凭证，逐日逐笔登记库存现金日记账；根据所编制的银行存款收款凭证和银行存款付款凭证，逐日逐笔登记银行存款日记账。库存现金日记账和银行存款日记账的格式分别见表 10－36、表 10－37 所示。

表 10－36

库存现金日记账

第　页

2009 年		凭证		摘　要	对方科目	借　方	贷　方	余　额
月	日	字	号					
11	30			本月合计		24 500	24 300	1 000

表 10－37　　银行存款日记账　　第　页

2009 年		凭证		摘　要	对方科目	借　方	贷　方	余　额
月	日	字	号					
11	30			本月合计		350 000	400 000	1 600 000

（三）根据原始凭证和所编制的记账凭记，登记明细分类账。作为学习，为减少不必要的重复工作，本部分只列示具有代表性的“应收账款”、“原材料”、“生产成本”和“本年利润”四个总分类账的明细分类账。各明细分类账的格式分别见表 10－38 至表 10－44 所示。

表 10－38　　应收账款明细账

户名：丙公司　　第　页

2009 年		凭证		摘　要	借　方	贷　方	借或贷	余　额
月	日	字	号					
11	30			本月合计	90 000	80 000	借	50 000

表 10－39　　应收账款明细账

户名：丁公司　　第　页

2009 年		凭证		摘　要	借　方	贷　方	借或货	余　额
月	日	字	号					
11	30			本月合计	60 000	70 000	借	30 000

表 10－40　**原材料明细账**

材料名称：甲材料

计量单位：千克　　第　页

2009年		凭证号	摘要	收入			发出			结余		
月	日			数量	单价	金额	数量	单价	金额	数量	单价	金额
11	30		本月合计	7 000	10	70 000	8 000	10	80 000	4 500	10	45 000

表 10－41　**原材料明细账**

材料名称：乙材料

计量单位：千克　　第　页

2009年		凭证号	摘要	收入			发出			结余		
月	日			数量	单价	金额	数量	单价	金额	数量	单价	金额
11	30		本月合计	8 000	15	120 000	10 500	15	157 500	2 667	15	40 000

表 10－42　**生产成本明细账**

材料名称：A 产品

2009年		凭证号	摘要	直接材料	直接人工	燃料及动力费	制造费用	合计
月	日							
12	1		期初在产品成本	9 000	3 990	220	4 790	18 000

表 10－43 **生产成本明细账**

材料名称：B 产品

2009 年		凭证号	摘　要	直接材料	直接人工	燃料及动力费	制造费用	合　计
月	日							
12	1		期初在产品成本	7 500	3 420	180	3 900	15 000

表 10－44 **本年利润明细账**

2009 年		凭证号	摘　要	借　方							贷　方			借或贷	余　额
月	日			主营业务成本	营业税金及附加	销售费用	管理费用	财务费用	所得税费用	合计	主营业务收入	营业外收入	合 计		
11	30		本年累计	3 322 000	104 500	90 000	540 000		276 705	4 333 205	4 895 000		4 895 000	贷	561 795

（四）财会部门一般应在每月的旬末，按总账科目分次汇总各旬发生的记账凭证，填制“科目汇总表”。为了简化手续，本例题要求于月末时一次汇总本月份的全部记账凭证并填制“科目汇总表”。“科目汇总表”的格式见表 10－45 所示。

表 10－45 **科目汇总表**

2009 年 12 月

会计科目	1～10 日发生额		11～20 日发生额		21～31 日发生额		合　计	
	借　方	贷　方	借　方	贷　方	借　方	贷　方	借　方	贷　方
库存现金								
银行存款								
应收账款								
原材料								
生产成本								

（续上表）

会计科目	1～10日发生额		11～20日发生额		21～31日发生额		合　计	
	借　方	贷　方	借　方	贷　方	借　方	贷　方	借　方	贷　方
制造费用								
库存商品								
预付账款								
固定资产								
累计折旧								
应付职工薪酬								
应交税费								
长期借款								
实收资本								
盈余公积								
本年利润								
利润分配								
主营业务收入								
主营业务成本								
营业税金及附加								
销售费用								
管理费用								
财务费用								
所得税费用								
合　计								

（五）根据所编制的“科目汇总表”登记有关总分类账：总分类账的登记工作可以在每旬汇总后分次登记，也可以在月终根据全月发生额登记一次。本例为月末时一次登记总分类账，各总分类账的格式见表10－46至表10－69。

表 10－46　　总分类账

会计科目：库存现金　　第　页

2009 年		凭证号	摘　要	借　方	贷　方	借或贷	余　额
月	日						
11	30		本月合计	24 500	24 300	借	1 000

表 10－47　　总分类账

会计科目：银行存款　　第　页

2009 年		凭证号	摘　要	借　方	贷　方	借或贷	余　额
月	日						
11	30		本月合计	350 000	400 000	借	1 600 000

表 10－48　　总分类账

会计科目：应收账款　　第　页

2009 年		凭证号	摘　要	借　方	贷　方	借或贷	余　额
月	日						
11	30		本月合计	150 000	150 000	借	80 000

表 10－49　　**总分类账**

会计科目：原材料　　第　页

2009 年		凭证号	摘　要	借　方	贷　方	借或贷	余　额
月	日						
11	30		本月合计	190 000	185 000	借	95 000

表 10－50　　**总分类账**

会计科目：生产成本　　第　页

2009 年		凭证号	摘　要	借　方	贷　方	借或贷	余　额
月	日						
11	30		本月合计	300 000	298 000	借	33 000

表 10－51　　**总分类账**

会计科目：库存商品　　第　页

2009 年		凭证号	摘　要	借　方	贷　方	借或贷	余　额
月	日						
11	30		本月合计	320 000	310 000	借	95 000

表 10－52

总分类账

会计科目：预付账款

第　页

2009年 月	2009年 日	凭证号	摘要	借方	贷方	借或贷	余额
11	30		本月合计	7 000	3 000	借	6 000

表 10－53

总分类账

会计科目：制造费用

第　页

2009年 月	2009年 日	凭证号	摘要	借方	贷方	借或贷	余额
11	30		本月合计	75 000	75 000	平	—

表 10－54

总分类账

会计科目：固定资产

第　页

2009年 月	2009年 日	凭证号	摘要	借方	贷方	借或贷	余额
11	30		上年结转			借	4 000 000

表 10－55 **总分类账**

会计科目：累计折旧 第 页

2009年		凭证号	摘要	借方	贷方	借或贷	余额
月	日						
11	30		本月合计		20 000	贷	400 000

表 10－56 **总分类账**

会计科目：应付职工薪酬 第 页

2009年		凭证号	摘要	借方	贷方	借或贷	余额
月	日						
11	30		本月合计	120 000	121 500	贷	38 205

表 10－57 **总分类账**

会计科目：应交税费 第 页

2009年		凭证号	摘要	借方	贷方	借或贷	余额
月	日						
11	30		本月合计	53 020	55 020	贷	50 000

表 10－58 **总分类账**

会计科目：长期借款 第 页

2009年		凭证号	摘 要	借 方	贷 方	借或贷	余 额
月	日						
1	1		上年结转			贷	100 000

表 10－59 **总分类账**

会计科目：实收资本 第 页

2009年		凭证号	摘 要	借 方	贷 方	借或贷	余 额
月	日						
1	1		上年结转			贷	4 450 000

表 10－60 **总分类账**

会计科目：盈余公积 第 页

2009年		凭证号	摘 要	借 方	贷 方	借或贷	余 额
月	日						
1	1		上年结转			贷	200 000

表 10－61　　**总分类账**

会计科目：本年利润　　第　页

2009 年		凭证号	摘　要	借　方	贷　方	借或贷	余　额
月	日						
11	30		本月合计	394 000	445 000	贷	561 795

表 10－62　　**总分类账**

会计科目：利润分配　　第　页

2009 年		凭证号	摘　要	借　方	贷　方	借或贷	余　额
月	日						
1	1		上年结转			贷	100 000

表 10－63　　**总分类账**

会计科目：主营业务收入　　第　页

2009 年		凭证号	摘　要	借　方	贷　方	借或贷	余　额
月	日						
11	30		本月合计	446 000	446 000	平	—

表 10－64　　　　总分类账

会计科目：主营业务成本　　　　第　页

2009 年		凭证号	摘　要	借　方	贷　方	借或贷	余　额
月	日						
11	30		本月合计	301 500	301 500	平	—

表 10－65　　　　总分类账

会计科目：营业税金及附加　　　　第　页

2009 年		凭证号	摘　要	借　方	贷　方	借或贷	余　额
月	日						
11	30		本月合计	3 050	3 050	平	—

表 10－66　　　　总分类账

会计科目：销售费用　　　　第　页

2009 年		凭证号	摘　要	借　方	贷　方	借或贷	余　额
月	日						
11	30		本月合计	9 600	9 600	平	—

表 10－67　　　　　　　　　　　　**总分类账**

会计科目：管理费用　　　　　　　　　　　　　　　　　　第　页

2009 年		凭证号	摘　要	借　方	贷　方	借或贷	余　额
月	日						
11	30		本月合计	51 800	51 800	平	—

表 10－68　　　　　　　　　　　　**总分类账**

会计科目：财务费用　　　　　　　　　　　　　　　　　　第　页

2009 年		凭证号	摘　要	借　方	贷　方	借或贷	余　额
月	日						
11	30		本月合计	6 200	6 200	平	—

表 10－69　　　　　　　　　　　　**总分类账**

会计科目：所得税费用　　　　　　　　　　　　　　　　　第　页

2009 年		凭证号	摘　要	借　方	贷　方	借或贷	余　额
月	日						
11	30		本月合计	24 000	24 000	平	—

（六）月末，编制“总分类账与所属明细分类账和日记账金额核对表”，将有关账户的发生额和余额核对相符。为了简化手续，本部分只要求进行部分账户的核对。核对表的格式如表 10－70 所示。

表 10－70　库存现金、银行存款日记账、明细分类账与总分类账核对表

2009 年 12 月

账户名称	期末余额	账户名称	期末余额
库存现金总分类账		应收账款总分类账	
库存现金日记账		其中：丙公司	
银行存款总分类账		丁公司	
银行存款日记账		应收账款明细账余额小计	
原材料总分类账		生产成本总分类账	
其中：甲材料		其中：A 产品	
乙材料		B 产品	
原材料明细分类账余额小计		生产成本明细账余额小计	

（七）月末，根据与日记账、明细分类账核对余额后的总分类账的记录，编制“总分类科目发生额及余额试算平衡表”。其格式如表 10－71 所示。试算平衡后，根据总分类账和明细分类账的有关资料，编制“资产负债表”和“利润表”。“现金流量表”的编制从略。“利润表”和“资产负债表”的格式如表 10－72、10－73 所示。

表 10－71　总分类科目发生额及余额试算平衡表

2009 年 12 月

会计科目	期初余额		本期发生额		期末余额	
	借　方	贷　方	借　方	贷　方	借　方	贷　方
库存现金						
银行存款						
应收账款						
原材料						
生产成本						
制造费用						
预付账款						
库存商品						
固定资产						
累计折旧						
应付职工薪酬						
应交税费						
长期借款						
实收资本						
盈余公积						
本年利润						

（续上表）

会计科目	期初余额		本期发生额		期末余额	
	借　方	贷　方	借　方	贷　方	借　方	贷　方
利润分配						
主营业务收入						
主营业务成本						
营业税金及附加						
销售费用						
管理费用						
财务费用						
所得税费用						
合　计						

表 10－72　　利润表

编制单位：A 公司　　2009 年 12 月 31 日　　单位：元

项　目	本期金额	上期金额
一、营业收入		
减：营业成本		
营业税金及附加		
销售费用		
管理费用		
财务费用		
资产减值损失		
加：公允价值变动收益		
投资收益		
其中：对联营企业和合营企业的投资收益		
二、营业利润		
加：营业外收入		
减：营业外支出		
其中：非流动资产处置损失		
三、利润总额		
减：所得税费用		
四、净利润		
五、每股收益：		
（一）基本每股收益		
（二）稀释每股收益		

表 10－73　　　　资产负债表

编制单位：A 公司　　　　2009 年 12 月 31 日　　　　单位：元

资　产	期末余额	年初余额	负债和所有者权益（或股东权益）	期末余额	年初余额
流动资产：			流动负债：		
货币资金			短期借款		
交易性金融资产			交易性金融负债		
应收票据			应付票据		
应收账款			应付账款		
预付账款			预收款项		
应收利息			应付职薪酬		
应收股利			应交税费		
其他应收款			应付利息		
存货			应付股利		
一年内到期的非流动资产			其他应付款		
其他流动资产			一年内到期的非流动负债		
流动资产合计			其他流动负债		
非流动资产：			流动负债合计		
可供出售金融资产			非流动负债：		
持有至到期投资			长期借款		
长期应收款			应付债券		
长期股权投资			长期应付款		
投资性房地产			专项应付款		
固定资产：			预计负债		
在建工程			递延所得税负债		
工程物资			其他非流动负债		
固定资产清理			非流动负债合计		
生产性生物资产			负债合计		
油气资产			所有者权益（或股东权益）：		
无形资产			实收资本（或股本）		
开发支出			资本公积		
商誉			减：库存股		
长期待摊费用			盈余公积		
递延所得税资产			未分配利润		

（续上表）

资　产	期末余额	年初余额	负债和所有者权益（或股东权益）	期末余额	年初余额
其他非流动资产			所有者权益（或股东权益）合计		
非流动资产合计					
资产总计			负债和所有者权益（或股东权益）合计		

【本章小结】

本练习应注意如下几个问题：

（1）应根据原始凭证编制记账凭证。

（2）科目汇总表的编制日期应根据业务量的大小而定，可每隔15天、10天或5天进行汇总。

（3）根据科目汇总表登记总分类账，其他账簿根据记账凭证或记账凭证和原始凭证进行登记。

（4）利润表和资产负债表的编制方法。

第十一章　会计工作组织

【学习目标】

知识目标：了解会计工作组织包含的主要内容。

技能目标：掌握会计机构设置、会计人员配备与教育、会计法规制度的制定和执行以及会计手段的运用等。

能力目标：能够运用所学知识组织会计工作 。

【篇头案例】

A、B、C 三位投资者合伙开了一家小型汽车修理厂，这么小的企业要不要设会计？怎么设？招聘什么样的会计人员？招几个？要不要制定一些相关制度，等等，这一系列问题摆在了面前。

会计工作的组织，主要包括会计机构的设置、会计人员的配备与教育、会计法规制度的制定和执行、会计手段的运用及会计档案管理等。会计组织工作是完成会计工作任务，发挥会计工作作用的重要保证。本章主要说明财务会计工作组织。

第一节　会计工作组织概述

为了完成会计任务，发挥会计在企业经营管理中的作用，维护社会主义市场经济秩序，企业、事业、机关等会计单位必须正确地组织会计工作，设置会计机构，配备会计人员，建立和执行会计制度。

一、组织会计工作的意义

组织好会计工作具有重要意义：

（1）有利于保证会计工作的质量，提高会计工作效率。

财务会计依据严密的程序和手续，从凭证到账簿，从账簿到报表，连续、系统、全面地反映和监督单位的财务收支、经营成果。如果没有专职的机构和工作人员，没有一套科学的工作制度和严密的工作程序，就不能把会计工作科学地组织起来，就不能圆满地完成会计的任务，保证会计工作的质量和效率。

（2）有利于会计工作与其他经济管理的相互协调、相互配合，提高单位的整体管理水平。

会计工作是一项综合性的经济管理工作，它既具有相对独立性，又同其他经济管理工作有着十分密切的联系。只有科学地组织会计工作，使会计工作同其他经济管理工作在加强管理、提高效益的目标下，相互协调、相互补充、相互配合，才能保证企业单位整体管理水平的提高。

（3）有利于会计法规、制度的执行，维护相关者的经济利益和社会主义市场经济秩序。

会计作为单位内部的一项管理活动，主要对本单位的经济活动进行核算和监督。但会计在处理经济业务事项中所涉及的经济利益关系则超出本单位的范围，直接或间接地影响有关方面的利益。因此，科学地组织会计工作，保证会计法规、制度的贯彻执行，对于维护包括国家在内的各相关者的经济利益，维护社会主义市场经济秩序具有重要的意义。

二、组织会计工作的原则

科学地组织会计工作，应遵循以下原则：

（一）统一性原则

组织会计工作之所以必须遵循统一性原则，其理由在于：在社会主义市场经济条件下，会计所提供的会计信息，不仅要满足企业单位经济管理的需要，还要满足企业单位外部的会计信息使用者，包括国家宏观经济管理的需要。就整个社会而言，会计资料是一种重要的社会资源，从维护社会经济秩序，满足宏观经济管理的要求出发，规范会计行为便是十分必要的。我国的《会计法》明确规定应实行统一的会计制度。各个企业单位必须依据国家的有关法规、制度的统一要求设置会计机构、配备会计人员和组织会计工作。

（二）个性原则

组织会计工作，既要符合国家统一的要求，又要从实际出发，适应本单位的特点。也就是说，各企业单位在同《会计法》和国家统一的会计制度不相抵触的前提下，应根据本单位业务经营的特点和经济规模的大小等具体情况来组织企业单位的会计工作。2000 年 12 月 29 日财政部颁布的《企业会计制度》就规定：企业应当根据有关会计法律、行政法规和本制度的规定，在不违反本制度的前提下，结合本企业的具体情况，制定适合于本企业的会计核算办法。

（三）协调原则

企业的经济管理工作是一个系统，会计则是这一系统的重要组成部分，各个部分只有按系统目标的要求相互协调、互相配合，系统才能有效地运行。因此，组织会计工作时，必须坚持协调原则，保证会计工作与其他经济管理工作的协调运行。

（四）成本效益原则

在组织会计工作时，在保证会计信息质量和会计任务完成的前提下，坚持成本效益原则，合理地设置会计机构，配备会计人员和建立会计工作的程序和手续，防止机构重叠、重复劳动和不必要的工作程序与手续。

第二节　会计机构

会计机构是各企业单位办理会计事务的职能机构。合理地设置会计机构，是保证会计工作的正常进行，充分发挥会计职能的重要条件。

一、会计机构的设置

依据《会计法》的要求，企业、事业、行政机关等单位应当根据会计业务的需要，设置会计机构。

为了有效地发挥会计的职能作用，大、中型企业（包括集团公司、股份有限公司、有限责任公司等），应当设置会计机构。对于实行企业化管理的事业单位、业务较多的行政单位、社会团体和其他组织也应设置会计机构。

各级主管部门一般设置会计（财务）司、局、处、科。主管部门的会计机构主要负责组织、领导和监督所属单位的会计工作。基层单位的会计机构，一般称为会计（财务）部、处、科、股、组等。基层单位的会计机构，在单位行政领导人或总会计师的领导下开展会计工作。

《会计法》规定，会计机构内部应当建立稽核制度和内部牵制制度。

稽核是稽查与复核的简称。会计稽核是会计机构本身对会计核算工作进行的一种自我检查或审核工作。建立会计机构内部稽核制度，目的在于防止会计核算工作上的差错和有关人员的舞弊。

内部牵制制度，也称钱账分管制度，是指凡是涉及款项和财物收付、结算及登记的任何一项工作，必须由两人或两人以上分工办理，以起到相互制约作用的一种工作制度。实行内部牵制制度，主要是为了加强会计人员之间的相互制约、相互监督、相互核对，提高会计核算工作质量，防止会计事物处理中发生失误和差错，以及经济活动中营私舞弊行为的发生。

在一些规模小、会计业务简单的单位，可以不设置会计机构。根据《会计法》的规定，不单独设置会计机构的单位，应当在有关机构中设置会计人员并指定会计主管人员。会计主管人员负责组织管理会计事务、行使会计机构负责人的职权。

不具备设置会计机构和会计人员条件的单位，应当委托经批准设立从事会计代理记账业务的中介机构代理记账。

二、会计工作的组织形式

企业单位或其内部机构按其核算关系的性质不同，一般可分为独立核算单位和非独立核算单位。非独立核算单位又可分为半独立核算单位和报账单位。

独立核算单位，是指具有一定数额的资本金，有独立经营的自主权，能单独编制计划，单独计算盈亏，单独在银行开户并经工商行政部门注册登记的法人单位或非法人单位。

半独立核算单位又称内部独立核算单位，是指具有一定的经营管理权，计算盈亏，对内报送会计报表，但不具有独立的资本金，不单独在银行开户并通过工商行政部门注册登记的企业或事业法人所属的部门或下属单位。

报账单位，是指不计算盈亏，收入全部上交，费用由上级报销的企业、事业或行政机关的所属单位。

独立核算单位的会计工作的组织形式，有集中核算和非集中核算两种。

集中核算又称集中核算制，是指整个单位的会计工作主要集中在会计部门进行的核算组织形式。在该组织形式下，单位内部的其他部门和下属单位只对其发生的经济业务填制原始凭证或原始凭证汇总表，送交会计部门。会计部门根据审核后的原始凭证填制记账凭证，登记账簿，编制会计报表。集中核算可以减少核算环节，简化核算手续，精简人员，有利于全面、及时地掌握单位的财务状况和经营成果。缺点是不便于下属单位加强经营管理工作，不利于单位内部经济责任制的贯彻落实。该组织形式，一般适用于小型企业、事业单位。

非集中核算又称分散核算或分散核算制，是指将会计工作分散在单位内部所属单位、部门进行的核算组织形式。在分散核算形式下，内部所属单位整理有关本部门业务的原始凭证，进行明细核算，上报有关会计报表；单位会计机构进行总分类核算，编制单位会计报表。该核算组织形式层次多，手续复杂，不便于人员的精简，但便于内部单位利用会计数据加强经营管理，有利于经济责任制的贯彻落实，一般适用于大中型企事业单位。

实行内部独立核算的单位，根据需要也可以采取分散核算形式。

三、会计机构的岗位责任制

会计机构的岗位责任制，又称会计人员岗位责任制，是指在会计机构内部按照会计工作的内容和会计人员的配备情况，将会计机构的工作划分为若干个岗位，按岗位规定职责并进行考核的责任制度。建立会计机构的岗位责任制，使每一项会计工作都有专人负责，每一位会计人员都有明确的职责，做到以责定权、权责明确、严格考核、有奖有惩。建立健全会计机构的岗位责任制，对于加强会计管理，提高工作质量与工作效率，保证会计工作的有序进行，具有重要的意义。

实行定岗定编，是建立会计机构岗位责任制的基础。会计人员的工作岗位一般可分为：会计主管、稽核、总账报表、资金核算、财产物资核算、往来结算、工资核算、收入利润核算、成本费用核算、出纳、会计档案保管等。这些岗位可以一人一岗、一人多岗或一岗多人，各单位可以根据各岗位业务量的情况来确定。但依据内部牵制制度的要求，出纳人员不得兼任稽核、会计档案保管和收入、支出、费用、债权债务账目的登记工作。对于规模大、业务量大的单位，会计机构内部可以按经济业务的类别划分岗位，设立若干业务组，具体负责各项业务工作。一般设置的业务组有综合财务组、财务结算组、资金会计组、工资会计组、成本会计组、收入利润会计组、资产会计组等。

第三节　会计人员

会计人员是直接从事会计工作的人员，包括单位财务会计负责人、会计机构负责人和具体从事会计业务的工作人员。建立健全会计机构，配备好会计人员，是各单位做好会计工作，充分发挥会计职能作用的重要保证。

一、会计人员的职责与权限

（一）会计人员的职责

会计人员的职责，概括起来就是及时提供真实可靠的会计信息，认真贯彻执行和维护国家财经制度和纪律，积极参与经营管理，提高经济效益。根据《会计法》规定，会计人员的主要职责包括：

1. 进行会计核算

会计人员要根据实际发生的经济业务事项进行会计核算，填制会计凭证，登记会计账簿，编制财务会计报告。做到手续完备，内容真实，数字准确，账面清楚，日清月结，按期报账，如实反映财务状况、经营成果及其变动情况，满足国家宏观经济管理、企业加强内部经营管理及有关各方了解本单位财务状况、经营成果、财务收支等情况的需要。

进行会计核算，及时提供真实可靠的、能满足有关各方需要的会计信息，是会计人员最基本的职责，也是做好会计工作最起码的要求。

2. 实行会计监督

各单位的会计机构、会计人员必须对本单位实行会计监督。监督的主要内容包括：①对原始凭证进行审核和监督，对不真实、不合法的原始凭证不予受理，对伪造、变造、故意毁灭会计账簿或账外设账行为应当制止和纠正。②对实物、款项进行监督，督促建立并严格执行财产清查制度。③对指使、指令编造、篡改财务报告的行为应当制止和纠正；制止和纠正无效的，应当向上级主管单位报告。④应当对财务收支进行监督。⑤对违反单位内部会计管理制度的经济活动，应当制止和纠正；制止和纠正无效的，应当向单位领导人报告。⑥应当对单位指定的预算、财务计划、经济计划，以及计划的执行情况进行监督。

各单位必须接受审计机关、财政机关和税务机关依照国家法律和有关规定进行的监督，如实提供会计凭证、会计账簿、财务会计报告和其他会计资料以及有关情况，不得拒绝、隐匿、谎报。

3. 拟定本单位办理会计事务的具体办法

各单位要根据国家颁布的会计法规，结合本单位的特点和需要，建立、健全本单位内部使用的会计事项处理办法。例如，建立会计人员岗位责任制、稽核和内部牵制制度；制定分级核算、分级管理办法和费用开支报销办法等。

4. 办理其他会计事务

例如，实行责任会计、经营决策会计、电算化会计等。

会计人员的职责是考核会计人员工作质量的重要标准，会计人员应尽职尽责，努力做好。

（二）会计人员的工作权限

为了保障会计人员能够顺利地履行自己的职责，国家赋予了他们必要的工作权限，主要有：

（1）有权要求本单位有关部门、人员认真执行批准的计划、预算，遵守国家法律及财经纪律和财务会计制度。如有违反，会计人员有权拒绝付款、报销或执行，并向本单位领导人报告。对于弄虚作假、营私舞弊、欺骗上级等违法乱纪行为，会计人员必须坚决拒绝执行，并向本单位领导或上级部门报告，否则应同有关人员负连带责任。

（2）有权参与本单位编制计划，制定定额，签订经济合同，参加有关的生产、经营管理会议。

（3）有权监督、检查本单位有关部门的财务收支、资金使用和财产保管、收发、计量、检验等情况。

二、会计人员从业资格

《会计法》规定，从事会计工作的人员，必须取得会计从业资格证书。会计从业资格证书，是证明能够从事会计工作的合法凭证。凡是从事会计工作的会计人员，必须先取得会计从业资格证书，才能从事会计工作。会计从业资格证书一经取得，则在全国范围内有效。

取得会计从业资格的基本条件是：坚持原则，具备良好的职业道德；遵守国家财经和会计法律、法规、规章制度；具备一定的会计专业知识和技能；身体健康，胜任本职工作。具备大专以上会计专业学历的人员，同时符合基本条件的，可直接获得从业资格。对于不具备大专以上会计专业学历的人员，要从事会计工作，必须通过考试取得会计从业资格。

对会计从业资格证书实行注册登记和年检制度。依据注册登记制度的要求，会计人员因离退、解聘、停薪留职、辞职等原因离开单位的，应由本人或所在单位在30日内向原发证机关申请备案。离岗后又重新从事会计工作的，应由本人或所在单位立即到单位所在地财政部门或中央主管部门进行注册登记，接受管理，依照年检制度的要求，会计从业资格证一般一年年检一次，对于不参加年检，又无正当理由的，将给予一定的处分，直至取消会计从业资格，吊销其会计从业资格证书。

根据《会计法》规定，会计人员有下列情形之一，情节严重的，由县级以上人民政府财政部门吊销会计从业资格证书，5年内不得重新取得会计从业资格证书：

（1）会计人员被动地受单位领导指使弄虚作假，没有造成严重后果、且本人认罪态度较好，有悔改行为的。

（2）连续几年无正当理由不参加会计人员继续教育的。

（3）不依法设置或私设会计账簿的。

（4）未按规定填制、取得原始凭证或者填制、取得的原始凭证不符合规定的；以未经审核的会计凭证为依据登记会计账簿或者登记会计账簿不符合规定的。

（5）随意变更会计处理方法的；向不同的会计数据使用者提供的财务会计报告编制依据不一致的。

（6）未按照规定使用会计记录文字或者记账本位币的。

（7）拒绝依法实施的监督或者隐匿、谎报有关情况等。

三、总会计师的设置

总会计师是在单位负责人领导下，主管经济核算和财务会计工作的负责人。在新中国成立初期，我国就借鉴苏联的经验，在一些大、中型国有企业实行了总会计师制度。国家曾先后多次制定有关实施总会计师制度的规定、条例，不断推动我国总会计师制度的完善与发展。新的《会计法》对设置总会计师的范围又作了新的规定。

（一）总会计师的设置范围

新修订的《会计法》适应国有企业改革的要求，吸收国有企业改革的成功经验，规定“国有的和国有资产占控股地位或者主导地位的大、中型企业必须设置总会计师”。之所以规定国有的和国有资产占控股地位或者主导地位的大、中型企业必须设置总会计师，目的在于通过总会计师的设置，以完善法人治理结构，发挥会计的职能作用，加强企业的财务管理，保护所有者权益。

国有大、中型企业以外的其他单位可以根据业务需要，视情况自行决定是否设置总会计师。

（二）总会计师的地位和任职条件

1990 年 12 月国务院发布的《总会计师条例》明确规定了总会计师的地位，指出总会计师是单位领导成员，协助单位负责人工作，直接对单位负责人负责。总会计师作为单位财务会计工作的主要负责人，全面负责本单位的财务会计管理和经济核算，参与本单位的重大经营决策活动。为了保障总会计师的职权，《总会计师条例》还规定，凡设置总会计师的单位不能再设置与总会计师职责重叠的副职。

按照《总会计师条例》的规定，担任总会计师，应具备以下条件：一是坚持社会主义方向，积极为社会主义市场经济建设和改革开放服务；二是坚持原则、廉洁奉公；三是取得会计师专业技术资格后，主管一个单位或者单位内部一个重要方面的财务会计工作的时间不少于 3 年；四是要有较高的理论政策水平，熟悉国家财经纪律、法规、方针和政策，掌握现代化管理的有关知识；五是具备本行业的基本业务知识，熟悉行业情况，有较强的组织领导能力；六是身体健康，胜任本职工作。

（三）总会计师的职责和权限

根据《总会计师条例》的规定，总会计师的职责主要包括两个方面：一是由总会计师负责组织的工作。包括编制和执行预算、财务收支计划、信贷计划，拟订资金筹措和使用方案，开辟财源，有效地使用资金；建立健全经济核算制度，强化成本管理，进行经济分析，精打细算，提高经济效益；负责本单位财务会计机构的设置和会计人员的配备，组织对会计人员进行业务培训和考核；支持会计人员依法行使职权等。二是由总会计师协助、参与的工作。主要有：协助单位负责人对本单位的生产经营和业务管理等问题作出决策；参与新产品开发、技术改造、科学研究、商品（劳务）价格和工资、资金方案的制订；参与重大经济合同和经济协议的研究、审查。

关于总会计师的职权，《总会计师条例》具体规定为：一是对违法违纪问题的制止和纠正权。即对违反国家财经纪律、法规、方针、政策、制度和有可能在经济上造成损失、浪费的行为，有权制止和纠正；制止或者纠正无效时，提请单位负责人处理。二是建立健全单位经济核算的组织指挥权。三是对单位财务收支具有审批签署权。四是有对本单位会计人员的管理权，包括本单位会计机构设置，会计人员配备、继续教育、考核、奖惩等。

四、会计机构负责人的任职资格

《会计法》和《会计基础工作规范》规定了会计机构负责人（会计主管人员）应具备的任职资格和条件，主要内容如下：

（一）政治素质

能遵纪守法，坚持原则，廉洁奉公，具备良好的职业道德。

（二）专业技术资格条件

《会计法》规定，担任单位会计机构负责人（会计主管人员）的，除取得会计从业资格证书外，还应当具备会计师以上专业技术职务资格，否则应具有从事会计工作3年以上经历。

（三）政策业务水平

要求熟悉国家财经法律、法规、规章制度，掌握财务会计理论及本行业业务的管理知识。

（四）组织能力

要求应具备一定的领导才能和组织能力。

（五）身体条件

要求必须有较好的身体状况，适应和胜任本职工作。

五、会计人员培训与教育

财政部在1996年6月发布的《会计基础工作规范》和1998年1月发布的《会计人员继续教育暂行规定》中，分别对会计人员职业道德规范和会计人员继续教育问题作了具体规定。《会计法》对此也作了明确的规定：“会计人员应当遵守职业道德，提高业务素质。对会计人员的教育和培训工作应当加强。”

（一）会计人员职业道德

按照《会计基础工作规范》的规定，会计人员职业道德的内容主要包括以下几方面：

（1）会计人员应当热爱本职工作，努力钻研业务，使自己的知识和技能适应所从事工作的要求。

（2）会计人员应当熟悉财经法律、法规、规章和国家统一会计制度，并结合会计工作进行广泛宣传。

（3）会计人员应当按照会计法律、法规和统一会计制度规定的程序和要求进行会计工作，保证所提供的会计信息合法、真实、准确、及时、完整。

（4）会计人员办理会计事务应当实事求是、客观公正。

（5）会计人员应当熟悉本单位的生产经营和业务管理情况，运用掌握的会计信息和会计方法，为改善单位内部管理、提高经济效益服务。

（6）会计人员应当保守本单位的商业秘密。除法律规定和单位领导人同意外，不能私自向外界提供或者泄露单位的会计信息。

会计人员在会计工作中应当遵守职业道德，树立良好的职业，品格、严谨的工作作风，严守工作纪律，努力提高工作效率和工作质量。

财政部门、业务主管部门和各单位应当定期检查会计人员遵守职业道德的情况，并作为会计人员晋升、晋级、聘任专业职务、表彰奖励的重要考核依据。会计人员违反职业道德的，由所在单位进行处罚；情节严重的，由会计从业资格证书发证机关吊销其会计从业资格证书。

（二）会计人员继续教育

为了促进我国会计工作水平的提高，根据《会计法》的规定，我们已初步形成与社会主义市场经济要求相适应的会计人员继续教育制度。依据 1998 年 1 月 23 日财政部发布的《会计人员继续教育暂行规定》，我国的会计人员继续教育工作主要包括以下内容：

1. 会计人员继续教育的对象及层次

根据规定，会计人员继续教育的对象为在职会计人员，具体包括在国家机关、社会团体、企业、事业单位和其他组织从事会计工作并已取得会计从业资格的会计人员。

会计人员继续教育分为高级、中级、初级三个级别，即高级会计人员继续教育、中级会计人员继续教育和初级会计人员继续教育。高级会计人员继续教育的对象包括已取得或受聘高级会计专业技术资格（职称）及具备相当水平的会计人员；中级会计人员继续教育的对象包括已取得或受聘中级会计专业技术资格（职称）及具备相当水平的会计人员；初级会计人员继续教育的对象包括已取得或受聘初级会计专业技术资格（职称）和已取得会计从业资格证书，但未取得或受聘初级会计专业技术资格（职称）的会计人员。

2. 会计人员继续教育的内容和形式

会计人员继续教育内容应坚持联系实际、讲求实效、学以致用的原则。主要内容包括：会计理论与实务；财务、会计法规制度；会计职业道德规范；其他相关知识；其他相关法规制度。

会计人员继续教育包括接受培训和自学两种形式。培训形式包括：财政部门会计管理机构组织的培训；财政部门会计管理机构批准设立的培训点举办的培训；省级以上业务主管部门举办的业务培训；正在普通院校或成人院校接受国家承认的会计专业学历教育；财政部门会计管理机构认可的其他形式。自学形式包括：部门或单位自行组织的业务学习、岗位培训；承担会计专业课题研究，并取得研究成果；参加上一级别会计专业技术资格考试；财政部门会计管理机构认可的其他形式。

3. 会计人员继续教育的时间

高级会计人员继续教育和中级会计人员继续教育的时间每年累计不少于 68 小时，其中接受培训时间每年累计不少于 20 小时，自学时间每年累计不少于 48 小时。初级会计人员继续教育的时间每年累计不少于 72 小时，其中接受培训时间每年累计不少于 24 小时，自学时间每年累计不少于48小时。

承担会计专业课题研究、参加上一级别会计专业技术资格考试等自学形式需要折算自学小时的折算方法，由各省、自治区、直辖市、计划单列市财政部门会计管理机构制定。

会计人员因年度内在境外工作超过六个月或年度内病假超过六个月，以及因生育或其他原因而不能完成年度继续教育的，由会计人员个人提出书面申请，单位证明，经财政部门会计管理机构审核批准后，其未完成的继续教育时间可以顺延，在下一年度一并完成规定的继续教育时间。

4. 会计人员继续教育的检查与考核

会计人员如果未按规定参加继续教育，又无正当理由的，财政部门会计管理机构及会计人员所在单位应督促其接受继续教育。年度内未按继续教育或未按有关规定完成继续教育时间的会计人员，如无正当理由的，予以警告。连续两年未接受继续教育或连续两年未按有关规定完成继续教育时间的会计人员，不予办理会计从业资格证年检，不得参加上一档次会计专业技术资格考试或高级会计师资格评审，不得参加先进会计工作者评选，财政部门不予颁发会计人员荣誉证书；会计人员所在单位负有责任的，其单位不得申请会计基础工作规范化资格。连续3年未接受继续教育或连续3年未按有关规定完成继续教育时间的会计人员，由省级财政部门作出或建议作出取消其会计从业资格证书、会计专业技术资格（职称）、会计人员所在单位会计基础工作规范化证书的决定。

因上述理由被取消会计从业资格证书、会计专业技术资格（职称）、会计基础工作规范化证书的会计人员和单位，两年内（含两年）不得重新参加会计从业资格证书考试、会计专业技术资格（职称）考试或评审、申请会计基础工作规范化资格。如在2年后想重新获得会计从业资格证书、会计专业技术资格（职称）、会计基础工作规范化证书，须经省级财政部门批准后才能重新参加会计从业资格证书、会计专业技术资格（职称）考试（评审）或申请会计基础工作规范化资格。

六、会计人员工作交接

《会计法》对会计人员工作交接问题作出了明确规定，要求“会计人员调动工作或者离职，必须与接管人员办清交接手续”。

（一）履行会计人员工作交接手续的意义

会计人员调动工作或者离职时，与接管人员办清交接手续，是会计人员应尽的职责，也是做好会计工作的基本要求。

（1）做好会计交接工作，可以保证会计工作的连续性。会计工作是一个不间断的连续过程，会计人员离任，通过办理工作交接手续，可以保证会计工作的连续性，保证会计工作的顺利进行。

（2）做好会计交接工作，可以防止因会计人员变动而发生业务不清、工作混乱的现象。会计工作交接既要做到账目本身清楚，又要做到交接清楚，从而可以防止账目不清、工作混乱现象的发生，也有利于发现工作中的弊端。

（3）进行会计交接工作，是划清移交与接交方各自责任的有效措施。会计工作交接，按规定必须进行账目核对、财产清查等工作，因而出现问题可以划清移交人员和接管人员的责任。

（二）需要办理会计工作交接的情形

依据《会计法》的规定，会计人员在调动工作或离职时必须办理会计工作交接。依据《会计基础工作规范》的规定，除以上情况需要办理会计工作交接外，会计人员在临时离职或其他原因暂时不能工作时，也应办理会计工作交接。

（三）会计交接工作的基本程序

会计交接工作大致可分为交接前准备、移交点收与监交、移交点收后事项处理三个阶段。

1. 交接前准备工作

会计人员办理移交手续前，必须及时做好以下工作：

（1）已经受理的经济业务尚未填制会计凭证的，应当填制完毕。

（2）尚未登记的账目，应当登记完毕，并在最后一笔余额后加盖经办人员印章。

（3）整理应该移交的各项数据，对未了事项写出书面材料。

（4）编制移交清册，列明应当移交的会计凭证、会计账簿、会计报表、印章、现金、有价证券、支票簿、发票、文件、其他会计数据和物品等内容；实行会计电算化的单位，从事该项工作的移交人员还应当在移交清册中列明会计软件及密码、会计软件数据磁盘（磁带等）及有关数据、实物等内容。

2. 移交点收与监交

（1）移交点收。

移交人员在办理移交时，要按移交清册逐项移交；接替人员要逐项核对点收：

①现金、有价证券要根据会计账簿有关记录进行点交。库存现金、有价证券必须与会计账簿记录保持一致。不一致时，移交人员必须在规定期限内查清。

②会计凭证、会计账簿、会计报表和其他数据必须完整无缺。如有短缺，必须查清原因，并在移交清册中注明，由移交人员负责。

③银行存款账户余额要与银行对账单核对，如不一致，应当编制银行存款余额调节表调节相符，各种财产物资和债权债务的明细账户余额与总账有关账户余额核对相符；必要时，要抽查个别账户的余额，与实物核对相符，或者与往来单位、个人核对清楚。

④移交人员经管的票据、印章和其他实物等，必须交接清楚；移交人员从事会计电算化工作的，要对有关电子数据在实际操作状态下进行交接。

⑤会计机构负责人、会计主管人员移交时，还必须将全部财务会计工作，重大财务收支和会计人员的情况等，向接替人员详细介绍。对需要移交的遗留问题，应当写出书面材料。还需要说明的是，会计人员临时离职或者因病不能工作且需要接替或者代理的，必须由有关负责人指定有关人员接替或者代理，并办理交接手续。移交人员因病或者其他特殊原因不能亲自办理移交的，经单位领导人批准，可由移交人员委托他人代办移交，但委托人应当对所移交的会计凭证、会计账簿、会计报表和其他有关数据的合法性、真实性承担法律责任。

（2）专人监交。

为了明确责任，会计人员办理工作交接时，必须有专人负责监交。一般会计人员交接，由单位会计机构负责人、会计主管人员负责监交；会计机构负责人、会计主管人员交接，由单位领导人负责监交，必要时可由上级主管部门派人会同监交。

3. 移交点收后事项处理

移交点收有关财物、会计资料后，交接双方和监交人员要在移交清册上签名或者盖章。并应在移交清册上注明单位名称、交接日期，交接双方和监交人员的职务、姓名，移交清册页数以及需要说明的问题和意见等。

移交清册一般应当填制一式三份，交换双方各执一份，存档一份。

接替人员应当继续使用移交的会计账簿，不得自行另立新账，以保持会计记录的连续性。

移交人员对所移交的会计凭证、会计账簿、会计报表和其他有关数据的合法性、真实性承担法律责任。

第四节 计算机在会计中的运用

发达国家从20世纪50年代起，我国从70年代末起，开始将电子计算机引入会计领域，主要是财务会计领域。最初它只是作为计算工具而被使用，随着微电子技术的发展，应用的不断深化，信息系统工程理论的逐步完善，电子计算机在会计领域的应用，已经形成了独特的理论和方法。

一、会计电算化的类型

会计电算化，是指在管理信息系统中，利用电子计算机技术对会计信息实施管理的人工和电子计算机结合的控制系统，简称人机会计信息系统。同任何事物的发展过程一样，会计电算化也必然要经历一个由简单到复杂，由不完善到完善的发展过程。按其发展过程划分，大致可分为以下几种类型：

（一）单项业务电算化

单项业务电算化，是指只有一项会计业务用电子计算机替代手工会计处理。如利用电子计算机进行工资的核算。

（二）多项业务电算化

多项业务电算化，是指若干项会计业务由电子计算机替代手工会计处理。如工资的计算、会计报表编制等业务由电子计算机替代手工处理。

（三）财务会计业务电算化

财务会计业务电算化，是指整个财务会计的核算业务由电子计算机替代手工会计处理。如从凭证的编制、账簿的登记，到会计报表编制这一财务会计的整个业务处理过程由电子计算机代替手工处理。

（四）会计业务电算化

会计业务电算化，是指包括财务会计和管理会计在内的全部会计业务由电子计算机替代手工处理。也就是说，会计的核算职能，控制职能，预测、决策等职能工作由电子计算机代替手工处理，进行核算、回馈与分析。

（五）管理系统电算化

管理系统电算化，是指不仅所有会计数据的处理由电子计算机替代手工来完成，而且所有与会计业务有机联系在一起的其他管理业务的处理也由电子计算机代替手工来完成。在这一阶段，电算化的会计信息系统已成为电算化管理信息系统的一个有机组成部分。

当会计电算化处于第三种类型时，可以说，初步实现了会计电算化；当会计电算化达到第四种类型时，可以说，基本实现了会计电算化；当会计电算化达到第五种类型时，可以说，会计电算化已达到了高级发展阶段。但会计电算化并不会至此而止，它还将向网络化发展。

二、会计电算化的意义

实施会计电算化具有重要的意义，具体来说有以下几点：

（一）可以减轻会计人员的劳动强度，提高会计工作效率

实现会计电算化后，大量的资料计算和处理工作都由计算机完成，会计人员可以从繁杂、单调的事务中解脱出来，既可以减轻劳动强度，又可以提高工作效率。

（二）减少误差，提高会计核算质量

计算机处理会计业务，可以解决手工会计计算中的不规范、不统一，错记、漏记、重记等，甚至可减轻会计的作假等问题，会计信息质量得到提高。

（三）加快信息流通，有利于提高企业经营管理水平和提高经济效益

实现会计电算化后，大量的数据可以得到及时记录、整理、汇总和分析，并可通过网络系统迅速传递，提高了会计信息的全面性、系统性、及时性和共享性，可使企业的经营管理及时获取经济活动的信息，提高经营决策的速度和质量，有利于提高企业的经营管理水平和经济效益。

（四）有利于提高会计人员的业务素质，发挥会计在经济管理中的作用

实现会计电算化后，可以使广大会计人员从大量、繁杂的数据处理中解脱出来，使他们将更多的精力投入到利用会计信息，提高经营管理方面来，充分发挥会计的控制职能、参与经营决策的作用。会计人员为了适应这种变化，就必须不断提高自己的业务水平。

（五）推动会计理论和会计技术方法的发展，促进会计制度改革

会计基础理论，尤其是会计的应用理论基本上是建立在手工会计基础上的，计算机在会计领域中的运用，在一定程度上改变了会计环境，会计理论和会计方法必然会随之而发展，会计制度也必须随会计理论与会计方法的发展而相应地作出调整。

三、手工会计信息系统与人机会计信息系统的联系与区别

以会计系统是否运用电子计算机为标志，把会计系统分为手工会计信息系统和人机会计信息系统两种类型。不应用计算机的手工会计信息系统和应用计算机的人机会计信息系统既有联系，又有区别。

（一）手工会计信息系统和人机会计信息系统的共同点

其共同点主要体现在以下几方面：

1. 系统目标一致

作为会计系统的类型之一，无论是手工系统还是人机系统，其基本目标是一致的，即都是为了提供会计信息和利用会计信息，以增强经营管理，维护经济利益和提高经济效益。

2. 依据的会计制度相同

会计处理的经济业务，从某种意义上说，是在处理人与人之间的经济利益关系。为了维护相关者的经济利益，会计工作必须遵守会计制度和财经法律。人机会计系统主要改变的是会计系统的技术手段，对会计对象则没有过多的影响，因而从会计对象的性质上讲，人机会计信息系统同手工会计信息系统一样，必须遵守会计制度和相关财经法律。

3. 编制会计报告和保存会计资料

编制会计报告，提供会计信息，是会计系统的基本目标，是会计系统的基本职能，它不会因技术手段的变化而改变。同时，任何会计系统必须保存会计数据，以便于进行经济分析、明确经济责任和审查经济问题。

4. 遵循基本的会计理论与会计方法

会计系统的技术手段的变化，必然会引起会计理论与方法的某些变化，但这种变化不可能是突变型的，而是渐进型的。因此，人机会计系统的构造和运行不能过于偏离现行的会计理论和会计方法，否则，就会失去存在与应用的基础。

（二）手工信息系统和人机会计信息系统的区别

其区别主要体现在以下几方面：

1. 运算工具不同

手工会计系统使用的运算工具是算盘、机械的或电子的计算器，运算过程是间断的而不是连续的。由于计算本身不具有存贮的功能，因而会计人员必须边计算边记录，工作量大、速度慢。人机会计系统使用的运算工具是电子计算机，数据处理可由机器连续完成。由于计算器具有存贮功能，数据的输入、计算、运算结果的存贮可连续完成。

2. 信息载体不同

手工会计系统以纸张为信息载体，体积较大，不易保管，查找数据不方便。人机会计系统除必要的会计凭证外，均可用磁性材料（磁带、磁盘等）作信息载体，体积较小，容易保管，查找数据方便。

3. 会计机构的组织形式不同

手工会计系统下，会计机构按照会计业务的内容不同进行分工，一般划分为材料组、工资组、资金组、成本组、固定资产组、综合财务组等专业组。专业组之间通过信息数据传递、交换，建立联系，相互稽核牵制，使系统正常运转。人机会计系统下，会计机构则应按照数据处理环节进行内部分工，可划分为数据收集组、凭证编码组、数据处理组、系统维护组等。形式上是两种系统的组织形式不同，实质上是操作方式的不同，人机会计系统将手工会计系统对数据分散收集、分散处理、重复记录的操作方式，改造为集中收集、统一处理、资料共享的操作方式。电子计算机的应用，不仅改变了会计机构的内部组织形式，还改变了会计机构的人员构成。会计机构的人员不再是单纯的会计专业人员，还至少包括计算机操作和系统维护人员。

4. 内部控制方式不同

手工会计系统主要是通过复核、对账、人员分工牵制等方式实现内部控制的。人机会计系统由于账务处理程序和会计机构组织方式的变化，除原始数据的收集、审核、编码由原会计人员进行外，其余的则由计算机处理，内部控制方式也就由人工控制转变为人机控制或程控。

此外，在人机会计系统下，账务处理程序、账簿的形式等也都发生了很大的变化。

第五节 会计档案管理

会计档案是指会计凭证、会计账簿和财务报告等会计核算专业材料，是记录和反映单位经济业务的重要史料和证据。会计档案对于总结经济工作，加强经济管理，查验经济财务问题，防止贪污舞弊具有重要的作用。

财政部和国家档案局依据《会计法》和《档案法》的有关规定，对1984年6月1日发布的《会计档案管理办法》进行了修订，自1999年1月1日起施行。

一、会计档案的内容

会计档案可以分为四类：

（一）会计凭证类

包括原始凭证、记账凭证、汇总凭证和其他会计凭证。

（二）会计账簿类

包括总账、明细账、日记账、固定资产卡片、辅助账簿和其他会计账簿。

（三）财务报告类

包括中期、年度和其他财务报告。财务报告中包括会计报表主表、附表、附注及文字说明。

（四）其他类

包括银行余额调节表、银行对账单、会计档案移交清册、会计档案保管清册、会计档案销毁清册和其他应当保存的会计核算专业数据。

二、会计档案的立卷与归档

各单位每年形成的会计档案，应当由会计机构按照归档要求，负责整理装订成册，编制会计档案保管清册。当年形成的会计档案，在会计年度终了后，可暂由会计机构保管1年，期满之后，应当由会计机构编制移交清册，移交本单位档案机构统一保管；未设立档案机构的，应当在会计机构内部指定专人保管。出纳人员不得兼管会计档案。

各单位保存的会计档案不得借出。如有特殊需要，经本单位负责人批准，可以提供查阅或者复制，并办理登记手续。

三、会计档案的保管期限

会计档案的保管期限分为永久、定期两类。其中年度财务报告、会计档案保管清册、会计档案销毁清册为永久保管会计档案，其他为定期保管会计档案。定期保管会计档案中，月、季度财务报告的保管期为3年；固定资产卡片、银行存款余额调节表和银行对账单为5年；各种会计凭证、总账、明细账、辅助账簿和会计档案移交清册为15年；现金和银行存款日记账为25年。以上为企业和其他组织会计档案的保管期限。财政总预算会计、行政单位会计、事业单位会计和税收会计的档案保管期限国家另有规定：会计档案的保管期限，从会计年度终了后的第一天算起。

四、会计档案的销毁

保管期满的会计档案，一般可以按照以下程序销毁：

（1）由本单位档案机构会同会计机构提出销毁意见，编制会计档案销毁清册，列明销毁会计档案的名称、卷号、册数、起止年度和档案编号、应保管期限、已保管期限、销毁时间等内容。

（2）单位负责人在会计档案销毁清册上签署意见。

（3）销毁会计档案时，应当由档案机构和会计机构共同派员监销。

（4）监销人在销毁会计档案前，应当按照会计档案销毁清册所列内容清点核对所要销毁的会计档案；销毁后，应当在会计档案销毁清册上签名盖章，并将监销情况报告本单位负责人。

应当指出的是，保管期满但未结清的债权债务原始凭证和涉及其他未了事项的原始凭证不得销毁，应当单独抽出立卷，保管到未了事项完结时为止。单独抽出立卷的会计档案，应当在会计档案销毁清册和会计档案保管清册中列明。

【本章小结】

会计工作是一项严密细致、综合性很强的经济管理工作，各企、事业单位和行政机关都必须依法科学地组织会计工作。

本章阐述了会计工作组织的意义与原则；介绍了会计机构的设置、会计工作的组织形式和岗位设置、会计人员的配备与继续教育、总会计师和会计机构负责人的任职条件等；叙述了会计工作交接程序、会计法规制度的制定和执行、计算机会计手段的运用及会计档案管理规定。通过学习使学生全面了解会计工作组织的相关内容。

【简答题】

1. 什么是内部牵制制度？其内容是什么？
2. 什么是集中核算和非集中核算？
3. 我国《会计档案管理办法》对会计档案的保管和销毁有哪些规定？
4. 什么是会计电算化？会计电算化的意义是什么？
5. 手工会计系统与人机会计系统的异同点是什么？

参考文献

1. 许义生等. 初级财务会计学. 广州：中山大学出版社，2002.

2. 中华人民共和国财政部. 企业会计准则（2006）. 北京：经济科学出版社，2006.

3. 中华人民共和国财政部. 企业会计准则——应用指南. 北京：中国财政经济出版社，2006.

4. 会计从业资格考试辅导教材编审组. 会计基础. 北京：经济科学出版社，2005.

5. 陈国辉，迟旭升. 基础会计. 大连：东北财经大学出版社，2007.

6. 徐兴国. 初级会计学. 北京：首都经济贸易大学出版社，2004.

7. 中华人民共和国财政部会计司编写组. 企业会计准则解释2008 . 北京：人民出版社，2008.

8. 朱小平，徐泓. 初级财务会计学（第四版）. 北京：中国人民大学出版社，2006.

9. 杨月梅. 基础会计. 北京：清华大学出版社，2007.